中央司法警官学院2104年博士项目最终成果

国际私法学说史

方 杰◎著

The Doctrine of Private International Law

中国法制出版社
CHINA LEGAL PUBLISHING HOUSE

序　言

“罗马曾三次征服世界，第一次是以武力，第二次是以宗教，第三次则以法律。而第三次征服也许是其中最为平和、最为持久的征服。”

——［德］耶林格

法学理论对立法和司法实践的影响，古已有之。西罗马时期，法律专家的威望对法律发展的影响就已经被认识到。皇帝奥古斯都（Augustus）加强和改变了这种影响，他赋予了个别被认可的法学家以出具法律意见的权利，只要同样被授权的其他法学家没有提出相反的法律意见，法官就必须如同遵循制定法那样遵循上述意见。① 东罗马帝国时期，皇帝查士丁尼依然十分重视法学理论对司法实践的重要影响。公元530年，他任命以特里布尼厄斯为主席的由17名法学家或法学教授组成的特别委员会，开始实施一个雄心勃勃的伟大计划：编纂一部能够保存古典法学著作精华并且能够为当时所实行的法提供说明的《学说汇纂》。该委员会用三年时间将历代罗马著名法学家法学理论分门别类加以搜集、整理并进行摘录，编成《学说汇纂》（*Pandects*），其中收录的法学理论对欧洲大陆乃至全球法律后续发展产生了深远影响。

英国十九世纪分析法学派法学家约翰·奥斯丁指出，法学理论是重要的

① Gajus I §7，§8 J. de j. nat.（1.2.）.—L. 2§ 47 de orig. jur.（1.2.）.

非正式法律渊源，在实体法不能提供任何指导和参考意见的情形下，法官所能做的一切就是像立法者一样行事，并创造能完满处理这个问题的新规则。[①]在创造新规则时，法官可以诉诸“各种渊源”，这些渊源包括：“不具法律效力但却得到整个社会或某个社会阶层公认的习惯、国际法标准以及他个人关于法律应当是什么的观点。”[②]德国法学家萨维尼也指出，法学理论者和著作者的一般性的、不确定的权威仍然继续存在，虽然此种权威并不享有制定法的效力，但是如果在一个争议中，或者根本不存在法律意见，或者存在自相矛盾的法律意见，则此种权威仍然通过其内在的精神力量影响所有法官。[③]而且法学理论在法政策方面具有广泛的咨询功能，而且制定规范机关常常以公认的法学权威意见作为依据，这些事实可能得出以下结论：立法者或最高法院制定的有效的法律规范“本来”就是法学理论的成果。[④]二十世纪以来，独立的“法学家法”已经不存在，法学理论也已不是法律渊源，但它对一切领域的规范确有着举足轻重的意义。[⑤]从古至今，法学理论对立法和司法实践始终发挥着重要指导作用。

在国际私法领域，法学家理论学说对立法和司法实践的影响更为重要。十九世纪以前，成文冲突法体系缺失，法律冲突基本上依据国际私法理论和学说解决。查士丁尼《学说汇纂》收录了很多古罗马早期法学家关于冲突法问题和冲突法案例的论述；十四世纪，意大利法学家巴托鲁斯在评注查士丁尼《国法大全》基础上系统阐述了冲突法理论，建立了第一个国际私

① ［美］博登海默著，邓正来译：《法理学：法哲学及其方法》，中国政法大学出版社2004年版，第458页。

② 同上，第458页。

③ ［德］萨维尼著，朱虎译：《当代罗马法体系Ⅰ》，中国法制出版社2010年版，第128页。

④ 同上，第114页。

⑤ ［德］魏德士著，丁晓春、吴越译：《法理学》，法律出版社2005年版，第114页。

法学说——法律冲突论；十六世纪法国学者莫利纳斯（Carolus Molinaeus）提出意思自治原则，该理论至今为止依然是涉外合同之债首要法律选择原则；十七世纪荷兰学者胡伯倡导“国际礼让”原则，其对英美法系冲突法产生了重大而持久的影响；十八世纪英国皇家法院大法官曼斯菲尔德勋爵审理涉外民事案件，曾多次援引胡伯理论。[①] 二十世纪，英国、美国和欧洲大陆国家分别以自己的方式改革或演进了国际私法理论，表现为学说内容的演进或者是新学说的创建，对国际私法立法和实践产生了重大影响。虽然二十世纪以来理论学说或法律选择方法不再是法律的正式渊源，仅作为非正式法律渊源存在，但无论是大陆法系国家的成文立法，还是英美法系国家的《重述》（*Restatement*）、《汇编》（*Digest*）[②] 或成文立法，都隐含着国际私法发展历程中出现的优秀理论学说，诸如意思自治原则、特征履行原则或最密切联系原则。虽然意思自治原则或最密切联系原则业已在某些国家经立法确认成为冲突法的一般原则、基本原则或者是主要法律选择方法，但它们本身依然是一个理论学说。国际私法理论学说在国际私法领域占有崇高的地位，国际私法“先例”和成文法出现前，理论学说发挥着成文法或“先例”的作用；国际私法“先例”或成文法出现以后，理论学说以正式法律渊源（经立法确认）或非正式法律渊源（未经立法确认）的身份弥补成文法和“先例”的不足，在成文法出现立法盲区或者“先例”缺失之际，法官依靠理论学说包含的法律选择理念和方法为涉外民商事案件寻找准据法。国际私法理论学说犹如夜空中的北斗星，始终指引着国际私法理论和司法实践前进和发展。

国际私法学说是支撑国际私法理论和实践发展的重要精神力量，系统研究国际私法理论学说具有十分重要的意义。首先，研究学说可以展现国

① D. J. Llewelyn Davies，M.A.，the Influence of Huber’s De Conflictu Legum on English Private International Law，English yearbook of international law，18vol，1947，p.55.

② 《重述》和《汇编》事实上是英美学者编撰的冲突规则体系。

际私法发展历程，早期国际私法并非立法体系，而是表现为一系列理论学说，正是这些学说使国际私法得以发展和逐步完善。其次，研究学说可以探求法律选择的价值和规律，每一个学说都是一个价值论和方法论的探讨，可以从中分析总结指导我国涉外审判实践的法律选择原则和方法。再次，最密切联系原则和意思自治原则业已被一些国家列为国际私法基本原则或者补充性法律选择原则，研究国际私法理论学说对恰当理解和适用这些原则具有不可或缺的意义。最后，研究国际私法学说可以纠正目前我国国内学者对国际私法学说研究存在的一些问题，如：不同学者对同一学说的阐述不统一，缺乏学习和引用的标准版本；一些重要学说内容不完整，甚至存在误读，致使对这些学说品评失实；研究过于注重英美法系学说，对二十世纪欧洲国际私法改良的成果关注太少等。就目前形势而言，解读国际私法学说史，系统研究和探讨国际私法理论学说，十分必要。

目　录

CONTENTS

第一章　国际私法起源 / 001

第一节　古希腊时期 / 003

第二节　古罗马万民法 / 007

第三节　种族法时代 / 011

第四节　查士丁尼《国法大全》——国际私法起源 / 015

第五节　严格封建属地时期 / 022

第二章　法律冲突论 / 027

第一节　法律冲突论产生历史背景 / 030

第二节　法律冲突论主要内容 / 038

第三节　法律冲突论评论 / 050

第三章　意思自治原则与法律和习惯属物原则 / 061

第一节　十六世纪法国政治经济法律状况 / 064

第二节　意思自治原则 / 067

第三节　法律和习惯属物原则 / 079

第四章　**国际礼让说** / *085*

第一节　国际礼让说产生的历史条件 / *088*

第二节　国际礼让说主要内容 / *093*

第三节　国际礼让说评论 / *103*

第五章　**法律关系本座说** / *111*

第一节　法律关系本座说产生历史背景 / *113*

第二节　法律关系本座说主要内容 / *119*

第三节　法律关系本座说评价 / *128*

第六章　**既得权说** / *137*

第一节　既得权说产生的历史背景 / *139*

第二节　既得权说主要内容 / *145*

第三节　既得权说评析 / *157*

第七章　**美国冲突法革命** / *165*

第一节　本地法说 / *167*

第二节　政府利益分析说 / 171
第三节　结果选择说 / 182
第四节　最密切联系原则 / 188

第八章　**二十世纪欧洲冲突法改良** / 201

第一节　特征履行说 / 203
第二节　实体法主义 / 213
第三节　利益法学 / 220

第九章　**法律关系分析说** / 227

第一节　法律关系 / 229
第二节　法律关系分析说 / 234
第三节　法律关系分析说适用四段论 / 245

后　记 / 261

参考文献 / 265

第一章

国际私法起源

国际私法理论学说出现之前，各个时代法学家所关注的不同法律秩序冲突问题已经存在很久。古希腊时期，法律体系之间的法律冲突问题已经存在。西罗马时期，罗马帝国对外经济交往非常频繁，且私法十分成熟，为国际私法正式产生提供了物质和法律基础。公元六世纪中叶，东罗马皇帝查士丁尼编纂享誉古今的查士丁尼《国法大全》。《国法大全》之《法典》和《学说汇纂》已经存在基本冲突规范体系和法律冲突及解决理论体系，国际私法正式出现。极端属人法时代，人际法律冲突比比皆是，法律平等观念得到尊重并逐步确立，一般性法律冲突解决办法和原则出现。封建严格属地时代是国际私法发展的艰难时代，国际私法以隐秘的方式发展。

第一节　古希腊时期

一、古希腊经济状况

公元前2000年中期，希腊文明首先在克里特岛获得发展，克里特文明以岛屿北部的克诺索斯为中心，在弥诺斯统治时期臻于极盛。公元前1650年，古希腊出现了迈锡尼文明。在征服了克里特岛之后，迈锡尼人成了整个东地中海地区活跃的商人，他们的贸易范围跨过海洋远及埃及。[①] 在公元

① ［意］彼得·阿克罗伊德著，冷杉译:《古代希腊》，生活·读书·新知三联书店2007年版，第13页。

前十二世纪至公元前九世纪，希腊处于“黑暗时代”，但其也没有与世隔绝。公元前四世纪希腊城邦国进入黄金时期，同西地中海沿岸的国家间商业交往非常活跃。[①]《剑桥古代史》记载：“雅典公民不仅可以享受阿提卡的橄榄油和葡萄酒，而且可以食用黑海的谷物和干鱼，品尝腓尼基的椰枣和西西里的干酪，可以穿波斯的拖鞋，睡爱尔兰的床铺，枕迦太基的枕头。”可见，古希腊的经济十分繁荣，海外贸易非常发达。

二、法律冲突现象产生

古希腊早期阶段，法律和宗教在很大程度上是合一的。在法律和立法问题中，特尔菲（Delfhi）的圣理名言被认为是阐明神意的一种权威性意见。宗教仪式渗透在立法和司法的形式之中，祭司在司法中起着至关重要的作用。[②]公元前八世纪，城市国家开始出现，每个城市国家被称为“polis”——城邦，后来比较著名的大城邦有斯巴达和雅典。各个城邦都有自己的法律和政治制度，这样就具备了不同社会的法律体系充分成熟后开始相互影响的历史条件，法律冲突自然而然出现。公元前592年经过梭伦立法，民众大会成为一切行政、立法和司法权力的最终受托者，但是此时的民主只是统治阶级的民主，雅典出生和祖籍是雅典的人们组成的公民集团统治着雅典，大量的自由民无法获得公民身份，他们只能以外侨的身份住在雅典[③]，这是法律冲突产生的另一个根源。

古希腊文学也反映了法律冲突状况。公元前442年，古希腊剧作家索

---

① Friedrich K. Juenger，Choice of Law and Multistate Justice，Copyright 2005，p.6.

② ［美］博登海默著，邓正来译：《法理学：法律哲学与法律方法》，中国政法大学出版社2004年版，第4页。

③ ［美］约翰·梅西·赞恩著，孙远申译：《西方法律的历史》，陕西师范大学出版社2009年版，第75页。

福克勒斯（Sophocles）创作的悲剧《安提戈涅》（*Antigone*），就上演了宗教法和统治者命令的冲突。希腊人把葬礼看成是神法的命令，违反者将遭到神的诅咒和惩罚性报复。克里奥（Creon）国王禁止人们为违反法律的安提戈涅的兄弟普雷尼克（Polyneiks）举行葬礼，但安提戈涅仍然按照希腊宗教规定的仪式安葬了她的兄弟。她阐述了一个更高层次的法律：它们既不属于今天也不属于明天，永恒地存在着，没有人能确知它们的生成之时，我不怕激怒任何人，为了捍卫它们。[①] 艺术是现实社会的反映，此时各个时代法学家所关注的不同两种法律秩序冲突的问题已经存在。

三、古希腊国际私法状况及评价

英国法学家保罗·维诺格拉多夫（Paul Vinogradoff）认为当时的希腊已经存在国际私法，但很难确定希腊是否存在类似现代意义的法律冲突规则的规则，他认为古希腊可能有这样的规则。[②] 希腊托勒密王朝的埃及提供了一些被认为是最早冲突规范。从鳄鱼墓穴中木乃伊体内发现的一份莎草纸记载了一系列公元前120—前118年颁布的法令，其中一条是解决希腊和埃及法院管辖权冲突问题。[③] 莱瓦尔德（Lewald）认为，这条法令规定，如果用埃及语言与希腊人签订合同，则埃及人可以在埃及法院起诉希腊人，这

① Antigone 450.

② P.Vinogrdoff, Outlines of Historical Jurisprudence 157（1922）; C f. E. Cohen, Ancient Athenian Maritime Courts 98（1973）.

③ Gradenwitz, Das Gericht der Chrematisten, 3 ; Archivfur Apyrusforschung und Verwandte Gebiete 22, 41（1906）.

And Ptolemaic Egypt furnished what some believe to be the earliest conflicts rule ever discovered. A Papyrus stuffed inside a mummy found in a crocodile cemetery was inscribed with a series of edicts promulgated in 120－118 B.C., one of which dealt with the respective jurisdiction of Greek and Egyptian courts.

条法令中包含了明确的冲突规范。明确确定的语言是选择管辖权有关的连接因素，其被认为是当事人自主原则，通过选择习惯语，双方当事人可以选择法院，因此也间接地选择了适用的法律。[①]美国法学家梅西·赞恩指出，雅典城邦之间通过缔结条约来实施国际私法，通过这种公约，一国公民的权利在另一个国家也能得到保护。这些公约给予了缔约国国家的公民享受其居住国家的法律的权利。希腊人在许多方面发展了国际公法和一些国际私法。[②]实际上，有一些国际公约中包含了国际私法冲突规范的萌芽，比如：在 Ephesus 和 Sardes 之间签订的条约中就有规定，对于侵权诉讼由行为人所属城邦法院管辖，并依该地法律判决。[③]

法国国际私法学者亨利·巴蒂福尔也曾指出：古代希腊各城邦国家之间为了缓和相互之间的紧张关系，便利城邦之间的商贸往来，协调本邦人与外邦人之间的民商事冲突，逐渐开始形成一些承认外邦人法律地位的制度，比如保护或款待制度和条约制度。按照亨利·巴蒂福尔的解释，所谓保护或款待制度，是指自荷马时代就已经形成并一直得以延续的一种制度，这种制度通常规定外邦人受到本城邦市民（外国人利益的保护者）的保护和监督；而所谓条约制度，则指古希腊社会的城邦之间经常相互约定给予位于本邦范围内的外邦侨民全部或部分私法权利的“权利互惠条约”。[④]保护制度和条约制度是外国人在内国从事民事活动的前提和基础。从希腊的城邦制度、对外国人的态度和海外贸易状况看，古希腊已经存在法律冲突问题，同时存在城邦

---

① Friedrich K.Juenger，Choice of law and Multistate Justice，Copyright 2005，p.8；Lewald Conflicts de lois dans le monde grec et romain，57 REV. CRIT. 419，438-439（1968）.

② ［美］约翰·梅西·赞恩著，孙远申译：《西方法律的历史》，陕西师范大学出版社 2009 年版，第 81 页。

③ Kegel，Schurig，Internationales Privatrecht，S. 145.

④ ［法］亨利·巴蒂福尔、保罗·拉加德著，陈洪武等译：《国际私法总论》，中国对外翻译出版公司 1989 年版，第 77 页。

间争议解决的简单冲突规范，可以说古希腊时期国际私法已经萌芽。

美国法学家荣格认为在古希腊时期不会产生国际私法，并举出了种种理由。当一个政治单位中法律给予的保护取决于市民身份的时候，外邦人到地方法院参加诉讼和有权获得程序保护的问题比选择什么法律解决这些外邦人之间的争议更迫切和重要。① 并且，条约在城邦之间创立的实体规则适用于解决市民之间的争议，而且为解决外邦人之间争议或海事争议的特殊法院提供解决问题的手段，以便利城邦间问题的解决。② 由于希腊人崇尚合同自由，并完善了制定法律的技术，所以有可能在立法中详细规定当事人的权利和义务以满足商业需要，而不考虑法律适用问题。③ 荣格的想法也是猜测，古希腊是否存在国际私法，要以客观存在为判断标准。

第二节　古罗马万民法

一、万民法产生

公元前三世纪，罗马成为重要的经济政治国家，罗马商人到国外经商，外国人也到罗马经商。④ 公元三世纪，随着商业的发展和罗马征服地区的扩大，罗马公民与异邦人及被征服地区的居民之间的民事交往愈加频繁。由

---

① Friedrich K. Juenger，Choice of law and Multistate Justice，Copyright 2005，p.7；L. Goldschmidt，Universal geschichte des handelserchts 34－35，304（1891）.

② Id，p.7；L. Goldschmidt，Universal geschichte des handelserchts 34－35，304（1891）.

③ Id，p.6.

④ Friedrich K. Juenger，Choice of law and Multistate Justice，Copyright 2005，p.8. By the third century B.C.，when Rome became a major political and economic power，its merchants traveled abroad and foreigners did business in Rome.

于罗马的扩张和其他民族交往的增加，执法者一方面要注意到其他法的存在，另一方面提出了如何处理罗马人和异邦人的关系问题。[①]在司法活动中，外事裁判官开始考虑如何解决罗马公民与非罗马公民以及非罗马公民之间争议的问题。他们感觉有必要从程序形式主义和严格的地方法律规则中脱离出来，根据法律理念、希腊法律原则和诚实信用观念，创立一个独立的规则体系——万民法，一个较调整市民间关系的市民法更灵活、更有效地调整罗马公民与外邦人以及外邦人之间争议的法律。[②]万民法是由一些惯例、规则和原则组成的，这些惯例、规则和原则反映了那些与罗马有交往的异邦异国的法律制度中共有的成分。[③]英国法学家巴里·尼古拉斯认为，万民法具有两层含义，一是普遍适用性，其是简单的和不讲究形式的；二是实践意义，万民法是既适用于罗马市民又适用于异邦人的那部分罗马法。但是，万民法经历了怎样的发展历程，仍属人们的猜测。外事裁判官的职责就是正确适用这样的法，它肯定发挥过很大的作用，但是我们缺乏更多评论的证据。如果没有万民法，罗马法绝不可能取得现在的历史地位，但我们对它的起源或发展一无所知。[④]

---

① ［意］朱塞佩·格罗索著，黄风译：《罗马法史》，中国政法大学出版社 1994 年版，第 229–233 页。

② Friedrich K. Juenger，Choice of Law and Multistate Justice，Copyright 2005，p.8；W. Kunkel，An Introduction to Roman Legal and Constitutional History，pp73，74，81，86（1966）.

The magistrates who occupied this office felt free to depart from procedural formalism and rigid indigenous rules. Relying on legal imagination，Greek legal principles and the notion of *bona fides*，the *praetor peregrinus* created a separate body of norms，a *ius gentium* more flexible and functional than the ius civile that governed relations between Roman citizens.

③ Henry Maine，Ancient Law，ed. Fredrick Pollock（London，1930），pp.52–60.

④ ［英］巴里·尼古拉斯著，黄风译：《罗马法概论》，法律出版社 2004 年版，第 60 页。

二、万民法体现自然法精神

万民法自创立之初就体现了自然法精神。自然法的思想基础由古希腊哲学家所创设，它“表示一种对正义或正义秩序的信念，这种正义普遍适用于所有为宇宙间最高控制力量支配的人，它不同于由国家和其他人类组织制定的实体法”。[①] 罗马法学家直接接受了自然法的思想，并将自然法的理论贯穿于万民法之中，力图使万民法成为“适用于各种人、代表了善良愿望的法和习惯”。[②] 在残存的古罗马作品中，自然法的观念首先而且是频繁地出现在西塞罗的作品中，西塞罗把自然法当作“万民法”的同义语。[③] 古罗马法学家盖尤斯（Gaius）在《法学阶梯》中宣称：凡依靠法律和习惯统治的国家，都部分地运用了他们自己的法律，部分地运用了为整个人类共有的法律。任何民族为自己制定的任何法律都是该国特有的法律；它被称为市民法（Jus Civile），因为它是这个国家特定的法律。而自然理性在整个人类中确立的东西，则是为全人类平等遵守的；它被称之为万民法（Jus Gentium），因为它是万国适用的法律。[④] 万民法，它被定义为“自然理由在所有人当中制定的法”，因此，它“在所有民族中得到同样的遵守，它针对的是那个在历史上适用于罗马人与异邦人之间关系的法律体系。[⑤] 盖尤斯认为它是一个

---

① ［美］凯尔森著，沈宗灵译：《法与国家的一般理论》，中国大百科全书出版社 1996 年版，第 9 页。

② 徐冬根著：《国际私法》，北京大学出版社 2009 年版，第 58 页。

③ ［英］巴里·尼古拉斯著，黄风译：《罗马法概论》，法律出版社 2004 年版，第 57 页。

④ Gaius，Inst. I. I. I；Justinian’s Digest I. I. 9.

⑤ ［意］朱塞佩·格罗索著，黄风译：《罗马法史》，中国政法大学出版社 2009 年版，第 180 页。

普遍的或者极为普遍的规则体系，它就是自然法。[①] 万民法与自然法渊源甚深，体现了正义要求。万民法迎合了欧洲经济复兴对调整跨国民商事活动的法律的需求，万民法的存在是罗马法在中世纪复兴的重要原因。“自然法”注重自然原理，“万民法”强调普遍适用。

三、万民法本质——实体法规则

万民法是外事裁判官在司法活动中，从程序形式主义和严格的地方法律规则中脱离出来，根据法律理念、希腊法律原则和诚实信用观念，创立一个独立的规则体系，目的就是解决罗马公民与外邦人以及外邦人之间争议的法律。万民法是一个目的性很强的法律，是实用主义的产物。虽然万民法正视了法律冲突问题的存在，但解决争议方法是建立相应实体规则和设置特殊的审判机构和人员，而不是创立冲突规范为法律选择提供可能。从本质上看，万民法是一国创设的实体法规则，而不是国际私法。除此之外，万民法不能赋予非罗马公民和异邦人平等的民事法律地位。古罗马的非市民和异邦人，按照特定的罗马市民法是不享有权利的。万民法的发展缓解了这种无权能状态，但相当一部分重要的罗马法仍向异邦人封闭。[②] 罗马人仅将市民法的一些有限的权利给予他们的邻居——拉丁人，形成所谓的“拉丁权”。拉丁人仅仅享有贸易权，一部分拉丁人享有遗嘱权，少量拉丁人享有通婚权，而罗马市民根据市民法规定享有所有权利。万民法不能赋予内外国人平等法律地位，而内外国人法律地位平等是国际私法产生的前提条件之一。

---

① ［美］博登海默著，邓正来译：《法理学：法律哲学与法律方法》，中国政法大学出版社2004年版，第21页。

② 同上，第68页。

万民法不会发展成国际私法还有政治、观念和法律原因。首先是观念问题，只有尊重外国法的情况下，国际私法才有可能建立起来。罗马法学家远没有这样的观念，他们对本国法律的赞赏是合理的，但是由于他们赞赏本国法律，可能使他们中间的很多人轻视所有外国法律，包括希腊法律在内，以致他们连想也没有想到需要建立一些规则来适用这样低劣的法律。①西塞罗曾经感叹地说："除了我们的市民法外，所有其他的市民法是怎样的粗制滥造和几乎达到了可笑的程度，是难以想象的。"②其次是政治的原因。古罗马政治权力很集中，也很强大，地域广博，整个欧洲几乎都在它的控制之下，一个政治强大法制统一的国家，根本就不会重视外民族的法律，国内针对外民族法律的规则也会很少。最后是立法的原因。公元212年，Caracalla的著名法令授予罗马帝国所有居民罗马市民身份，此时，对一部独立的跨国的法律的需求变得更加孱弱，因为此时唯一的外国人就是野蛮人。③从此，万民法的作用和地位变得很低，以致有关资料保存都变得没有必要，但万民法和自然法原则丰富了罗马法律文化。

第三节　种族法时代

一、种族法时代的法律状况

公元476年，西罗马帝国灭亡后，拜占庭时代开始，其一直延续到公

① ［德］马丁·沃尔夫著，李浩培、汤宗舜译：《国际私法》，北京大学出版社2009年版，第22页。

② ［古罗马］西塞罗：《演讲集》，第1卷，第44章，第197页。

③ Friedrich K. Juenger，Choice of Law and Multistate Justice，Copyright 2005，p.8；M. Kaser，Das Romische Privatercht 59，120（2d ed. 1975）.

元568年伦巴第人对意大利的入侵。在这一时期的法律渊源中，罗马法占主导地位。除了日耳曼人在意大利制定的第一批法令外，罗马法是唯一的法律渊源。不过，即使在日耳曼人的法令中，罗马法也几乎是最为重要的或者唯一的构成要素。[①]公元476—493年，在短暂而又狂暴的哥特奥多埃塞统治时期，我们找不到严格意义上的立法，社会也没感受到任何立法需要。征服者使得罗马公法和私法在被征服的土地上居住的土著居民中继续得以执行。不过，征服者并没有继受罗马法，他们仍遵守自己的民族习惯。[②]在日耳曼时期，占主导地位的不再是罗马法，日耳曼入侵者的法律变得重要起来。不同的法律元素混合在一起，它们既互相对抗，也相互吸引和修正。伦巴第法与罗马法关系密切。公元751年统治法兰克王国是加洛林王朝（Carolingian），虽然日耳曼人曾数次取代过被征服民族的法律制度，但是面对对日耳曼法有强大的内在抵抗能力罗马法，也无能为力，罗马法在这样的状况下保存下来，这是先进文明与落后文明的一种较量。[③]

二、属人法原则及人际法律冲突

（一）属人法原则及人际法律冲突

在加洛林时期，法典与法典的关系以一种叫作“法律属人性”的原则来确定。这意味着一个人居住地的法律将让位于他的属人法，属人法优先，不论他在哪里都适用属人法。此时的属人法常指一个人所属国家或部落的法律。在属人法原则下，一个人的血统和身份表明调整他所有法律行为的

① ［英］梅兰特等著，屈文生等译:《欧洲法律史概览》，上海人民出版社2008年版，第9页。

② 同上，第9、10页。

③ 同上，第51页。

法律体系。法兰克时代见证了这一原则最为盛行的时候。[①] 在前古罗马版图内，居住在一起的人之间的法律关系完全受不同的法律管辖。公元 817 年，St. Agobar，Archbishop 写信给路易斯（Louis）提到："这样的事情经常发生，属于不同法律体系的五个人被看到走在一起或坐在一起。"[②] 多元化法律体系并存，法律冲突自然而然产生。种族法时代是一个法律体系混而不乱的时代，不同种族适用不同的法律，不同种族之间民事交往，如合同、侵权或通婚，必然会致使人际法律冲突产生，种族法时代也相应产生了解决国内人际法律冲突简单的规则。人际私法和区际私法都是解决法律冲突的法律规则，它们都是国际私法的应有内容。

（二）法律平等观念出现

按照统治者日耳曼民族的法律和习惯，每个民族都应该按照自己的法律和习惯生活，统治者的法律和习惯与被统治者的法律和习惯在同一地域同时存在。不论一个人到什么地方，他随身携带着原籍地法律。无论位于何处，舍拉人受舍拉法支配，撒克逊人受撒克逊法支配，依此类推，这已经成为一个普遍的原则[③]，即属人法原则。所有法律体系都得到同等的尊重，每一个法律的存在不是因为得到了其他或者更高的法律的承认，而出自其自身固有的权威，每一法律体系都对等地得到另一法律体系的认可和批准。[④] 在解决法律冲突过程中，各个民族的民商事法律在法律选择和法律适用的过程中地位平等，均有平等适用的机会和可能。如果不同的民商事法律地

---

① 梅兰特等著，屈文生等译：《欧洲法律史概览》，上海人民出版社 2008 年版，第 49、50 页。

② F. Von Savigny，Geschichte Des Romischen Rechts Im Mittelalter 116（2d ed.1834）；St. Agobar，Archbishop of Lyon，wrote to Louis the Pious in 817.

③ ［英］梅兰特等著，屈文生等译：《欧洲法律史概览》，上海人民出版社 2008 年版，第 23 页。

④ 同上，第 50 页。

位不平等，有的地位高，有的地位低，地位高的法律体系必然获得优先适用，法律选择方法和原则必然让位于不同法律体系效力位阶，此时法律冲突就不会出现，法律选择不具有任何意义。法律平等观念来源于日耳曼人法律传统，使法律选择具备了合理基础并成为可能。

三、种族法时代法律冲突解决方法

（一）法律冲突解决原则

多元化法律体系并行及人际法律冲突存在，催生了法律冲突解决规则。除了“法律声明”制度和法律冲突解决的总原则——每个种族只适用自己的法律和习惯外，如果不同种族涉及同一民事案件时，如在同一项交易中，达成合作的几方属于不同种族，或者不同种族之间婚姻，还可以通过以下原则解决法律冲突：第一个原则是尽量使所有相互竞争的法律都具有效力，指的是涉及人的权利能力和行为能力的情况，案件各当事人依据自己血统适用自己的属人法决定自己的权利能力和行为能力，但这一原则有时不具有可操作性；第二个原则是只能适用几个法律中的一个，优先适用利益占支配地位一方的法律。第二原则有两个附属原则，一是在监护和继承领域，采用占支配地位的某一特定法律；二是婚姻领域，在不同阶段轮流适用不同人的法律。[①]

（二）“法律声明”制度

在种族法时代，确定当事人属人法是一件很重要的事情，“法律声明”制度随之诞生。“法律声明”要求每个人都有义务根据具体情况，在官方需

① ［英］梅兰特等著，屈文生等译：《欧洲法律史概览》，上海人民出版社2008年版，第54页。

要的时候做出此种声明。一方面，官方会进行调查，有关官员召集民众询问每个人的属人法。八世纪末期，有敕令曾指示王国监察员和审判员们向诉讼当事人询明“他们本民族的法律”。一般情况，一个人的“法律声明”是因为他想要做出某些法律行为，有时当事人似乎可以指定不是他们真正的原籍地法，而是他们愿意服从的法律。[①] 但是，这种声明的选择并不是完全的自由，声明的法律必须是声明者本民族的法律。但允许有例外，在国籍不明或者不知父母是谁的私生子、被释放的奴隶、已婚妇女和从事神职工作的所有人，可以选择法律。[②] 而且这种意思自治并不限于人身关系案件，合同案件同样适用。这是第一次离开属人的原籍地法原则，而由契约当事人选择法律的第一个例子。[③] 在解决方法上的个人“法律声明”被法院认可，实际上表明了法律确认当事人意思自治原则。[④] 属人法原则适用也存在例外，一是个人的法律无法被确认时，如外国人和非基督徒。在中世纪，外国人的法律得不到承认；另一种例外是个人的法律与公共利益相冲突时，个人的法律要服从于公共利益。[⑤]

第四节 查士丁尼《国法大全》——国际私法起源

公元554年，东罗马皇帝查士丁尼颁布了《国事诏书》，又称《国法大

---

① ［德］布隆纳:《德国法律史》第一卷，德文第二版，第398页，注72。

② ［英］梅兰特等著，屈文生等译:《欧洲法律史概览》，上海人民出版社2008年版，第52、53页。

③ ［美］美耶斯:《国际私法基本原则史》，载《国际法学院讲演集》，1934年第3卷（总第49卷），第17页。

④ Friedrich K. Juenger：Choice of law and Multistate Justice，Copyright 200，p.10.

⑤ ［英］梅兰特等著，屈文生等译:《欧洲法律史概览》，上海人民出版社2008年版，第55页。

全》，还有人称之为《民法大全》，它是一系列法令，意在重建长期以来被战争破坏的法律和秩序。《国法大全》包括：查士丁尼《学说汇编》（*Digest* 或 *Pandects*）、《查士丁尼法典》（*Justinian Code*）、《新律》（*Novels*），其效力及于国家的所有地域和所有人。[①] 国际私法起源查士丁尼《国法大全》，有如下依据。

一、文献依据

在巴托鲁斯《法律冲突论》一文中存在诸多对《查士丁尼法典》和《学说汇编》[②] 赤裸裸的引用。美国比尔教授把巴托鲁斯著作——DE SUMMA TRINITATI GLOSS QUOD SI BONONIENSIS，直接译成《巴托鲁斯评注查士丁尼法典》（*BARTOLUS, COMMENTARY UPON JUSTINIAN'S CODE*）。《法律冲突论》部分原文内容回顾：[③]

A. 契约。（§14）对于第一种情况（契约形式），由契约缔结地法支配（Dig.xxi.2.6；Code 6.32.2.）；[④]B. 侵权（不法行为——Delicts）。如果某外邦人在本邦城的行为依城邦法则属于不法行为，他应该受到城邦法则的惩罚吗？

---

① ［英］梅兰特等著，屈文生等译：《欧洲法律史概览》，上海人民出版社 2008 年版，第 18 页。

② ［加］帕特里克·格伦著，李立红等译：《世界法律传统》（第三版），北京大学出版社 2009 年版，第 149 页。公元 533 年，查士丁尼下令进行的法律汇编完成，他与巴比伦《塔木德》的时代大致相当（T. Honoré，Justinian's Digest：The Distribution of Authors and Works to the Three Committees，（2006）3 Roman Legal Tradition 1，notably at 37）。这部查士丁尼的法律汇编被称为《学说汇纂》（*Digest*）或《学说汇编》（*Pandects*）。

③ J.A. Clarence Smith，Bartolo on the conflict of laws，Am. J. Leg. Hist. 14（1970），p.158.

④ Joseph Henry Beale，Bartolus and the Conflict of Laws，Royal Professor of law in Harvard University，1914，p.18；Dig. xxi. 2.6；Code 6. 32.2.

这个问题是西努斯论及的［Code 8.53（52）.I.］。[1] 让我们从广义上考虑：或者该外邦人的行为根据共同法构成不法行为，则根据城邦法或习惯处罚之；或者外邦人的行为根据共同法并无不当，则，其一，若外邦人在城邦居住时间很长以至于他应该知道城邦法则，那么情形是一样的（即适用城邦法处罚之）；其二，若该外邦人在该城邦居住短暂，但特定行为为各城邦普遍禁止（比如，未经政府批准许可不得把谷物带出领土，这种行为为意大利各城邦法普遍禁止），在这种状况下他不得以不知作为辩护理由；如果特定行为并非各城邦普遍禁止，那么除非他确实知道该城邦法则，否则其不受其约束。有关于此种情况的原则：不知者不应被惩罚，除非其不知是非常严重和怠于行使权利（Code 3.15；Dig. xlvii.II.9；Code 3.I5.2；Dig. xxxix.4.I6. § 5.）。[2]C. 遗嘱。（§ 24）对于第二点，习惯是否可适用于城邦内的外邦人？詹姆斯认为不可。他认为，城邦法则规定本城邦人在五个见证人面前订立遗嘱，遗嘱才能具有法律效力，而该法则不能适用于一个偶然出现在其城邦的人；除此之外，本城邦法最适合本城邦，其不应延伸至外来人（Code 6.23.9；Dig. xlix.14.32；Dig. xxix.7.8；Dig.i.I.9）。[3] 但是，《查士丁尼法典》（*Code*）里的观点好像与我相反，认为可以依照城邦关于形式的法则对外邦人立法约束（Code B.49.I.）。[4]D. 物权（Code B.I0.3.）。假如某外邦人在内邦有座房子，他可否将此房高度加高？简单回答如下：物本身产生的权利的问题，应遵循物之所在地的习惯或法则（Code B.10.3）。[5]E. 法律和习惯是否具有域外效力。

---

① Id，p.23–24；Code 8.53（52）. I.

② Id，p.23–24；Code 3.15 及 Auth.；Dig. xlvii. II. 9；Auth5. 39.21 and note；Code 3. I5. 2；Dig. xxxix. 4. 16.§5.

③ Id，p.25；also see Code6. 23. 9；Dig. xlix. 14.32；Dig. xxix. 7.8；Dig. i. I. 9.

④ Id，p.27；Code B. 49. I.

⑤ Nikitas E. Hatzimihail，Bartolus and the Conflict of Laws，Revue Hellenique de Droit International，Vol. 60，p.21，2007；Code B. 10. 3.

在法官面前做出的遗嘱，不需要形式要求，继承可以发生，而且财产转移在任何地方具有效力。Cinus、William of Cuneo 和 James Buttrigarius 博士都持此观点，我赞成这个观点（遗嘱具有域外效力）。William of Cuneo 提出的第一个原因我不支持（Code 7. 33.12；Code 2.I.2；7. 62.15 and 19；6.23.31；Code 6.23.19）。[①] 这个原因是不直接被允许的事项凭借法则适用后果影响有时会被允许；法则不直接允许的事项对主体有一个必然的间接的影响，而不是以他的方式（Dig.xxxiv.3.；iii.2.4.Â § 2；note by Dinus to Dig.xxvi.8.I.）。[②]（Â § 39）问题是一个人是否可以在领域外做继承人，接受财产？我说不可以，因为立法权低于主权，其效力不能立法权管辖范围，虽然它涉及的是自主行为，参见查士丁尼《法典》和《新律》（*Code S*.27.8）。[③]

二、法学研究方法依据

十一世纪末，随着资本主义经济的萌芽和发展，意大利境内出现了一支与神学法学相对的法律思想派别，被称为博洛尼亚学派——一个独立的、世俗的法学家阶层。博洛尼亚学派以罗马法为研究对象，主要对查士丁尼《国法大全》进行注释或评注，所以，博洛尼亚学派又被称为“注释法学派”。博洛尼亚学派分为两个派别：前期注释法学派（十三世纪中叶以前）和后其注释法学派（十三世纪后半叶至十五世纪后半叶）。

前期注释法学派坚信查士丁尼法具有几近神圣的起源（查士丁尼甚至

① Joseph Henry Beale, Bartolus and the Conflict of Laws, Royal Professor of law in Harvard University, 1914, p.37 ; Code 7. 33. 12. ⋆ Code 2. I. 2 ; 7. 62. 15 and 19 ; 6. 23. 31 ; Code 6. 23. 19 ; [Jacobus Buttrigarius (t 1348), teacher of Bartolus ; author of Lectures on the Digest and the Code.] 8 Code 6. 23. 9 ; 6. 32. 2. ' Code 6. 23. 31.

② Id, p.38 ; Dig. xxxiv. 3. 29 ; iii. 2. 4. Â§ 2 ; note by Dinus to Dig. xxvi. 8. I.

③ Id, p.39 ; Code S– 27. 8 ; Nov. 89. c. 4.

被视为耶稣基督的同代人，人们“以与发现了《旧约全书》中长期失传的一些篇章抄本同样的心情”来接受十一世纪中后期发现的查士丁尼汇编的抄本）。[①] 罗马法告示和法学家解答无论单个的还是整体的，都构成了一种“书面的自然法”或“书面理性”，前期注释法学派把罗马法连同《圣经》及教会法一起视为神圣的典籍[②]，而核心的权威就是《国法大全》，因此对这些法律文本所进行的任何超出纯粹解释的做法均被视为“不可接受的狂妄”。[③] 前期注释法学派认为古罗马法是完美的，仅仅采用经院哲学方法进行研究，尊重恪守原有的法律，他们完全是对《国法大全》进行译注，并不演进法律，因为在他们心中古罗马法就是完美的，可以通过注释适用于一切时代。

后期注释法学派，又称评论法学派，他们改变了传统文献解释方式，并建构一种新的法律体系内的法律分析结构。评论法学派为了回应时代生活（尤其是各地“特别法”实践）的需求，不能再像注释法学派那样完全依赖查士丁尼文本，而要寻找法律文本的“精神”或“实质”，在逻辑性解释的框架内和一套精心制作的逻辑辩证工具的帮助下“强解”法律文本，运用概念建构和推释的外表形式，将一种全新的、现代的、适应另一个时代需要的内容注入《国法大全》的概念之中。[④] 后期注释法学派关注社会生活实际情况，不仅仅是对《国法大全》进行注释，而且提出法律原则和根据，建立法律分析结构，将罗马法原则与社会经济生活、政治生活以及家庭生活结合起来。十五世纪人文主义法学派出现的时候，法律价值取向有所转变，

---

① 舒国滢:《波轮亚注释法学派：方法与风格》，载《法律科学》，2013 年第 3 期。

② ［美］伯尔曼著，贺卫方等译:《法律与革命——西方法律传统的形成》，中国大百科全书出版社 1993 年版，第 146、169 页。

③ 舒国滢:《波轮亚注释法学派：方法与风格》，载《法律科学》，2013 年第 3 期。

④ ［葡］叶士朋著，吕平义、苏健译:《欧洲法学史导论》，中国政法大学出版社 1998 年版，第 108-110 页。

认为人是万物的制度，应该尊重人的价值和地位，但是，人文主义法学者的研究方法仍然是经院的，仍然是以原有法律为依据研究法学，因此，人文主义法学者对传统的超越仍然有限。

巴托鲁斯是后期注释法学派典型代表，重读巴氏著作我们会发现，巴氏先阐述《查士丁尼法典》和《学说汇纂》包含的冲突规范和冲突理论观点，然后再提出自己观点，是典型的评论法学派法学研究方法。从所属学派、采用的法学研究方法和所处时代来看，巴托鲁斯并不是国际私法的创立者，而是国际私法的评论者，是在前人的基础上做了更深刻的思考，使国际私法的理论更系统、更完善。

三、欧美学者观点依据

十七世纪荷兰法学家胡伯在自己著作《论罗马法与现代法》第一章《国家间法律冲突》中提到需要在罗马法中寻找一般的基本的原则来解决法律冲突问题。[①] 萨维尼阐述法律关系本座说时，也不断地提到和引用古罗马法。英美法系史密斯教授认为，十四世纪后期注释法学派法学家巴托鲁斯对《查士丁尼法典》和《通用解释》(*Glossa Ordinaria*) 进行了评注，即有关国际私法的评注，[②] 对《教会法》进行评注，从而建立了自己的国际私法理论——《法律冲突论》。《通用解释》是十三世纪上半期意大利法学家阿库修斯（Accursius）对前期注释法学派对《国法大全》的注释进行选辑、汇

① E. Lorenzen, Developments in the Conflict of Laws, in Illinois Law Review, 1919, Vol. XIII, pp.401 et seq, the 1th part.

② J. A. Clarence Smith, Bartolo on the conflict of laws, Am. J. Leg. Hist. 14 (1970), pp.174–183, 247–275.

编成卷，是巴托鲁斯理论和引注的另一个来源。[①]所以，巴托鲁斯是国际私法的集大成者，而不是创立者[②]。巴托鲁斯完成了对国际私法形成一个半世纪以来前辈的理论简明的综合，把他们谈到和涉及的问题扩大了两倍，并加入了自己的思考。这个综合理论发现于他对《国法大全》的《学说汇编》Digest I. iii.32 的评注之中，并且该评注是他本人几乎逐字重复的第一部法典，仅仅加了一些附录和顺序的调整。[③]Max Gutzwiller 也指出巴托鲁斯一生被认为是“法律冲突论”的集大成者，而不是创立者。[④]他解决法律冲突的主要方法就是其对《国法大全》——si Bononiensis, in nos.13-51 的评论。[⑤]从巴托鲁斯著述和一些学者观点看，国际私法起源于《国法大全》。《国法大全》本身是罗马皇帝颁布的法律，包含国际私法冲突规范和理论。1914 年哈佛大学的约瑟夫·亨利·比尔教授，翻译了古瑟里（Guthrie）所著的《萨维尼论冲突法》（1880 年第二版）一书的附录，附录中提到巴托鲁斯的《法律冲突论》就是对《查士丁尼法典》的评注，这正印证了国际私法起源于古罗马《国法大全》的观点。

从巴托鲁斯著作部分内容看，我们可以发现，他的论著有很多对查士

---

① J. A. Clarence Smith, Bartolo on the conflict of laws, Am. J. Leg. Hist. 14 (1970), p.158.

公元 1250 年前后，阿库修斯对前期注释法学派的注释进行选辑、汇编成卷，取名为《通用注释》(*Glossa Ordinaria*)。(另有解释：参见［葡］叶士朋著，吕平义、苏健译：《欧洲法学史导论》，中国政法大学出版社 1998 年版，第 90 页。大约在 1240 年前后，阿库修（约 1180—1260）将这个学派的理论成果做出了总结，写成名著《注释大全》(*Magna Glosa*)，《常规注释》(*Glosa Ordinaria*) 或简称 Glosa)。

② Max Gutzwiller, Geschichte des Internationalprivatrechts, S. 29.

③ J.A. Clarence Smith, Bartolo on the conflict of laws, Am. J. Leg. Hist. 14 (1970), p.157.

④ Max Gutzwiller, Geschichte des Internationalprivatrechts, S.29.

⑤ Nikitas E. Hatzimihail, Bartolus and the Conflict of Laws, Revue Hellenique de Droit International, Vol. 60, p.15, 2007.

丁尼《国法大全》(《查士丁尼法典》和《学说汇编》)的直接引用，上述 § 14 到 Â § 39 都是《查士丁尼法典》列明的冲突规范，除了冲突规范之外，《学说汇编》中包括诸多冲突法理论阐述。显而易见，《查士丁尼法典》和《学说汇纂》本身就有国际私冲突法规范和理论。从欧洲中世纪法学研究方法和学派类别看，巴托鲁斯隶属评论法学派，他对《国法大全》评注，在《国法大全》基础上建立自己的冲突法理论体系。从他的研究方法和隶属学派考察，他的冲突法理论来自对《国法大全》引用和演进。除了以上之外，欧美冲突法学者观点也给我们提供了国际私法起源于《国法大全》的佐证。因此，我们可以得出准确无误的结论：国际私法已经存在于《国法大全》，《查士丁尼法典》有赤裸裸的冲突法规范，《学说汇编》有古罗马学者对法律适用的讨论以及对某些涉外民事关系法律适用的观点，国际私法起源于古罗马时期，国际私法规则和理论起源于查士丁尼《国法大全》。

第五节　严格封建属地时期

一、封建法形成

封建法逐渐形成是有深刻的社会和法律原因。罗马帝国的崩溃导致了阶级力量的此消彼长，原来处于弱势地位的封建贵族逐渐取得了权力，分权制度也逐渐取代了集权，先是地方习惯取代了封建立法，继而是地方习惯成文化，然后是地方习惯被渐渐编纂成制定法，这样就基本上形成了封建成文法典。[①] 封建时期的习惯，是当时社会状况的直接产物，主要是封

① ［英］梅兰特等著，屈文生等译：《欧洲法律史概览》，上海人民出版社 2008 年版，第 58、59 页。

建因素。习惯法是在封建贵族的世纪生活中发展起来的，是为了维护他们的利益。封建习惯必须是惯常的、当前的、普遍性的；普遍性是指它应该在当地和整个王国都应适用。[①] 九世纪以前的加洛林王朝时代，封建习俗主要是为了弥补成文法的不足，后来封建习俗在法律上的地位逐渐提高。到了封建时期，习惯逐渐摆脱了前面的限制，获得了独立于成文法的地位。此时，一些欠缺确定规则的习俗法在它形成的地方很快地一致和明确起来；来自不同区域生活条件的不同民族的习俗法开始成为研究和立法的主要对象。经过长时间的整理、明确和扩充，习俗法奠定了法律制度的基础。[②]

在这样的基础上，封建法逐渐形成。首先，在封建制度下，属人法存在的社会基础已经不复存在，种族已经在各个地区融合在一起生活；新的地区性语言已经形成；习惯慢慢在全国生效，种种迹象表明，法律在此时已经不可能因种族而异，在同一地区，法律趋同已经成为必然，法律烙上属地注意主义印记。[③] 世俗的法官和政府官员都必须熟悉其他的法律制度，这种对其他众多法律制度的了解对属地化这一进程起到了推动作用。封建制度本身也促进了这种属地化。封建社会是建立在封臣对领主个人的忠诚上，每一个城堡都有自己的法律，种族间已经没有差别，罗马人或日耳曼人——伦巴第人、法兰克人或撒克逊人——都是采邑内的封臣，他们对领主有着相同的权利和义务，而且同一采邑内适用相同的法律。不管几个采邑间是多么的不同，但它们有关土地保有、分封、豁免、皇权、效忠、骑士和服役等的法律制度的基本原则是一致的，而这些基本原则都是普遍性的而不是为一个民族所特有。[④] 严格封建属地时期，各国不考虑其他国家法律体系

---

① ［英］梅兰特等著，屈文生等译：《欧洲法律史概览》，上海人民出版社2008年版，第64页。

② 同上，第65页。

③ 同上，第66页。

④ 同上，第66、67页。

的存在，在自己属地领域严格适用自己的法律。封建属地主义就是指封建领主管辖任何他可以控制的人，后来封建属地主义衍生出独立国家的绝对的最高的管辖权和主权。①

二、国际私法隐秘发展

从封建严格属地时期起，法律开始属地化，法律的适用不再依照人的种族和血统来确定，法律的属地性取代了法律的属人性，属地原则成为法律适用的主要原则。②中世纪的封建法具有严格的属地性，属地效力绝对，一个封建王国的法律和习惯在王国领域内有绝对的效力，一个人迁移到外国就要受该地法律的支配。国家间的法律不是平等的，内国法优于外国法，没有法律选择的观念和法律选择的必要。除此之外，还有一个重要原因导致国际私法虚无状态，那就是各个国家的法律基本原则基本相同，其具有普遍性而不是为一个民族所特有，此种状况也弱化了法律选择的必要。在封建属地时代，迁徙绝非易事，迁徙会改变人的法律地位和法律状况。举个例子，一个人从某地迁移到令一个地方，他会从合法的婚生子女地位变成私生子。

封建属地时期是国际私法发展的艰难时代，但国际私法依然在以隐秘的方式发展。一些文明程度较高国家并不否认外国法的存在，在特定情形下关注和适用外国法律。我国唐朝颁布的《永徽律·名例章》规定，“诸化

---

① Joel R. Paul，Comity in international law，32 Harv. Int'l L.J. 1，13－14（1991）.

A flaw further exposed by the development of feudalism between the 10th and 12th centuries. The feudal development of defined territories，where “the word of feudal lord governed anyone who came under his control”，introduced the idea of sovereignty，defined as “supreme dominion，authority or rule... of an independent state”.

② 杜涛著:《德国国际私法》，法律出版社 2006 年版，第 22 页。

外人同类自相犯者，各依本俗法；异类相犯者，以法律论。”公元652年，唐朝官方对《永徽律》进行注释，对“诸化外人”规定作了解释：“化外人，谓蕃夷之国别立君长者，各有风俗，制法不同；其有同类自相犯者，须问本国之制，依其俗法断之；异类相犯者，若高丽与百济相犯之类，皆以国家法律论定刑名。”[①] 宋朝《宋史·汪大猷传》记载：“既入吾境，当依吾俗，安用岛夷俗哉。”[②] 公元911年，基辅俄罗斯王国与希腊人订立一个条约，其中第十三条涉及俄罗斯人在希腊死亡后的遗产处理问题：如在希腊的俄罗斯人死亡，其财产未经遗嘱处理，而且在希腊无亲人的，则其财产应发回俄罗斯，交其幼辈近亲属；如其财产已经依遗嘱处置，则其财产由其指定的继承其产业的人接受。[③] 封建属地时代，冲突法并非封建法的主要内容，但依然得到了某种程度关注。

从法律本身状况看，古希腊在文化和社会生活当中已经存在法律冲突问题，不仅城邦之间特有的法律体系之间的法律冲突问题经常出现，而且已经出现了简单的冲突规则。古罗马法时期，罗马私法非常发达，不仅有市民法和万民法，而且有享誉古今的查士丁尼《国法大全》。作为《国法大全》重要组成部分的《查士丁尼法典》和《学说汇编》，不仅含有明确的冲突规范，还包括不成文的冲突法理论阐述，它们也是国际私法第一个理论学说建立的基础，巴托鲁斯对二者的评注形成了国际私法的第一个学说《法律冲突论》。种族法时代，出现意思自治最初模型和法律平等观念，国际私

---

① 齐湘泉：《中国国际私法探源》，载《中国政法大学学报》2012年第1期，总第27期。

② 章尚锦、徐青森主编：《国际私法》，中国人民大学出版社2007年版，第46页。

③ ［苏］隆茨著，顾世荣译：《苏联国际私法教程》，台湾大东书局1951年版，第48页。

法进一步发展。通过考察古希腊、古罗马和种族法时代法律状况，我们可以得出准确无误的结论：国际私法萌芽于古希腊，起源于古罗马时期查士丁尼《国法大全》，发展于种族法时代。

第二章

法律冲突论

无论何时，在十分发达的经济和法律体系相互不断发生联系的状况下，法律选择问题都会产生。古希腊城邦国家，中世纪文艺复兴时期的意大利，十七世纪新兴资本主义国家荷兰和现代美国全部都发展和产生了有关在特殊问题上如何适用法律的复杂法律理论。[①] 十一世纪以后，意大利独特的政治、经济和法律状况——政治上的分裂、城市权力的扩展、海外贸易的繁荣、多元的法律体系以及法学研究肇始和法学家阶层出现，为国际私法发展提供了完美的客观条件和主观条件。十四世纪意大利最伟大的法学家、评论法学派代表巴托鲁斯（Bartolus of Sassoferrato）把冲突法推进到到史无前例的阶段。[②] 他在评注法律神圣典籍查士丁尼《国法大全》时，对《查士丁尼法典》和《学说汇纂》中的冲突规范和冲突法理论观点进行了评注和演进，撰写了国际私法第一个学说——法律冲突论。

---

① Friedrich K Juenger，A Page of History，35 Mercer L. Rev. 419（1984）.

② Story's Commentaries on the Conflict of Laws，One Hundred Years After，48 Harv. L. Rev. 15，1934.

The development of the conflict of laws reached its height in Italy in the fourteenth century through the genius of the greatest of all jurists of the middle ages — Bartolus of Sassoferrato（1314—1357）.

第一节　法律冲突论产生历史背景

一、政治状况

十四世纪的意大利是政治分裂最为严重，遭受侵略最为频繁的时期。意大利北部，神圣罗马帝国掌握管理大全；教皇控制意大利中部地区及马尔凯、翁布里亚、艾米利亚和罗马涅地区；意大利南部地区，西西里王国的大陆部分归安茹王朝统治，岛区被西班牙的阿拉贡人控制。意大利北部和中部，国家司法大权只是一种理论存在，实际上的政治大权被牢牢地把握在城市和城邦手中。[①]1305年至1376年，罗马教皇一直流亡在阿维尼翁，完全失去了对各个教皇国的中央控制权。教皇国逐渐蜕变成无政府状态主公会议控制下的城邦。在动乱的背后，文明仍在发展，社会还在进步。城邦具有政治大权和立法权，制定了众多具有特色的“城邦法”。在教俗斗争中，佛罗伦萨、热那亚、米兰和威尼斯等城市取得独立，实行共和政体。共和体制下，商人得到社会承认，参与管理国家事务，其积极性和创造性都得到了极大的发挥。共和体制有利于促进意大利海外贸易的发展。另外，共和国政府的决策过程体现了民主精神，协调了社会各阶层的利益。共和体制为意大利海外贸易的发展提供了稳定的社会环境。

二、经济状况

十二世纪至十五世纪是意大利海外贸易快速发展的时期。各城市共和国

① ［美］瓦莱里奥·林特纳著，郭尚兴、刘亚杰、齐林涛译:《意大利史》，上海交通大学出版社2009年版，第87页。

政府加强基础设施建设，积极规范、开拓海外贸易市场。西欧商业复兴为海外贸易发展提供了广阔市场，这些都为意大利发展海外贸易提供了良好机遇。各城市共和国政府都积极规范海外贸易市场，健全市场机制。一方面，政府建立特别的司法制度，解决海外贸易中的商业纠纷，在船上设立海上领事，沿岸城市建立普通领事、海上法庭以及海军法庭。① 另一方面，各城市共和国政府相继制定和完善航海法规，以法律的形式确定有关防范措施和禁止事项。② 十字军东征促进了威尼斯、热那亚和比萨等城市航海业的发展，十字军东征使意大利的航运恢复了难以置信的生命与活力。③ 通过十字军东征，威尼斯、热那亚和比萨等城市共和国一方面获得大量资金和贸易特权，另一方面，还得到了所占领城市的一部分，通常为三分之一。④ 汤普逊指出："十字军的重要性，在于它是欧洲国家第一次向欧洲境外拓展，是欧洲人在外国土地上和外国人民中最早一次向外殖民的试验，也是一次庞大的商业冒险行动。"⑤

意大利海外贸易繁荣还有深刻的国际背景。十一世纪，以威尼斯为中心的大量商业活动传播到意大利各城市和西欧内陆。意大利商人经常是各国王室的座上宾，成为欧洲最具影响力的商业集团。⑥ 中世纪意大利大的城市米兰、威尼斯、热那亚和佛罗伦萨，每个城市的人口在八万以上，而在同一

---

① ［法］P. 布瓦松纳著:《中世纪欧洲生活和劳动（五至十五世纪）》，商务印书馆1985年版，第177页。

② ［法］费尔南·布罗代尔著:《菲利普二世时代的地中海和地中海世界》（上），商务印书馆1998年版，第364页。

③ ［比］亨利·皮朗著:《中世纪经济社会史》，上海世纪出版集团、上海人民出版社2001年版，第29页。

④ Robert B. Ekelund，JR，Robertmic Firm，Oxford University F. Hebert：Trust：The Medieval Church as an Economy Press，1996，p.144.

⑤ ［美］詹姆斯·W. 汤普逊著:《中世纪经济社会史》（上），商务印书馆1984年版，第491页。

⑥ ［比］亨利·皮朗著:《中世纪的城市》，商务印书馆1985年版，第17页。

个历史阶段英格兰还没有一个城市达到如此规模。[①] 威尼斯和热那亚是地中海最重要的两个港口，米兰和佛罗伦萨虽然地处内陆，商业却达到了较高的发展水平，而且又是意大利最重要的手工业城市。1340 年，佛罗伦萨是欧洲最重要的金融中心，它有最为著名的三大银行：梅迪奇（美第齐）银行、佩鲁齐银行和阿齐亚奥里银行。[②] 佛罗伦萨商人为威尼斯商人提供布匹和金属制品，并依靠威尼斯的商船将其货物尤其是纺织品运往黎凡特，米兰的经济主要依靠与热那亚和威尼斯的商业往来。[③] 比利时经济学家亨特·皮朗在其《中世纪欧洲经济社会史》中提到，从商业资本主义十二世纪的发展看，拿它与十九世纪的工业革命相比拟，并无夸张之处。[④]

三、法律状况

从封建时期开始，法律逐渐摆脱了内容多变、形式分裂的状态。法律逐渐具备了系统性和整体性特征。法律渊源也经过长期的发展后，最终确定下来。[⑤]

共同法的存在。罗马帝国覆灭后，意大利立法者制定了现实需要的新规则。但是立法并没有涉及所有部门，在立法没有触及的部门领域，仍由原先存在的法律调整。这些原先就已经存在的法律逐渐获得了普遍效力，形

---

① GenicotL.Les grandes villes de l'occident en1300，economies etsociétés au moyen age：melanges offerts a edouard perroy［M］. Paris：Scribner，1973.

② De Roover R.The Rise and Decline of theMedici Bank，1397—1494［M］. Cambridge：CambridgeUniversity Press，1963.

③ Fryde E. B. Italian Maritime Trade with Medieval England 1270—1530［M］//Jean Bodin. Recueils de la Société. Leuven：Biblo&Tannen，1967.

④［比］亨利·皮朗著，乐文译：《中世纪经济社会史》，上海人民出版社 1964 年版，第 44 页。

⑤ 同上，第 89 页。

成了共同法。罗马法最终获得了共同法的地位。[①]罗马法的影响，犹如一股穿透力十足的社会力量，其影响经历了一个渐进的过程。罗马法对意大利私法的影响很大，在某种程度上保持了强大的生命力和活力。

教会法。教会法对意大利的影响像罗马法一样巨大。文艺复兴时期教皇权力达到了顶峰，十三世纪末，教会法汇编成册，被称为《教会法大全》。教会法也是一种共同法，在不同时期和地区，对不同的事项具有不同的效力。但这一切都随着现代立法新原则和政教分离理念的出现而消逝了。中世纪教会法处于鼎盛时期，罗马法无法与之竞争，其影响力也超过了日耳曼法。[②]教会法具有超越国家和地域的普遍效力。美国法学家伯尔曼认为，教会法是西方第一个近代法律体系，进而分析了教会法律体系结构要素，诸如：教会婚姻法、继承法、财产法和诉讼程序。十二世纪后半叶，英格兰托马斯·贝克特与国王亨利二世之间管辖权之争，伯尔曼认为是精神权威和世俗权威的冲突。[③]

城邦法。十三世纪的意大利，立法活动渐盛。立法的地方性和特殊性明显。日耳曼帝国在意大利的统治结束后，意大利各城市最终获得了政治独立，这些自治城市也获得了制定法律和处理自己事务的权力。城市立法的独特形式是“法则”，类似于自治规则。巴托鲁斯认为一个城邦没有法律是不可以想象的，因此，城邦一定要有自己的法律。[④]意大利的城邦，不论特性如何异彩纷呈，它们都有作为城市共同体的一种共同的自我意识，并且都有相似的法律制度：由一套城市法律体系来治理。[⑤]

---

① ［比］亨利·皮朗著，乐文译：《中世纪经济社会史》，上海人民出版社1964年版，第90页。

② 同上，第95页。

③ ［美］伯尔曼著，贺卫方等译：《法律与革命——西方法律传统的形成》，中国大百科全书出版社1993年版，第316页。

④ ［英］梅兰特等著，屈文生等译：《欧洲法律史概览》，上海人民出版社2008年版，第128页。

⑤ ［美］哈罗德·J.伯尔曼著，贺卫方等译：《法律与革命——西方法律传统的形成》（中文修订版），法律出版社2008年版，第350页。

日耳曼法。在罗马法的促成下，日耳曼法逐渐成文化。其中最重要的日耳曼——伦巴第法在局部中存活下来，在家庭法和财产法依然坚持遵循旧历，在一些领域压倒了罗马法。支持伦巴第法地位的最强大的力量是封建土地保有制。[①]

商法。在“城邦法”兴起的同时，商法也在逐渐形成。城邦之间的商业交往，导致形成一系列商事规则，广泛及集市交易、税收、度量衡标准和集市法院等事项。意大利海上贸易发展较早，海商法也随着威尼斯和米兰等城市较早形成。[②]

四、法学的肇始

公元1000年，法律研究开始了缓慢的复兴，罗马法一马当先。[③]罗马法本身具有内容详细、体系清晰的特质，这使罗马法复兴成为必然；加之，意大利深厚的历史和文化底蕴以及它与罗马法的关系，这种复兴理所自然首先发端于意大利。[④]研究罗马法可以满足业已存在但尚未成熟的法律实务产生的需求，罗马法具有解决实际问题的能力和广泛的适用性，这是伦巴第法和教会法远不能及的。十一世纪末，博洛尼亚法学院建立，并形成特殊的法律研习传统。新的“研究方法”伴随罗马法复兴而兴起，法学形成了独立的学院和系别，不再是执政者的一个工具，再度被视为一门科学。

十一世纪后半期，罗马法教师中出现了“注释法学家”。伊尔纳留斯是

① ［美］哈罗德·J. 伯尔曼著，贺卫方等译：《法律与革命——西方法律传统的形成》（中文修订版），法律出版社2008年版，第91、92页。

② 何勤华、李秀清主编：《意大利法律发达史》，法律出版社2006年版，第13页。

③ ［英］梅兰特等著，屈文生等译：《欧洲法律史概览》，上海人民出版社2008年版，第101页。

④ 何勤华、李秀清主编：《意大利法律发达史》，法律出版社2006年版，第13页。

注释法学派创始人，被称为“法律之光”和“法律的明灯”。十三世纪后半期，迎合社会对法学的新需要，“评论法学派”形成。意大利阿尔法尼省巴托鲁斯一直被尊称为评论法学派的王子（1314—1357年），他在意大利受到史无前例的崇拜，有一句流行语：“除了巴托鲁斯，无人称得上是法学家。”巴托鲁斯曾在博洛尼亚大学任教，并担任多项公职，曾担任查尔斯四世大使，最后成为皇帝的顾问，拥有大量特权。后来，其继任者巴尔杜斯（Baldus，1327—1400）作为罗马法学家和教会法学家，对当时社会事务也做出了贡献。十五世纪，人文主义法学家登上意大利历史舞台，法律生机适时被一个新的学派唤起。[①] Andrew Alcait反对评论法学派的“共同意见”（communis opinio），倡导简朴和纯正的风格，力主对法律原则问题的自由推理，强调系统的阐述法律问题。[②] 十六世纪，意大利法学向实用主义方向发展，律师们恪守古老的“意大利风格”——“共同意见”原则和诡辩逻辑；法学生命奄奄一息；法院依然门庭若市，律师业欣欣向荣，法律书籍越来越多，但没有人掌握所有法律知识，执业者只能找到其中最重要的部分，或将它们简化成拇指原则[③]，或通过记忆来学习，总之形成了一套机械的实践法则。[④]

五、十四世纪前意大利冲突法理论

十二世纪，罗马法的全面复兴激发了西欧社会学习和研究法学的热情，使法学从修辞学中分离出来，成为一门独立的、系统的科学，为现代西方

---

① ［英］梅兰特等著，屈文生等译，《欧洲法律史概览》，上海人民出版社2008年版，第101-127页。

② 同上，第121页。

③ 指简单经验主义。

④ 同上，第122页。

法学的发展奠定了学科基础，从而也为冲突法的发展奠定了学科理论基础。[①]罗马法复兴，学者开始研究和教授《查士丁尼法典》，此时冲突法才真正开始。法学家在意大利的城市中讲授罗马法，而这些城市都有各自的司法体制和自己的地方性法律。[②]

意大利最早明确提出冲突法原则的是教会法学者，十二世纪末，教会法学者乔汉尼斯·弗温蒂纽斯（Johannes Faventinus）提出"合同应适用合同缔结地法"，并得到了另一位教会法学者伯纳德斯·帕比恩西斯（Bernardus Papiensis）的赞同。[③]十二世纪末，注释法学派马吉斯特·阿尔德里克斯（Magister Aldricus，1170—1200）提出了这样一个问题："如果属于几个不同省份的人们在审判员面前涉讼，而这几个省份又有不同的习惯法的时候，就会发生审判员应该适用哪个省份的习惯法的问题。"[④]他指出审判员应该适用他认为是较好并较为有用的法律。十二世纪末十三世纪初，注释法学派在最初涉及法律冲突问题的解决方法时多倾向于适用法院地法，当然这种适用地方习惯法的做法并非源于法律属地性这一思想，而是认为法律对本地域内所有居民有效，因此外国人要受属地法或普通法（罗马法）的支配。[⑤]1235年，注释法学派雅格布·巴尔杜纳斯（Jacobus Balduinus）对法律选择问题创造性地提出了又一个重要原则，即根据法则本身的性质将法

① 何勤华著:《西方法学史》，中国政法大学出版社1996年版，第71页。

② Friedrich K.Juenger：Choice of law and Multistate Justice，Copyright 2005，p.11.

③ Pavel Kalensky，Trends of Private International Law，Prague Academia 1971，pp.54-55.

④ Rodolfo de Nova，Historical and comparative introduction on conflictof laws，Recueildes cours，1966 Ⅱ，p.445；Gutzwiller，Le Développement Historique du Droit International Privé，HagueRec. 29（1929 Ⅳ）p.302；K. Lipstein，Principles of the Conflict of Laws，National and International（1981），Martinus Nijhoff Publishers，p.6.

⑤ ［美］K.利普斯特英:《国际私法的一般原则》，载《海牙国际法讲演集》（第一卷），1972年版，第107页。

则区分为程序法则（add litis ordinationem，rules of procedure）和实体法则（addlitis decisionem，rules of substance），对于涉及这两种法则的问题，分别适用不同的法律：对于程序法则问题，他主张必须适用法院地法；而对于实体法则问题，则不能毫无限制地将法院地法适用于所有情形之下。[①]他还有另一种思想，即当事人选择审判员即暗示着选择审判员所适用的法律体系这一观念，他说："当事人选择他的审判员，同时就选择了审判员的法则和习惯。"[②]大约在同一时期，巴尔多首先提出"场所支配行为"原则，为行为方式的法律适用指明了方向，直至今天，"场所支配行为"这一古老原则依然是解决行为方式法律适用的主要原则，不仅如此，这一古老原则已经在某些领域渗透到解决行为内容有效性。著名学者阿佐（Azo Porous）[③]主张适用法院地法。他的学生阿库修斯（Accursius）提出："一个博洛纳的商人在摩德纳被起诉，他应该适用前者还是后者的法则？"他认为，在摩德纳被起诉的博洛纳商人将不适用摩德纳法，因为他并不在摩德纳的统治之下。[④]

---

① K. Lipstein，Principles of the Conflict of Laws，National and Inter-national（1981），Martinus Nijhoff Publishers，p.7；Gutzwiller，Le DéveloppementHistorique du Droit International Privé，Hague Rec. 29（1929 Ⅳ）p.304；E. –M. Meijers，L'histoire des principes fonda-mentaux du droit inter. Nationalprivé à partirdumoyen age spécialement dans l'Europe occidentale，Hague Rec. 49（1934 Ⅲ），p.595.

② ［德］诺伊麦耶：《巴托鲁斯以来国际私法和国际刑法在普通法上的发展》，第2卷，1916年版，第58页。

③ 阿佐是巴塞努斯（注释法学派创始人伊纳留斯的徒孙）的学生，毕业后成为波伦那大学的民法学教授。他一方面继承了其老师的主流派立场，另一方面也注意吸收以四博士之一的高塞为代表的非主流派的成果，因此，使注释法学派在他手上达到了发展的顶点。他关于《查士丁尼法典》和《查士丁尼法学阶梯》的注释汇编和指导书不仅在意大利，而且在整个欧洲都赢得了广泛的声誉，成为出庭审案者所必不可少的宝书，因而当时流行着这样一句俗语："不读阿佐的书，就不能登宝殿（法庭）"（Chi non ha Azo non vada a palazzo）。

④ Symeon C. Symeonides，Wndy Collins Perdue，Arther T. von. Mehren，Conflict of Laws：American，Comparative，international，west. Group 1998，p.6.

第二节　法律冲突论主要内容

十四世纪，后期注释法学派法学家巴托鲁斯依靠两个重要的权威性资料，《查士丁尼法典》（*Corpus Juris Civilis*）和教皇分阶段颁布的教会法（Corpus Juris Canonici），完成了他冲突法理论的著述——《法律冲突论》，但他不是教会法学者，其对教会法些许的引用处于次要的地位。[①] 巴托鲁斯冲突法理论包括以下方面。[②]

一、契约

在探讨契约法律适用时，巴托鲁斯从一个注解入手："如果一个博洛尼亚人在莫地纳签订契约，他应当受莫地那法则的约束。"对于这个问题，我们应关注两点：第一，法则是否能在立法者领域之内约束非属该领域之事

① J.A. Clarence Smith，Bartolo on the conflict of laws，Am. J. Leg. Hist. 14（1970），p.158. In common with all other medieval commentators Bartolo relied on two main sources of primary authority，the Corpus Juris Civilis commissioned by Justinian，and the Corpus Juris Canonici commissioned in stages by the Papacy；but he was not a canonist，and of the few citations which he made from this latter source most are at second hand.

② 1914年哈佛大学Beal教授以1602年威尼斯相当可靠的Bartolus ad C.1.1.1版本为基础翻译的Bartolus on the Conflict of Laws；J. A. Clarence Smith 1970年译本Bartolo on the Conflict of Laws（The American Journal of Legal History，Heinonline 14 AM. J. Legal hist.）；2007年Nikitas E. Hatzimihail译本Bartolus and the Conflict of Laws（Revue Hellenique de Droit International），通过比较分析这三个译本，选择各个译本最理想的部分，重现巴托鲁斯《法律冲突论》内容。

物；第二，法则的效力是否可延伸到立法者领域之外。[①]关于契约，问题的解决取决于有关地方法则和习惯是关于契约形式的（第一种情况），还是关于契约产生的权利（第二种情况）。[②]（§14）对于第一种情况（契约形式），由契约缔结地法支配；[③]（§15）对于第二种情况，如果有关问题是诉讼形式，适用法院地法；如果涉及诉讼理由和原因[④]，还要分两种情况：（§16）契约本身事项，适用契约成立地法，而非履行地法，[⑤]（§17）此种方法不适用于继承案件；[⑥]（§18）因过失和迟延履行而引发的争议，契约履行地已经确定于某一特定地点，或者有几个可以选择的履行地点以致需要选择契约履行地，或者由于约定不能而无契约履行地。对于契约的履行地固定的，适用契约履行地法；对于后两种情况由契约支付地法管辖，因为过失和迟延契约支付地发生。[⑦]（§20）威廉认为，有关契约双方共同利益的事项，应由契约缔结地法支配；但缔约履行过程中出现的未预见事项，应由法院地法支配。

---

① Henry Beale，Bartolus and the Conflict of Laws，Royal Professor of law in Harvard University，1914，pp.12—13；Code I. 4，gloss.

"Nunc veniamus ad glossam quae dicit quod si Bononiensis conveniatur Mutinae，non debet iudicari secundum statuta Mutinae，quibus non subest cuis occasione videnda sunt duo et primo utrum statutum porrigat extra territorium ad non subditos，secundo utrum effectus statuti porrigat extra territorium statuentium".

② J. Clarence Smith，Bartolo on the Conflict of Laws，the American Journal of Legal History，Heinonline 14 AM.J.Legal hist. p.165，1970.

③ Henry Beale，Bartolus and the Conflict of Laws，Royal Professor of law in Harvard University，1914，p.18；Dig. xxi. 2.6；Code 6. 32.2.

④ Smith 和 Hatzimihail 译成：the decision of case。

⑤ Id，p.18；Dig. Xxii. 5.3 in fin，Also see Dig. xxi. 2.2；Smith，Bartolo on the Conflict of Laws，p.166.

⑥ Id，p.19.

⑦ Id，p.19. Also see Dig. xxi. 2.6；Dig. V. I. 65；Dig. xliv. 7. 21. Smith 译为，由于迟延和过失发生于契约履行地，所以应有契约履行地法管辖。

但他的观点并不正确，因为规则是契约缔结地习惯法管辖合同。[①]

简言之，对于发生在缔约时的违约提出赔偿要求，我们关注契约缔结地；对于发生在契约缔结之后的违约，如迟延履行，我们关注迟延履行发生地点；如果这个地点是法院所在地，那么我们关注法院地，如果是这样的话，注释是正确的，否则是错误的。[②]

二、侵权（不法行为——Delicts）

西努斯（Cinus）论及一个问题：如果某外邦人在本邦城的行为依城邦法则属于不法行为，他应该受到城邦法则的惩罚吗？[③] 让我们从广义上考虑：该外邦人的行为根据共同法为不法行为，则根据城邦法或习惯处罚之；外邦人的行为根据共同法并无不当，则，其一，若外邦人在城邦居住时间很长以至于他应该知道城邦法则，那么适用城邦法处罚之；其二，若该外邦人在该城邦居住短暂，但特定行为为各城邦普遍禁止（比如，未经政府批准许可不得把谷物带出领土，这种行为为意大利各城邦法普遍禁止），在这种状况下他不得以不知作为辩护理由；如果特定行为并非各城邦普遍禁止，那么除非他确实知道该城邦法则，否则其不受城邦法约束。此种情况处理原则是，不知者不应被惩罚，除非其不知是非常严重和怠于行使权利。[④]

---

① Henry Beale, Bartolus and the Conflict of Laws, Royal Professor of law in Harvard University, 1914, p.21 ; also see Dig. xxi. 2.6 ; Dig. xlvi. 3.98 ; Dig. l. i7.34.

② Id, p.22.

③ Id, pp.23－24 ; Code 8.53（52）. I.

④ Id, pp.23－24 ; Code 3.15, Auth ; Dig. xlvii. II. 9 ; Auth5. 39.21 and note ; Code 3. I5. 2 ; Dig. xxxix. 4. I6.§5 ; J. Clarence Smith, Bartolo on the Conflict of Laws, p.165.

三、遗嘱

假设威尼斯法律或习惯规定，一份有效遗嘱必须有两个或三个证人见证。外邦人在威尼斯订立遗嘱，该遗嘱是否有效？对于这个比较普遍的问题，首先必须考察威尼斯的法律或习惯本身是否有效；其次，如果威尼斯的法律或习惯有效，那么它是否可以适用于在威尼斯的外邦人。[①]关于法律和习惯是否有效问题，我认为即使皇帝不知道这些法律和习惯，地方法则和习惯也是有效的。[②]（§24）对于第二点，习惯是否可适用于城邦内的外邦人？詹姆斯认为不可。他认为，城邦法则规定本城邦人在五个见证人面前订立遗嘱，遗嘱才具有法律效力，而该法则不能约束一个偶然出现在其城邦的人；除此之外，本城邦法最适合本城邦[③]，其不应延伸至外来人。[④]我的观点如下：城邦法则是否约束外邦人取决于以下情况，城邦法明确限用于本城邦居民，效力不可延伸至外邦人。[⑤]如果城邦法是一般的、无限制的，则其效力可以扩展到在本城邦立遗嘱的外邦人。[⑥]除此之外，无管辖争议事项，城邦法适用于外邦人。并且，同样规则适用契约案件，如上所述。[⑦]我之所以

---

① Henry Beale, Bartolus and the Conflict of Laws, Royal Professor of law in Harvard University, 1914, p.25.

② J. Clarence Smith, Bartolo on the Conflict of Laws, the American Journal of Legal History, Heinonline 14 AM.J.Legal hist, p.169.

③ J. Clarence Smith 译：地方法则只为一个城邦所设计。

④ Henry Beale, Bartolus and the Conflict of Laws, Royal Professor of law in Harvard University, 1914, p.25 ; Code6. 23. 9 ; Dig. xlix. 14.32 ; Dig. xxix. 7.8 ; Dig. i. I. 9.

⑤ J. Clarence Smith, Bartolo on the Conflict of Laws, the American Journal of Legal History, Heinonline 14 AM.J.Legal hist, p.170 ; I interpret Code VI.xxiii（de Testamentis）.31, 34 read with Digest XXIX.vii.8.

⑥ Id, p.171 ; On the ground of Code VI.xxxii（Quemadmodum Testamenta）.2, above.38.

⑦ Id ; p.171.

这样说，不管 Code 6. 23. 9 的规定，因为我根据其蕴含的差别理解这一款规定；Dig. xlix. 14. 32 提到人质不是罗马市民，没有能力立遗嘱（Dig. xxviii. 1. 11），因此他们有必要接受罗马人宽松的长袍从而成为罗马市民，然后可以获得立遗嘱的权利。① 已然是罗马公民的人可以在罗马帝国内任何地方根据地方习惯设立遗嘱。②

如果财产所在地不存在这样的习惯，遗嘱效力可否延伸至位于城邦以外的财产？关于此会产生疑问：法则能否处理外城邦人遗嘱能力问题（如：一个家庭的子女能否订立遗嘱）；如果外城邦家庭子女在其本城邦订立遗嘱，遗嘱有效。我反对以上观点，因为法则无权对外邦人的能力进行立法调整，也不可对外城邦人能力作任何处分。③ 这与我们上面谈到的关于形式的法则不同。行为形式适用行为地法，适用法则因行为地不同而不同；但对于人的能力差别和不同，法则不能处分，除非此人属于该法则管辖。④ 但是，《查士丁尼法典》观点好像与我相反，认为可本城邦关于形式的法则可以约束外邦人。巴托鲁斯认为，法则不可直接约束外邦人，除非它赋予了法则必要形式，比如，从父权下解放子女必须在法庭作出。因此，有关形式的法则，对外邦人有效。但如果城邦法则规定限制一个人的能力，比如，城邦某法则禁止立妻为继承人，但外邦人在该城邦订立遗嘱，不受该城邦法则的限制，可立其妻为继承人。⑤

---

① Henry Beale，Bartolus and the Conflict of Laws，Royal Professor of law in Harvard University，1914，p.26.

② J. Clarence Smith，Bartolo on the Conflict of Laws，the American Journal of Legal History，Heinonline 14 AM.J.Legal hist，p.172.

③ Henry Beale，Bartolus and the Conflict of Laws，Royal Professor of law in Harvard University，1914，p.27 ; Dig. xxvi. 5. I in fin. ; xxvi. I. I0 and note.

④ Id，p.27 ; Dig. xxii. 5. 3 ; xxix. 3. 2.§7.

⑤ Id，p.27 ; Code 8. 49. I.

四、物权

假如某外邦人在内邦有座房子，他可否将此房高度加高？简言之，有关物本身产生的权利的问题，应遵循物之所在地的习惯或法则。①

五、教会法（略）

六、法律和习惯是否具有域外效力

我们必须确定城邦法律和习惯是否具有域外效力的问题，其被很多问题困扰。一些禁止性法则不是为了处罚，而是因为形式必要性的要求。法则分为禁止性法则和许可性法则。②

（一）禁止性法则

禁止法则可以分为三类，第一类是对行为的禁止性规范，加以某种形式要求；第二类是对物的禁止性规范；第三类是对人的禁止性规范。对行为方式有特殊要求的禁止性法则不具有域外效力："有关形式的问题，我们关

---

① Nikitas E. Hatzimihail，Bartolus and the Conflict of Laws，Revue Hellenique de Droit International，Vol. 60，p.21，2007；Code 8. I0. 3.

Nikitas E. Hatzimihail 认为这段话蕴含着物之所在地法适用于有关不动产的所有权利。但是语言措辞似乎是提及强制性法则（当时存在于意大利城邦），城邦限制居民建筑的高度、体积和风格。（Bartolus ad C.1.1.1，nu. 27："Quarto quaero quod in his quae non sunt contractus neque delicta neque ultimae voluntates. pone quidam habet domum hic et est quaestio an possit altius elevare. breve cum est quaestio de aliquo iure descendente ex re ipsa，debet servari consuetudo aut statutum loci ubi est res"．）

② Henry Beale，Bartolus and the Conflict of Laws，Royal Professor of law in Harvard University，1914，p.30.

注行为做出地法则。”对物的禁止性法则比较神秘，巴托鲁斯用一个例子解释，法则禁止共同财产所有人向第三人转让财产份额[①]，这样的财产处分在任何地方都是无效的，因为这样的法则对事物有影响，并阻止所有权的转移。[②]对人的禁止性法则可以分为两类，一类是有利的或善意的条款，另一类是负担性或恶意性条款。[③]第一，若禁止性法则对个人是有利的，则该禁止性法则对本邦所有公民有效，并具有域外效力。例如，在一些案件中禁止某人处分自己财产——禁治产制度，避免禁治产人财产浪费，这种法则是有利的禁止性法则，其效力可扩展到财产所在任何地方。[④]（§33）第二，相反，若禁止性法则是负担性的（burdensome）（我个人理解，是不利于当事人的），那么其效力不可延伸至立法者领域之外。因此，法则规定女儿没有继承权，它是负担性禁止性法则，[⑤]其效力不可延伸至域外。

（二）许可性法则（nos. 34-43）

许可性法则有关的两个问题需要明确，一是许可性行为能否在法律生效领域之外做出；二是许可性法则依据法律许可的方式和地点实施是否具有域外效力。[⑥]许可性法则可以分为两类：影响人身份地位的授予权力的法则和免除形式要件的法则。[⑦]

---

① 比尔教授把这个例子翻译成了禁止财产在夫妻间转移，有失偏颇。

② Nikitas E. Hatzimihail，Bartolus and the Conflict of Laws，Revue Hellenique de Droit International，Vol. 60，p.22.

③ Id，p.23.

④ Henry Beale，Bartolus and the Conflict of Laws，Royal Professor of law in Harvard University，1914，pp.31-32.

⑤ Id，p.32；Code 6. 28. 4.

⑥ Id，pp.33-34；Speculum Juris（ed. 1602），pt. ii，p.662；tit. de insir.，Â§ restat，ver. quid de his；Dig. i. 16. 2，which is noteworthy on this point；Sext. 2. 2. I in fin. Â» Code 8. 49. I.

⑦ Nikitas E. Hatzimihail，Bartolus and the Conflict of Laws，Revue Hellenique de Droit International，Vol. 60，p.23.

第一，授予特权的法则。第一类许可性法则承认并授予只属于特定被授权人的权利。比如根据城邦法任命的公证人，巴托鲁斯认为他不可以在自己城邦之外制定法律文件，类似事情只能在城邦内做出。相反，公证人在自己城邦制定的法律文件在本城邦外的任何地方具有效力，原因是这是一个形式问题而不是实体问题。①

第二，免除形式要件的法则。此类许可性法则许可事项已然被共同法认可，但抛弃了共同法规定的形式。许可性法则可以进一步分为免除形式要求和免除限制人的能力的法则。②威廉库内奥（William of Cuneo）认为，善意遗嘱效力延伸至任何地方的有关财产，甚至是国家之外，没有例外。首先法律赋予遗嘱法律效力，如果遗嘱自始有效，可以推定其效力从其本身延伸至所有财产；虽然法律不直接处分财产，然而可以推定可以处分这些财产。除此之外，土地或标的物位于何处，就可以在何处提起正当诉讼，并获得相应裁决。并且，法官做出的裁决在其他法官面前同样具有法律效力。③法官见证遗嘱，形式要求较少，继承可以发生，而且继承在任何地方具有效力。此观点来自西努斯演讲，威廉库内奥和 James Buttrigarius 博士持同样观点。我赞成以上观点（遗嘱具有域外效力），除了威廉库内奥提出的第一

---

① Nikitas E. Hatzimihail，Bartolus and the Conflict of Laws，Revue Hellenique de Droit International，Vol. 60，p.24.

①liquando nam statutum concedit et permittit id quod rationabiliter non conpetit nisi in his in quibus specialiter privilegium est concessum.

② Id，p.24.

quandoque statuta sunt permissiva permittendo id quod de iure permittitur，sed per statutum tollitur obstaculum quod erat de iure communi.

③ Henry Beale，Bartolus and the Conflict of Laws，Royal Professor of law in Harvard University，1914，p.36 ; Dig. xxvi. 5. 27 ; xxvi. 7. 47 ; Dig. 1. 17. 17 ; Dig. i. 7. 22. ; Dig. xxvi. 4. 3. Â§ i ; Inst. I. 17.

个论断。[①] 他认为法则没有直接处分的事项有时可以推定，这就是说法律不直接处分事项是依据祖先条款进行的必要推定，否者正相反。[②] 与免除形式要求的法则相反，巴托鲁斯否认免除人的能力限制的法则的域外效力，如允许未成年人或法律禁止人员订立遗嘱。[③] 由于这是一种低于皇帝权力的授权，虽然它涉及授权主体的自主行为，但是它不能在授权当局管辖范围外实施。很容易得出结论，私生子在城邦外被指定为继承人，也不能够继承遗产。[④]（Â § 39）私生子是否可以在领域外做继承人，接受财产？我说不可以，因为立法权低于主权，其效力不能超出立法权管辖范围，虽然它涉及的是自主行为。该观点请参见查士丁尼《法典》和修订版《新律》。[⑤] 巴托鲁斯承认解决此问题非常困难，理由是立法域外效力属于形式问题，《法典》和《学说汇纂》一些条款认为解禁[⑥] 子女（或公证行为）具有普遍效力，和外城邦法官判决可以执行，与此相同，遗嘱像判决一样（准判决）效力及于任何地方的遗产。[⑦]

巴托鲁斯采纳了相反的观点。首先他认为具有普遍效力的条款涉及立法主体领域内的遗产时才能被理解。但是，巴托鲁斯大部分观点在于区分详细说明一个行为形式必要性和一个人的行为能力授权，然而形式要求因

---

① Id, p.37 ; Code 7. 33. 12. ★ Code 2. I. 2 ; 7. 62. 15 and 19 ; 6. 23. 31 ; Code 6. 23. 19. ★ [Jacobus Buttrigarius (t 1348), teacher of Bartolus ; author of Lectures on the Digest and the Code.] 8 Code 6. 23. 9 ; 6. 32. 2. ; Code 6. 23. 31.

② Id, p.38 ; Dig. xxxiv. 3. 29 ; iii. 2. 4. Â§ 2 ; note by Dinus to Dig. xxvi. 8. I.

③ Nikitas E. Hatzimihail, Bartolus and the Conflict of Laws, Revue Hellenique de Droit International, Vol. 60, p.25.

④ Id, pp.25−26.

⑤ Henry Beale, Bartolus and the Conflict of Laws, Royal Professor of law in Harvard University, 1914, p.39 ; Code S− 27. 8 ; Nov. 89. c. 4.

⑥ 解禁就是赋予未成年子女某些权利。

⑦ Nikitas E. Hatzimihail, Bartolus and the Conflict of Laws, Revue Hellenique de Droit International, Vol. 60, p.26.

时空而不同（比如：军人遗嘱几乎不需要证人；而一个城市比另一个城需要更多适格证人），类似行为效力在各个地方得到承认，将不会对另一个城邦造成侵害，尽管该行为采用的是其他形式，但该行为能够在任何地方实施。[①]但是，有关人能力的立法不属此类，我不能进行有关立法，除非我有处分权力，该立法也不会具有域外效力，因为它会对其他城邦造成损害。尽管《法典》包含有关解禁和公证的条款，因为法则不是直接规定行为内容，只能规定行为方式，因此上述观点是正确的。并非法律解禁子女，而是父亲根据法律规定解禁子女。判决也是如此，法官处分的是已经创设的随人所致的既得权利，因此其他法官会执行该判决。[②]但法官在自己管辖范围内通过判决自己创造的新权利，不能具有域外效力。[③]

第三，长子继承权案。英格兰习惯是长子继承所有财产。如果一个在英国和意大利都有财产的人死亡，依据何国法律处理？James of Ravenna 和威廉库内奥认为位于英格兰境内财产，判决应根据英格兰地方习惯做出；位于意大利境内财产，根据共同法分配——在兄弟间分配。我认为法则和习惯的用语必须仔细考察。如果法则涉及物，如：遗产应由第一个孩子继承，于是我根据物之所在地的习惯或法律对所有遗产裁决，因为法律效力及于物本身，而不论其为谁所拥有；或者法则或者习惯用语涉及人，如：长子应该是继承人，虽然继承财产在英国，但被继承人不是英国人，在此案件中，法则不影响他和他的儿子们，因为，如前所述，有关人的法则不影响外国人；被继承人为英国人，长子继承在英国的财产，并按照共同法继承其他财产。

① Nikitas E. Hatzimihail, Bartolus and the Conflict of Laws, Revue Hellenique de Droit International, Vol. 60, p.27.

② Henry Beale, Bartolus and the Conflict of Laws, Royal Professor of law in Harvard University, 1914, p.44 ; Code 8. 49.I.

③ Nikitas E. Hatzimihail, Bartolus and the Conflict of Laws, Revue Hellenique de Droit International, Vol. 60, p.27.

按照博士观点，以上法则剥夺了年幼子女的继承权，无论什么情况，它们是令人厌恶的，其效力不能影响域外财产；或者说该许可性法则清除了障碍，使得年幼子女无法干涉长子继承权，这仍然是令人厌恶的，如上所讨论。（Â § 43）我不同意考察继承发生地法（在此点上，应该审查法则是对人的，还是对物的）的观点，因为继承处分只有在讨论继承迟延问题时才有意义。[①]

（三）刑罚法则（nu.46－49）

关于刑罚性规则，需要调查研究很多问题。首先，刑罚法则是否具有域外效力？我认为，域外犯罪的犯罪人或者受害人是外邦人，即使刑罚法则明确禁止该行为，其也不能管辖位于外邦的人，因为刑罚性法则是城邦特有的权力。此规则不适用于城市联盟，如：Perugia 法律规定在 Assisi 的犯罪可以在本地惩罚，是可以的。我认为由于同样的原因，即使犯罪发生地国家同意外城邦类似立法，该规则也是不适用的。[②] 如果城邦居民在城邦外犯罪，且城邦法则认为其为犯罪行为，城邦法则是有效的，他的血统赋予所属城邦管辖并惩罚他在任何地方的犯罪行为。因此，此种犯罪司法管辖权属于城邦，城邦可以通过相关立法。[③]

一般条款明确规定的法则，例如，Perugia 城邦法律规定 Podesta 可以调查、起诉和审判任何杀人犯罪，它规定依据其他城邦法则对杀人罪行实施惩罚。Perugia 领域外本城邦人所犯的杀人罪，Podesta 应该遵守以上法则还是共同法？共同法犯罪程序需要受害人控告、提起诉讼，只有在对公共犯罪时由城邦提起，因此，犯罪能够被惩罚，不会被掩盖。以前的法学家一直在争

① Henry Beale，Bartolus and the Conflict of Laws，Royal Professor of law in Harvard University，1914，p.44－45；Dig. xxvi. 5. 27；Code 10. i. 4；Dig. 1. i. 24；Dig. xlii. 4. 3. Dig. xxi. 2. 6.；1. 17. 34；Dig. 1. 4. 6 J Code 8. 10. 3.

② Id，p.48－49；Dig. ii. I. 20；Dig. i. 1.9；Dig. xlix. 14. 7 in fin.

③ J. Clarence Smith，Bartolo on the Conflict of Laws，Heinonline 14 AM.J.Legal Hist，p.261.

论，Odofredus 反对城邦立法具有域外效力，西努斯却支持。巴托鲁斯重现了他们的大部分观点，对中世纪政治思想提供了有意义的视角。[①]（Â § 48）巴托鲁斯认为应该谨慎审查刑罚法则用语。城邦法则明确规定适用于位于外城邦的本邦居民，于是可以根据该法则起诉和惩罚在外邦的本邦人；或者法则宣告只在本城邦内适用，于是法则没有域外效力；或者法则用语简洁，这是我们下面要讨论的问题。如果是诉讼程序问题，诉讼程序根据诉讼发生地法，因为有关诉讼程序的刑罚法则适用于城邦的每一个诉讼，虽然诉因可能在城邦外发生。处理诉讼实体问题的惩罚性法则不具有域外效力，但是必须关注诉讼发生地，就像合同和侵权一样，教会法也这样认为。[②]（Â § 49）在作出书面裁决时，法官应该十分谨慎："如果有犯罪发生，我唯一的目的是按照城邦法则规定的方式起诉、调查和惩罚犯罪，并按照法律规定的方式审判。"法官会采用这种方式，诉讼依据地方法则（城邦法），裁判依据共同法。[③]

七、刑事判决的效力

巴托鲁斯认为刑事判决分为两类，一类是对人的刑事判决，另一类是对物的刑事判决。对人的刑事判决一般不具域外效力，除非依据有关立法规定或者推定。对物的刑事判决，如果城邦司法管辖权独立，但财政一体，那么依据共同法做出的刑事判决具有域外效力，根据特别法做出的刑事判决，如果法官隶属同一宪法体制，判决具有普遍效力，如果不属统一宪法体制，判

---

① Nikitas E. Hatzimihail, Bartolus and the Conflict of Laws, Revue Hellenique de Droit International, Vol. 60, p.30.

② Henry Beale, Bartolus and the Conflict of Laws, Royal Professor of law in Harvard University, 1914, p.59−60 ; Dig. iv. 43. 2 ; * Dig. xxiv. 3. 64. Â § 9 ; Dig. xxii. 5. 3 ; xxix. 3. 2 in fin. ; Code I. 3. 25 in fin ; Code 9. 4. I ; Sext. I. 2. 2 ut animarum, Â § i ; Dig. xlii. 5. 12. Â § 1.

③ J. Clarence Smith, Bartolo on the Conflict of Laws, Heinonline 14 AM.J.Legal Hist, p.267.

绝没有外效力。对物的刑事判决，如果城邦司法管辖权独立，但财政并非一体，依据共同法作出的刑事判决具有域外效力，否则没有域外效力。[①]

第三节　法律冲突论评论

一、正义原则——法律选择终极价值取向

公平正义是法律孜孜不倦追求的目标，正义原则不仅是法律的基本价值，而且是推进法律演进的决定性力量。柏拉图认为正义存在于社会有机体各个部分的和谐关系之中；古罗马法学家乌尔比安（Ulpian）在《查士丁尼法典》中提出，正义乃是每个人获得其应得的东西的永恒不变的意志。正义原则是法律规范大厦组成部分的规则、原则和标准的公正性和合理性的基础。意大利的法学家关注法律冲突问题的一个主要原因就是法官适用那个法律更有利于正义的实现。[②]马吉斯特·阿尔德里克斯（Magister Aldricus）主张适用更有利和恰当的法律，而这衡量法律适用好与坏的标准，无非是从古希腊就开始讨论的正义标准。

正义原则是巴托鲁斯冲突法理论的基础。他在探讨侵权问题法律适用时非常注重正义原则。首先考虑根据共同法构成侵权的行为，城邦法和习惯可以处理；根据共同法不构成侵权行为，根据城邦法构成侵权，此时需要考察外邦人主观状况，决定法律的适用。外邦人在城邦居住时间很长，则他应该知道城邦法则，那么作为侵权处理；该外邦人在该城邦居住短暂，但

---

① Henry Beale, Bartolus and the Conflict of Laws, Royal Professor of law in Harvard University, 1914, pp.62-70.

② Story's Commentaries on the Conflict of Laws— One Hundred Years After, 48 Harv. L. Rev. 15, 1934.

特定行为为各城邦普遍禁止，不能以不知道城邦法作为辩护理由；如果特定行为并非各城邦普遍禁止，那么除非他确实知道该城邦法则，或者除非其不知是非常严重和怠于行使权利，否则其不受城邦法约束。巴托鲁斯考量城邦法则特性和当事人主观状况从而决定法律适用，避免了可能会出现的法律适用结果违反正义原则的状况，这反映了他对正义原则的追求。巴托鲁斯在谈及对人的禁止性法则效力的时候，也体现了对正义原则的思考。对个人利益有益的不损害其他城邦利益的禁止性法则对本邦所有公民均有效，并随人所至具有域外效力，如：禁治产制度；若禁止性法则是负担性的（burdensome），是不利于当事人的，如法则禁止女儿享有继承权，则其实属令人厌恶之法，其效力不可延伸至域外。禁止女儿享有继承权，有违男女平等原则，致使年幼女子丧失继承权利，是违反正义原则的。在探讨法律冲突问题时，巴托鲁斯创立了法律选择的基本冲突规范，为法律选择提供基本方法，但他眼光并没有局限于仅仅为法律争议确定适用的法则这个层面，而是始终关注公平正义——法律的基本价值层面，为法律选择创立了良好的价值基础。可以说，法律关系研究和法则性质研究是巴托鲁斯理论的外在形式，其本质是追求公正原则。

二、法则空间效力确定——法律冲突解决基本出发点

法律属地主义是法律固有传统，任何一个国家立法都必然要求对领土内一切人、事物和行为进行管辖。法律属人主义同样是法律固有属性，任何国家立法都是针对人的立法，法律本身就是规范人与人之间关系的规则，它的效力指向所有臣民而无论他位于何处空间，衍生出法则域外效力。中世纪，封建政治国家在自己主权范围内实施立法和司法管辖权，在法律属人主义与属地主义的斗争中，基于“属地管辖权优越”这一古老习惯规则，属地主义超越属人主义，致使在漫长的封建岁月中法律属地主义一直主导法

律效力空间范围。中世纪以后，世界主要国家进入资本主义社会，封建制度对人的禁锢消失，国家间民商事交往不断增强，人员、资本和财物跨国移动成为常态，法律属人主义获得新生。从法律本质层面看，法律及其效力本质上没有地域或空间的限制，法律所保护利益的载体——人、财、物和权利，处于某个时空，法律效力就会及于这个时空，而不论这时空位于哪个国家，只不过法律效力在某种程度上在实践层面受限于主权管辖范围。但是为了寻求正义，文明国家在法律属地主义的基础上逐渐认可和接受法律属人主义，承认法律具有域外效力，维持外国法律跨法域在内国保持效力。属人主义和属地主义都是法律的固有属性，但不同时期有着不同的权重，就目前世界形势而言，私法同时具有属地效力和属人效力。

巴托鲁斯尤其关注法则空间效力，他通过确定法则空间效力方式解决法则适用问题。他指出解决法律冲突的关键问题是确定城邦法律和习惯空间效力，该问题可分解为两个基本问题：法则和习惯是否具有域外效力；法则和习惯是否可以约束城邦内的外邦人及其行为，这两个基本问题贯穿于巴托鲁斯论法律冲突始终。在契约领域，他提出应关注两点：第一是法则是否能在立法者领域之内约束非属该领域之事务，第二是法则的效力是否可延伸到立法者领域之外；在侵权领域，他探讨城邦法则的域内效力问题——城邦法则效力能否及于外邦人在城邦内的侵权行为；在继承领域，巴托鲁斯提强调威尼斯法律或习惯是否可以适用于在威尼斯的外邦人，遗嘱效力可否延伸至位于城邦以外的财产，他同样谈及遗嘱空间效力——外邦人遗嘱在域内的效力问题和内邦人遗嘱是否具有域外效力问题；在公法领域，巴托鲁斯探讨了刑罚性法则空间效力问题和刑法判决的域外效力问题。为了确定法则空间效力范围，他把法则分为禁止性法则、许可性法则和刑罚性法则，分别探讨了这三种不同性质的法则是在何种情况下具有域外效力问题。他指明对当事人有利的禁止性法则及免除形式要求的许可性法则具有域外效力，对当事人不利的禁止性法则、令人厌恶的体法则和免除人的能力限制的法则不具有域外效力，刑罚性法则对本城邦人有无限的空间效力，对外城邦人有属地效力。刑事判决空间效力依据判决所依据法律、刑罚内容和城邦财政体系决定。从总体上看，巴托鲁斯有关法则空间效力的理论极为复杂，涉及诸多问题，基本上是依据法则性质及对当事人利益和城邦利益考量，来确定法则空间效力问题。巴托鲁斯基于正义原则肯认了部分法则具有域外效力，打破了封建主义法律适用上的绝对属地主义，创立了第一个系统的冲突法理论体系，标志着国际私法真正开端。

三、法律冲突解决二元模式

（一）法律关系研究

从法律冲突论的内容看，巴托鲁斯非常注重法律关系的研究，他的论著前五部分是针对性研究不同类型法律关系和亚类型法律关系应适用何种法律。巴托鲁斯对民事法律关系进行了多层次的分类。第一层次的分类是：契约法律关系、侵权法律关系、遗嘱法律关系和物权法律关系；第二层次是对第一层次的法律关系进行更细的划分。比如：契约关系再具体分为契约形式法律关系、诉讼法律关系、契约履行法律关系和契约损害赔偿法律关系；遗嘱关系分为遗嘱形式法律关系和遗嘱实质法律关系。然后，巴托鲁斯根据法律关系性质的不同，探讨了一些具体法律关系类型的法律适用方法，而且在一定程度上采用了分割式法律适用方式，并建立了简单的冲突规范。如：契约的形式，由契约缔结地法支配；因过失和迟延履行而引发的争议，适用契约履行地法；不动产物权适用物之所在地法。在典型法律关系领域，巴托鲁斯是在分析研究法律关系性质和特征的基础上构建基本冲突规范以解决法律选择问题。他开创了通过法律关系研究探讨法律选适用的先河，后来国际私法学者大多数都是依据法律关系分析探讨法律选择方法。比如，胡伯探讨了不同类型法律关系的法律选择原则，却带有浓重的既得权思想；又如，萨维尼冲突法理论核心是对法律关系的研究和分析，他研究法律关系性质，并把它具体化为固定的连接点，决定法律关系的“本座”。法律关系具有普遍性，不依赖任何国家而存在，不存在国家和地域界限，依据法律关系研究构建法律选择方法是一个极具理性的选择。

（二）法则性质区分

巴托鲁斯并非把法则性质的区分作为法律适用的一般原则，并非把法则和习惯区分“物法”和“人法”，而是区分为许可性法则、禁止性法则和刑罚性法则，并在此基础上进一步区分对人的法则和对物的法则。禁止性法则，对物的禁止性法则具有完全域外效力；对人的禁止性法则，对个人是有利的具有域外效力，若禁止性法则是负担性的，没有域外效力。刑罚性法则是对本邦人的，具有域外效力，对外邦人的只有域内效力。

通过分析巴托鲁斯法律冲突论，我们发现巴托鲁斯经常使用“Solemnitas”，其是一个抽象的名词，类似于我们今天的“Form”。[①] 巴托鲁斯在论证法律冲突解决方法时明确区分行为“形式”和“实质”，也就是“形式问题”和“实体问题”，然后根据这种区分研究有关法律的域内域外效力问题。在契约领域，巴托鲁斯提出问题的解决取决于有关地方法则和习惯是关于契约形式，还是关于契约产生的权利（实体问题）？对于契约形式，由契约缔结地法支配；对于诉讼形式，适用法院地法；对于实体问题，适用履行地法。关于禁止性法则，对行为方式有特殊要求的禁止性法则不具有域外效力：“有关形式的问题，我们关注行为发生地法则。”

---

① Nikitas E. Hatzimihail, Bartolus and the Conflict of Laws, Revue Hellenique de Droit International, Vol. 60, p.55.

巴托鲁斯认为公证人不可以在自己城邦之外制定法律文件，他同样认为类似事情只能在城邦内做出。相反，公证人在自己城邦制定的法律文件在外城邦的任何地方都是有效的，因为这是一个形式问题而不是实体问题。形式法则不具有域外效力，比如，从父权下解放子女必须在法庭作出，但依据形式法则做出的行为即获得既得权利。从总体上看，形式与实体的分类分析存在于巴托鲁斯理论的很多领域，其主要功能有两个：一是形式作为手段提升行为效力；另一个是形式作为手段限制地方法则（城邦法）的效力范围。

四、构建基本冲突规则体系

巴托鲁斯讨论了契约、侵权、继承和物权（不动产物权）等主要民事法律的关系的法律适用方式，并发展和完善了基本冲突规则。基本冲突规范体系的创建，为法律选择提供了具体的方式，为国际私法取向操作性做出了巨大贡献。至今为止，巴托鲁斯建立的冲突规范体系仍然是某些民事法律关系领域的基本法律选择规范。1970 年，曼尼托巴大学（University of Manitoba）法学院教授史密斯对巴托鲁斯论述的冲突规则进行了总结，如下：

Ⅰ. 适用与人有关的法律

A. 有关合同的立法。1. 合同形式——合同签订地法；2. 合同内容（权利义务）a. 案件程序行为——审判地法 b. 法律依据的决定 i. 签约时产生的合同权利——合同签订地法，除了继承 ii. 签约后产生的合同权利——合同履行地法。

B. 有关城邦侵权的立法。1. 根据普通法构成侵权——城邦侵权法适用于外邦人；2. 根据地方法律构成侵权，并 a. 侵权人知道或应该知道根据城邦法其行为构成侵权——城邦侵权法适用 b. 侵权人有合理原因不知道其行为根据城邦法构成侵权——不适用于外邦人。

C. 有关城邦内遗嘱的立法。1. 遗嘱形式——适用于外邦人；2. 遗嘱能力的变更——不适用于外邦人。

D. 附随于财产的权利——适用物之所在地法。

E. 教会法庭立法——第五个观点①。

Ⅱ. 适用与地域有关的法律（是否具有域外效力）

A. 禁止性立法——第六个观点。1. 形式，加强遗嘱效力——不具有域外效力。2. 指向财物——不具有域外效力。3. 指向人，限制能力 a. 如果是善意的，对主体域外行为或财产有效；b. 如果是恶意的，对主体域外财产无效。

B. 许可性立法——第七个观点。1. 公证行为：a. 不能在域外实施；b. 在域内实施具有域外效力。2. 减少形式要求——域内做出具有域外效力。3. 增加行为能力—— a. 不能在域外作出；b. 域内作出不能对域外财产产生效力。4. 增加继承比例：a. 指向财产——没有域外效力；b. 指向人：i. 对外邦人无效；ii. 即使是恶意主体，亦不能对其域外财产有效。

C. 刑罚性立法——第八个观点。1. 声明适用于域外行为：a. 双方主体都在域外——除非公约规定，不影响他们域外行为；b. 受害人是城邦人，侵权人是外邦人，不影响域外行为，除非：在海南中盗窃、公约规定或者侵权地无正义可言；c. 侵权人是城邦人且在城邦审判——影响域外行为。2. 一般性规定：a. 程序立法——具有域外效力；b. 刑事立法——没有域外效力②。

五、"人法"与"物法"——法则区分误区

古代法原则上是"属人"法。古罗马时期，罗马法对法律关系进行了分

① J. A. Clarence smith，Bartolo on the Conflict of Laws，the American Journal of Legal History，Heinonline 14 AM.J.Legal hist.161－162（1970）.

② Id，pp.162－163.

类，早期罗马法就发展了“属人法”思想和涉及人的身份地位和家庭的法律关系适用该人居住地法律或其本民族法律的观念。[①] 查士丁尼《法学阶梯》记载：“我们所有的法或者涉及人，或者涉及物，或者涉及诉讼。”这种分类对后来的法律思想产生了浓重的影响，它来自盖尤斯的《法学阶梯》，甚至在那里就已经是传统分类。“人”是承担权利义务的实体，“物”是去哪里和义务本身，“诉讼”是维护权利和义务的救济手段，换一个角度讲，所有法律规范都包含三个方面，所涉及的人、有关的标的物和救济手段。[②] 但是，这并非说明罗马法对法律进行了“人法”和“物法”分类，涉及物的法律或有关标的物的法律并非物法，只是和物有关而已，甚至都不能说是涉及物权的法律，而且“人法”和“物法”本身是值得商榷的。事实上，罗马法可以分为三类：制定法、执法官告示和法学家解释。制定法包括百人团民众会议、部落民众会议和平民会议指定的法律，元老院决议和皇帝谕令；执法官告示涉及城市裁判官和外事裁判官，外事裁判官在司法实践中创立了独立规则体系——万民法。古罗马法及其法学家没有建立“人法”和“物法”概念，“人法”和“物法”观念可能是某一历史阶段的某一个人的主观臆造。法律是规定人与人之间关系的，都是“人法”，法律会涉及物，但“物法”根本不存在。

在巴托鲁斯研究法律冲突问题之前，法学家研究决定法律空间效力的标准已经有几个世纪。Alas 试图寻求区分人法和物法的基础和根据，结果让人失望。[③] 巴托鲁斯只是在谈及英国普通法和刑罚性规则时，提到要审慎查明法则或习惯用语；关于禁止性法则，对物的具有普遍效力，对人的要是情况而定，这与“人法”和“物法”原则区分的结果恰恰相反。在刑罚法则

---

① Susan L. Stevens，Commanding International Judicial Respect：Reciprocity and the Recognition and Enforcement of Foreign Judgments，26 Hastings Int'l & Comp.L. Rev. 115，118（2002）.

② ［英］巴里·尼古拉斯著，黄风译：《罗马法概论》，法律出版社 2004 年版，第 63 页。

③ Friedrich K.Juenger，Choice of law and Multistate Justice，Copyright 2005，p.14.

领域，区分“人法”和“物法”是不可能存在的。在谈及英国普通法和习惯、刑罚性法则和刑事判决法律效力时，巴托鲁斯认为法则和习惯的用语必须仔细考察。在谈及英国普通法时，巴托鲁斯认为，法律条款是对物的，如：遗产应有第一个孩子继承，于是根据物之所在地的习惯或法律处理；法则或者习惯用语是对人的，如：长子应该是继承人，继承人为英国人，长子继承在英国的财产，其他财产按照共同法继承。在此点上，应该审查法则是对人的，还是对物的。另外，巴托鲁斯认为应该谨慎地审查刑罚法则的用语，根据法则明确规定的适用主体范围或者明确规定的适用领域来决定法则的空间效力。刑罚性法则是对人的或者对法官的，不是对物。城邦法则或者明确规定适用于位于国外的本邦人，于是可以根据该法则起诉和惩罚在外国的本邦人；或者宣告只在本城邦内适用，于是法则没有域外效力，但适用于本城邦内外邦人。实际上，巴托鲁斯没有提出人法与物法的区分可以解决所有的潜在的冲突问题，只是在解决“英国案例”时，提到区别对人的法则和对物的法则，对人的法则并非人法，对物的法则也并非物法。《法律冲突论》前六部分，其根本没有提到人法和物法问题。[①] 可见，法则区分不是巴托鲁斯理论的核心内容，且“人法”和“物法”区分存在严重逻辑错误。Nikitas E. Hatzimihail 认为后人对巴托鲁斯理论存在一定的误解，在人法与物法区分问题上过分夸大。法国十六世纪封建贵族法学家达让特来对于这个问题（人法与物法的区分），这样写道：“这样的思想和这样教导儿童们，真的，儿童们也会觉得可耻。”[②] 最终，根据“法则”性质解决法律冲突的方法在十七世纪被完全抛弃。

① Nikitas E. Hatzimihail, Bartolus and the Conflict of Laws, Revue Hellenique de Droit International, Vol. 60, p.35.

② ［法］莱内：《国际私法导论——对法则区别说的历史的和批判的研究》，第 1 卷，1888 年版，第 154 页。

巴托鲁斯针对性进行理论探讨和规则制定的法律关系类型有限，并依据固定连接点创建冲突规范，致使他建立的基本冲突规范过于简单机械，最终他不得不求助于法则性质研究以建立一个一般性的补充性法律选择原则，但区分许可性法则、禁止性法则和刑罚性法则研究方法亦不能合理有效完成法则域外效力定位问题，因为如此区分法则仍需要进一步探讨很多与许可性法则、禁止性法则和刑罚性法则三者有关的诸多问题，建立的标准体系会更为烦琐和复杂，这样的标准体系即便可以进行理论上界定，在司法实践中也难以为法官所掌握和实际实施。法则区分并非决定法律空间效力的一般原则，也无法完成这一任务，依据法则区分确定法则效力空间是一个极为烦琐的工作。但无论如何，在政治分裂、城市扩权、多元法律体系和海外贸易繁荣背景下，巴托鲁斯评注查士丁尼《国法大全》构建了国际私法第一个系统理论学说——法律冲突论。法律冲突论涉及内容极为广泛，既涉及私法冲突，也涉及公法冲突；既包含法则性质研究方法，也含有法律关系研究方法；既关注正义原则，也涉及利益考察和既得权思想，是一部伟大的国际私法典籍。巴托鲁斯国际私法理论为后世国际私法研究提供了重要基础和诸多可贵思想，对后来国际私法的后续发展产生了重大影响，因此，他被誉为“国际私法之父”。

第三章

意思自治原则与法律和习惯属物原则

十六世纪前的法国仍在封建黑暗的笼罩之下，在法律适用方面采用极端属地主义。十六世纪以后，法国的资本主义工商业已有相当的发展，但当时的法国内部各省仍处于封建割据状态，法律也极不统一，正如当时谚语所谓“易一驿马，换一法律”。十六世纪，在经济快速发展推动下，国际贸易的迅猛发展，法国成为国际私法的研究中心。恰如十四世纪的意大利，十六世纪的法国具有研究冲突法问题良好条件。法国国王建立了统一的国家，但是省与省之间法律各异，而且存在法律分裂状况——法国北部日耳曼习惯法区和盛行于卢瓦尔河峡谷南部的罗马法区。[①] 事实上，法国发生法律冲突问题的潜在可能性要远远大于意大利，因为法国封建主义比较顽固，而且罗马法的控制力比较弱。[②] 法国法学家卡罗律斯·莫利诺斯（Carolus Molinaeus，1500—1566；英美国家学者称他为 Charles Dumolin）和达让特莱（D’Argentr，1519—1590）在延续意大利学说的基础上，从法律属人主义与属地主义的不同角度，分别阐述了意思自治原则和法律和习惯属物原则（属地原则）。

---

① Friedrich K. Juenger，Choice of law and Multistate Justice，Copyright 2005，p.16.

② H. Maine，Ancent Law，p.80−81.

第一节　十六世纪法国政治经济法律状况

一、十六世纪法国政治状况

十五世纪法国资产阶级开始壮大和发展。面对新兴资产阶级的挑战，已无法独立逞雄并日趋没落的封建贵族希望有强大的王权来保护他们手中尚存的经济上和政治上的特权，并把宫廷最为追逐名利、获取高官厚禄的最主要的场所。新兴资产阶级为了抑制封建贵族、保持国内统一市场，也拥有强化君主权利的愿望。新兴资产阶级与封建贵族势均力敌，为法国君主专制制度确立埋下伏笔。①1439年始，路易一世就没有召开过三级会议，法国开始由等级君主制向绝对君主制迅速演变。1483年8月，路易一世驾崩，后继三位“骑士式国王”查理八世（1483—1498）、路易十二（1498—1515）和法兰西斯一世（1515—1547）同样从未召开过三级会议，君主专制制度在法国完全确立。②十五世纪初，百年的英法战争结束，法国进入第二历史时期（1515—1815年）。此时，法国国内传统习惯仍然顽固不化，宗教改革亦很不彻底，在宗教问题上法国一分为二。法国国内宗教战争开始，法国人与法国人作战，天主教和新教徒一对一厮杀，最惨烈的是1572年圣巴托罗缪前夜令人毛骨悚然的大屠杀③，两千多名新教徒在巴黎街道上遭到枪

---

① 吕一民著:《大国通史·法国通史》，上海社会科学出版社2007年版，第52页。

② 吕一民著:《大国通史·法国通史》，上海社会科学出版社2007年版，第52—55页。

③ 圣巴托罗缪之血腥夜是1572年8月24日前夜，胡格诺派的重要人物聚集巴黎，庆祝领袖波旁家族亨利的婚礼。亨利·吉斯（吉斯公爵之子）以巴黎各教堂钟声为号，率军队发动突然袭击，杀死胡格诺教徒2000多人。每到这一天，伏尔泰给朋友写信，总署上一个怒吼着的名字：“écraser L’infame”——踩死败类！

杀[①]，这场宗教战争是灾难性的悲剧。1494年，查理八世入侵意大利。1511年，路易十二与反法“神圣同盟”作战。1559年，旷日持久的意大利战争结束。[②]十五世纪和十六世纪前半叶的法国一直在对外战争，而且内部宗教斗争极为残酷。但是从社会角度看，十六世纪的法国在很多方面都称得上欧洲最为文明的国家，十六世纪二十年代贫困救助计划已经在整个法国建立起来。[③]

二、十六世纪法国的法律状况

封建社会民族融合，法律交融以及封建社会本身属性，致使各个地方的法律开始具有了属地性并在本地统一起来。于是在每一个区域，不是这种就是那种法律制度取得支配地位，而决定哪一种法律取得支配地位的是各地的实际情况，特别是不同种族中人口比例。[④]法国亦是如此，法国南部的罗马人口在数量上大大超过日耳曼人口，因此罗马法作为绝大多数人的法律，就像该地区的习惯法一样，适用于所有人；与之相对应，法国北部日耳曼法及罗马法混合皇室法令、教会法和地方习惯，一同构成了习惯法。[⑤]事实上，从九世纪开始，法国南部省份就开始盛行罗马法；而在北部诸省则盛行日耳曼法。“成文法区”与“习惯法区”没有绝对界限，在成文法地区，存在许多地方习惯；在习惯法区，罗马法也从未失去过效力。[⑥]十六世纪，法国依然分为两个重要的法区：“成文法区”和“习惯法区”，这种法律分裂

---

① ［英］Nike Yapp著，刘霞、金森译：《法兰西千年史》，百家出版社2004年版，第286页。

② 吕一民著：《大国通史·法国通史》，上海社会科学出版社2007年版，第52–55页。

③ 同上，第293页。

④ ［英］梅兰特等著，屈文生等译：《欧洲法律史概览》，上海人民出版社2008年版，第67页。

⑤ 同上，第162页。

⑥ 同上，第163页。

状况一直持续到1804年《法国民法典》颁布。而且，法国习惯法区一直延续一项封建规则——“一切习惯都是物的”（All customs are real）。[①]十六世纪Loysel说：所有习惯法都是属物的。他的意思是每一种习惯法在它的属地范围内，对所有的土地均统一适用，而不管土地的所有者是否居住在该习惯法的范围之内。除此之外，还有这样的意思，在一个确定的地区，只有一种习惯法；不管是财产（不管什么性质财产，动产还是不动产），还是人，都要受到习惯法的管辖。[②]

十五世纪中叶，法国很多习惯法已经形成文化，但是真正官修的却很少。习惯法主旨混乱不清，适用范围有待明确，这种状况导致法律内容不确定性和审判效率低下。习惯法编纂迫在眉睫。1580年，法国各省已有自己的地方法典，习惯法已得到官方确认。[③]王室立法、王室法令和制定法在君主时代占据了法国法律渊源的主导地位。十四世纪、十五世纪的法令，通常是在三级会议或相似的议会中被先后颁布的。十六世纪，法令的特征没有什么变化。比较著名的有：弗朗西斯一世颁布的《维勒——柯登雷法令》（1539年8月）；《木兰法令》（1566年）。[④]在法国国内“民事法律习惯”之间的差异很大，但“商事习惯法”与“海事习惯法”却极为统一。中世纪，“海商法”已经成为国际性法律。十三世纪，地中海上的《海上领事法》以及大西洋上的《奥列隆海法》共同形成了“海上贸易”的普通法。十六世纪时，法国鲁昂诞生了《圭东海商法典》，它主要是一部海事保险著作；它在这一领域的地位较高，并被“1681年法令”的制定者们认为是该领域不可多得

① 梅兰特等著，屈文生等译：《欧洲法律史概览》，上海人民出版社2008年版，第162页。

② 同上，第170页。

③ 同上，第207页。

④ 同上，第208页。

的向导。[①]

三、十六世纪法国的经济状况

十五世纪晚期，法国经济已经从战争中复苏，进入十六世纪，社会经济更是有了迅速的发展，最为显著的是呢绒、纺织、印刷、玻璃和制陶等行业中出现了资本主义手工工场。五花八门的手工工场可分为三类，第一类是集中型手工工场；第二类是分散型手工工场；第三类集中结合型手工工场。在“地理大发现”和新航路的开辟刺激下，法国商业迅速繁荣，法国凭借南临地中海和西靠大西洋的优越地理位置，把工商业产品行销全国各地，除此之外，还源源不断地输往西欧各国和美洲。从十六世纪开始，法国日益成为繁忙的海外贸易、航海运输中心。[②]工商业繁荣的同时，法国农村封建领主制的解体和封建地主的建立的进程也明显加速。绝大多数农民获得人身自由，推动法国经济进一步发展。

第二节　意思自治原则

一、卡罗律斯·莫利诺斯简介

十六世纪，法国法学家们投身于巴托鲁斯冲突法理论的研究，他们给予这一正统理论很高的地位，事实上他们都是意大利人的学生，比如卡罗律

---

① 梅兰特等著，屈文生等译：《欧洲法律史概览》，上海人民出版社2008年版，第191—193页。

② 吕一民著：《大国通史·法国通史》，上海社会科学出版社2007年版，第50页。

斯·莫利诺斯和达让特莱两位杰出的法国法学家。[①]作为十六世纪法国著名法学家，莫利诺斯是巴黎立法机构法律顾问、教授，是个平民出身的狂热的王权论者，他精通罗马法、教会法，更是优秀的习惯法学家，他调查、收集了很多法国习惯，并对1510年的《巴黎习惯法集》进行了研究和批评，完成《巴黎习惯法评注》（*Commentaire sur la Coutume de Paris*；*Commentaries on the Customs of Paris*），1580年该习惯法集修改时，他的批评意见和研究观点几乎全部被采纳。莫利诺斯作为伟大的法学家，他对巴黎习惯的评述对法国十六世纪法律的发展起到了重要的推动作用，曾经一时成为法院审判案件的依据。

莫利诺斯还是十六世纪伟大的经济学家。德国法学家马丁·沃尔夫指出，在经济学史中卡罗律斯·莫利诺斯也占有一席之地，他的主要成就在货币金融领域。[②]美国经济学家门罗称卡罗律斯·莫利诺斯是法国十六世纪一流的法理学家，他在《论契约与高利贷》（1546年）一书中关于利息正当性的一些看法是极其深刻和具有启发意义的。[③]莫利诺斯认为，对于人们提供的资金帮助，受益人从因此而所获利益中拨出一部分以酬谢之，债权人取得利息完全是合理合法的。根据这一原则订立契约，只要人们的行为是合乎法度，即不存在任何欺诈和不公正地索要高利。他认为，债权人通过一项贷款，就为对方的博取收益提供了直接和有效的推动力，按照通俗的说法是，为这一收益提供了必要条件，这就足以证明，所谓收益应由债务人单独取得的说法完全是诡辩。[④]

---

① ［英］梅兰特等著，屈文生等译:《欧洲法律史概览》，上海人民出版社2008年版，第171页。

② ［德］马丁·沃尔夫著，李浩培、汤宗舜译:《国际私法》，北京大学出版社2009年版。

③ ［美］A. E. 门罗著:《早期经济思想》，商务印书馆1985年版，第99页。

④ 同上，第94页。

二、意思自治原则概述

（一）意思自治原则起源

莫利诺斯并不是意思自治原则的首创者，选择法律条款在中世纪的Professio Iuris中就已经出现。[①]中世纪极端属人法时代，就已出现当事人根据自己意志选择案件适用法律的情形——个人“法律声明”，只是此时的法律选择是有严格限制的，只限选择本民族的法律，除非是混血儿和私生子，才有选择的更大自由。十四世纪，意大利博洛尼亚大学教授萨利塞（Salicet）在著作中提过意思自治观念；十五世纪巴黎大学教授罗朱斯·库尔蒂乌斯（Rochus Curtius）明确指出，合同之所以适用行为地法，是因为当事人默示同意适用该法，为当事人选择法律的观念，即现代自治法观念，开辟了道路。[②]莫利诺斯迎合资本主义工商业发展的需要，力主限制封建属地主义，削减宗教法庭权力，统一全国法律。因此，他非常重视“人法”，[③]极力主张意思自治，并详细阐述了意思自治理论，为法律选择做出了很大贡献。

（二）意思自治原则内容

在其他冲突法学家研究法则分类的时候，莫利诺斯把注意力集中在当事人选择法律的权利之上，并注意到一个事实：一些因素不符合研究地方法

---

① Friedrich K.Juenger，Choice of law and Multistate Justice，Copyright 2005，p.17；The choice of law clause in El Cid's marriage contract is in E.Van Kleffens，Hispanic Law Until the End of the Middle Ages 141－43（1968）.

② 韩德培主编：《国际私法新论》，武汉大学出版社1997年版，第293页；巴迪福、拉加德著：《国际私法总论》，中国对外翻译出版公司1989年版，第305页。

③ Story's Commentaries on the Conflict of Laws — One Hundred Years After，48 Harv. L. Rev. 15 Harvard Law Review November，1934.

律效力范围的分析模式——法则分类。[①] 在《巴黎习惯法评述》[②] 中，莫利诺斯提出了解决法律冲突的方式。

1. 区分形式法则和实体法则

作为法国后期注释法学派的杰出继承者，莫利诺斯依然支持和沿用后期注释法学派的研究方法，他在 Tübingen 居住期间出版了《查士丁尼法典评述》。他根据法则是约束法律行为方式还是有关实体规则标准，对法则进行了区分。[③] 这种区分表现在其重要的国际私法著作《地方法则和习惯总结》中，他将法则和习惯分为两类：一类是与形式有关的法则，包括程序规则；另一类是涉及法律事实内容的法则。[④] 对于第二类，他又作了区分，一类是与当事人意愿有关的领域，另一个是只受法律支配的领域，其中包括物的法则和人的法则。[⑤] 卡兰斯基认为，在与当事人意愿有关的领域，莫利诺斯与巴托鲁斯的研究方法很相似，他对债法观念中发展而来的买卖合同和其实体效力进行严格区分，并认为前者和后者选择法律领域有所不同，区分合同的形式和实体分别适用不同的法则。[⑥] 形式有关的法律问题，适用行为成立地法；与当事人意愿有关的法律问题，应当遵循当事人意愿；物权问题

---

① Friedrich K. Juenger，The E.E.C. Convention on the Law Applicable to Contractual Obligations : An American Assessment，in Contract Conflicts 295，304（P.North ed. 1982）.

② Carolus Molinaeus（1500 - 1566，French jurist），Prima pars commentariorum in Consuetudines Parisienses，Paris，1539 ; Annotationes，in Alexander Tartagnus，Consiliorum prima pars . . .（q.v.）.

③ Pavel Kalensky，Trends of Private International Law，Prague Academia 1971，p.65.

Domoulin distinguished between statutes according to whether they governed the form of legal acts or whether they concerned the different，substantive law.

④ 杜涛：《德国国际私法：理论、方法和立法变迁》，法律出版社 2006 年版，第 34 页。

⑤ 同上，第 34 页。

⑥ Pavel Kalensky，Trends of Private International Law，Prague Academia 1971，p.66.

适用物之所在地法；人的身份和能力只适用属人法则。[①]

2. 意思自治是最高的法律

在谈及合同实体问题法律适用时，莫利诺斯阐述了意思自治原则。他认为在合同实体问题领域，当事人的意志是最高的法律。[②] 莫利诺斯有关合同的信条是——当事人意志是最高权力。[③] 他认为订立合同的双方当事人可以选择和规定适用于他们之间交易的法律。当事人意志是决定合同法律适用的首要的决定性因素。意思自治原则区别于传统的属地法是他重视和强调当事人选择法律的权利。[④] 除此之外，莫利诺斯扩大了意思自治原则，使之包括当事人没有明确选择法律的情形。[⑤] 莫利诺斯进一步阐述，当事人没有明确的意思法律选择表示，要根据当事人默示的可能的目的来寻求适用的法律。因此，如果当事人没有明确选择法律，要根据周围环境选择法律。[⑥] 莫利诺斯扩大解释意思自治原则，把意思自治扩大到很大的程度，特别是在夫妻财产关系方面，他主张扩大“人法”的适用范围，提出全部财产适用夫妻结婚时的共同住所地法，即巴黎习惯法，其认为夫妻财产关系实际上是一种默示契约，因此可以认为已经将契约置于婚姻住所地法的支配之下。[⑦]

---

① 杜涛：《德国国际私法：理论、方法和立法变迁》，法律出版社 2006 年版，第 34 页。

② Id，p.65.

③ Emest G. Lorenze，Validity and Effects of Contracts in the conflict of laws，30. Yale L.J.763，1983，p.573.

It was Domoulin’s belief that with respect to contract，“the will of parties is sovereign”.

④ Id. p.573.

⑤ Friedrich K.Juenger，The E.E.C. Convention on the Law Applicable to Contractual Obligations : An American Assessment，in Contract Conflicts 295，304（P.North ed. 1982）.

⑥ Mo Zhang，Party Autonomy and Beyond : An International Perspective of Contractual Choice of law，20 Emory Int’l L. Rev. 2006，p.517.

⑦ 赵相林主编：《国际私法》，中国政法大学出版社 2007 年版，第 32 页。

3. 摒弃合同成立地法原则，增强法律选择的灵活性

在莫利诺斯理论中，严格适用合同成立地法原则丧失了强制性特征，因此莫利诺斯成为第一个在合同之债领域反对先前僵化观点的法学家，他提倡在法律实践中近些年已经广泛存在某种程度上的法律选择灵活性原则，因为它可以迎合日益增长的国际贸易发展需要。①莫利诺斯指出合同缔结地法仅仅是一个而不是唯一要考虑的法则。②为了支持这个论点，莫利诺斯谈及一个案件：德国的不动产所有人在意大利旅行的途中，出卖了自己位于德国境内的不动产。在这个案件中，他采用了著名的 Si funcdus 法律，并指出一个事实：合同缔结地是偶然的，尤其是在当事人不在他们的住所地签订合同的时候。③莫利诺斯认为法律选择是一个实际有效法律冲突解决方法的事后解释，而不是为了迎合正义和逻辑需要的一个独立冲突规范。④在合同领域适用另一个国家的法律，莫利诺斯看来，与其说是法律选择，不如说是执行该法律认可或推定的默示协议，他同样认为明示协议的效力也来源于法律的认可或推定。⑤

---

① Pavel Kalensky，Trends of Private International Law，Prague Academia 1971，p.66.

② Lainé，Introduction，Vol. Ⅰ，pp.229，230.

③ Pavel Kalensky，Trends of Private International Law，Prague Academia 1971，p.66；the reprint in meili，"Argantraeus und Molinaeus und ihre Bedeutung im internationalen Privat-und Strafrecht"，Zeitschrift f ü r internationales Recht，1985，Vol. Ⅴ，p.556.

Iste est proprius casus et verus intellectus D.1.6. de evictionibus D.21.2.，in qua dicitur venditorem teneri cavere secundum consuetudinem loci contractus，quad est intelligendum non de loco contractus fortuiti，sed domicilii，prout crebrius usuvenit immobilia non vendi peregre，sed in loco domicilii，lex autem debet adaptari ad casus raro vel hypothese quae solent frequenter accidere，nec extendi ad casus raro accidentes.

④ Id，p.67.

⑤ Ernest G. Lorenzen，Validity and Effects of Contracts in the Conflict of Laws，30 Yale L. J. p.565（1921）.

（三）意思自治本质

1. 民法意思自治原则的延伸

意思自治原则是民法基本原则，它反映了民事生活本质，是民事主体实现自身民事权益的必要手段。民事法律以权利为中心，在不影响公共利益和他人利益的前提下，崇尚“私权神圣”——个人自由决定自己事务。意思自治原则存在需要两大前提：自由和理性。[①] 自由，指不受他人约束强迫的状态；理性，是指人类了解世界和改善自身条件的能力。意思自治是人类凭借其理性行为旨在追求自由和幸福的自主参与和自我管理。[②] 民事主体根据自己的意志为一定民事行为和不为一定民事行为，并承担相应的法律后果。法院在处理民事案件的过程中，亦是在帮助当事人解决纠纷，而不是在以国家身份决定事项，在当事人经调解无法达成一致意见的时候，法院才行使审判权处理争议。在私权自治层面，在涉外民事活动中当事人可以根据自己意志选择法律处理他们之间已经发生或者将来发生的争议，这也是当事人行使民事权利的一种表现，是民事主体根据自己的理性处理自己事务的行为。在理论层面，只要不违反法律规定，不损害国家或第三人利益，不影响国家间正常民事交往，当事人就可以选择法律解决与自己有关的争端，以致英国法学家施米托夫认为意思自治原则应该在任何民事领域贯彻实施。[③] 意思自治原则本质是私权神圣和私法自治，具体到冲突法领域，涉外民事案件当事人依据自己意愿寻找法律处理自己事务的方式。

---

① 张俊浩主编：《民法学原理》（第三版），中国政法大学出版社2000年版，第30页。

② 同上，第31页。

③ C. M. Schnitthoff, Conflict Avoidance in Practice and Theory, 21 Law & Contemp. Probs. 1956, p.461.

2. 意思自治原则不具备法律选择方法品格

在冲突法领域，意思自治原则可以最为快捷且及时地避免法律冲突产生和解决法律冲突问题，但它仅仅是一个避免法律冲突现实产生及解决法律冲突的办法，却根本不是一个法律选择方法。意思自治原则不具备法律选择方法的品质。法律选择方法是通过是一个法律选择模式，依据这个模式的概念体系和逻辑推理体系，法官通过对涉外民事案件本身及有关因素进行分析研究，基于一定的价值标准，如：正义原则、利益分析、正当期望、确定性、连续性或秩序原则等，最终确定该涉外民事案件应根据何时何地实体法予以裁决。意思自治原则仅仅是当事人选择法律的一种方式，虽有私权自治之神圣基础，但终归不存在概念体系和逻辑推理体系。在如何选择法律以及为什么选择某个法律层面，意思自治原则并不能给予法官和当事人任何指导，却时常成为法官简化法律选择任务的权宜之计。意思自治原则根本就不是法律选择方法，仅仅是法律选择和解决法律冲突最经济的方式，不具备普遍性本质。

三、意思自治原则局限性

（一）默示意思自治存在基础不合理

明示意思自治，无可厚非，合同当事人既然可以自由创设民事契约，在当事人之间自由创设民事权利义务关系，自然可以为自己创设的契约选择适用的法律，这是由私权自治和契约自由决定的。与明示意思自治不同，默示意思自治没有合理存在基础。客观地讲，默示意思自治事实上是当事人没有为自己创立的合同选择法律，而是法官依据一定的因素推定当事人选择了法律，默示意思自治没有代表当事人意思表示，却百分之百代表了法官意思表示。莫利诺斯认可和推崇默示意思自治，他认为当事人未明确选择法律时，应根据案件的具体情况，根据当事人默示的可能的目的以及当事人周围环境，推断出当事人意愿选择的法律予以适用，导致意思自治原则处于不稳定状态。同时，默示意思自治原则，由法官依据自由裁量权推行当事人意思，造成法律选择的不确定性，也会造成法院和法官工作量大量增加，致使法官和法院面临很多现实困难。事实上，莫利诺斯提倡默示意思自治有着深刻的社会根源，他提倡的默示意思自治原则来源于巴黎习惯规则——夫妻财产关系适用夫妻共同住所地法，在该习惯规则中夫妻财产关系被视为一种默示契约。可见，莫利诺斯提倡的默示意思自治本身是法国中世纪习惯法的产物，甚至莫利诺斯本人也是习惯的产物，这是可以理解的。但默示意思自治是否具有真的价值，仍值得怀疑。目前世界上大多数国家，包括我国，都不承认默示的意思自治原则。我国《涉外民事法律关系法律适用法》第三条规定当事人依照法律规定可以明示选择涉外民事关系适用的法律，排出了默示意思自治原则。退一步讲，如果采用默示自治原则，必须对默示方式和法官据以推断的标准做出一定限制，以保证意思自治原则正确适用。

（二）意思自治原则不具备普遍适用性

意思自治原则具有的一般的、普遍性的本质，仅仅能够在涉外合同之债领域或涉外单方民事行为领域才能够体现出来。因为，意思自治原则和涉外合同之债特性最为契合，而在其他领域，诸如，涉外侵权之债和涉外物权领域，二者追求价值目标和保护利益与合同之债有所不同，它们的特性也与合同之债不同，意思自治在这些领域适用有驴唇马嘴之嫌。在这些领域适用意思自治原则，虽有意思自治原则之名，却无意思自治之实。譬如：1988 年 10 月，海牙国际私法会议第十六届大会通过的《死者遗产继承法律适用公约》第五条、第六条规定：允许被继承人生前指定适用于其遗产继承的法律。该公约在涉外继承领域采用意思自治原则，但是该原则在此领域适用受到严格限制，即当事人必须以明示的方式选择被继承人指定时或死亡时的国籍国法律或惯常居所地法律。但国际公约表明不同国家在同一问题上采用了一致的观点和态度，可以有效解决法律冲突，我们要给予统一实体规范和统一冲突规范更多关注和考虑，不能轻易否定。又如：《瑞士联邦国际私法》第一百三十二条规定："侵权行为发生后，当事人可以随时协商选择适用法院地法。"这种立法方式与其说在侵权领域确立了意思自治原则，不如说是法院为简化法律选择任务而确立的方便性原则。杜新丽教授认为，在涉外侵权领域，意思自治受到诸多限制，诸如：范围上的限制，例如，只能选择法院地法，或只能选择侵权损害发生地法；时间上的限制，当事人双方只能在导致侵权之债的事实发生之后才能合意选择准据法，而在合同法律关系中就不存在时间限制；关于第三方的限制，双方对准据法的约定，不得减损第三方的权益。[①] 意思自治在非合同领域适用，并非理性产物，而是别有目的。目前，该原则在某些民事法律关系领域仍是不能适用的，比如：不动产物权关系。意思自治原则应该在法律关系的哪个领域和层次适用，目前并没有一致的观点和做法。

（三）意思自治原则在特殊情况下违反正义原则

意思自治原则不能保证正义原则实现，已经是不争的事实，即使在涉外合同领域，也是如此。一些特殊的涉外民事合同，如雇佣合同、保险合同和消费合同，由于合同当事人经济地位具有较大差异，有关法律选择的意思自治条款不是双方当事人自由意志的表现，而是强势主体一方的意思强制，往往忽视弱势主体一方的合法权益，或规避保护弱势主体的法律规范，此类合同中的意思自治违反正义原则。因此，大多数国家立法规定，类似合同法律选择不适用意思自治原则。意思自治原则在其他领域扩展适用，

---

① 杜新丽：《法律选择方法研究》，中国政法大学2004年博士学位论文。

如果是法院为简化法律选择任务而实施的权宜之计，也有违正义原则。如：1987 年《瑞士联邦国际私法》和 1988 年海牙《死者遗产继承法律适用公约》有关规定。除了以上之外，还存在一些特殊情况，在这些情况下，意思自治原则适用违反正义原则。如：根据意思自治原则，当事人选择了自己创设的法律关系将来适用的法律，如果根据当事人选择的法律，合同是无效的，而根据合同成立地法，合同是有效的，那么意思自治的结果，会有违当事人的正当期望，会违反正义原则。但是，如果根据合同缔结地法，合同是无效的，那么合同无效具有合理根据，这样的合同在任何地方都不应具有任何效力，如果合同依据当事人选择的法律获得效力，同样会出现违反正义原则的结果。意思自治原则并非完美，因此，意思自治原则适用应该有一定的限制，尤其是在当事人选择的法律导致原初合同无效的情况下。

四、意思自治原则评价

从国际私法理论和实践看，莫利诺斯迎合法国国内经济发展的需要，发展和丰富了意思自治原则的内涵，认为当事人的意志是最高的法律，当事人可以为自己创设的民事法律行为选择适用的法律，这是国际私法理论发展中的一个巨大进步①。意思自治原则具有两个重要价值：一是当事人可根据自己选择的准据法预见法律行为的后果，维护法律关系的稳定性；二是有利于契约争议的迅速解决，节约司法成本。② 同时，莫利诺斯确认了明示和默示的意思自治方式，认为即使当事人在契约中没有明确地表示选择适用什

① 加米尔舍克（Gamillscheg）著：《杜摩兰对于冲突法发展的影响》（Der Einfluss Dumolins auf die Entwicklung des Kollisionsrechts，1955）。

② 关于意思自治说最初源于冲突法的见解，可参见国际私法学者韩德培教授所撰写的“契约的准据法”词条：《中国大百科全书·法学》，中国大百科全书出版社 1984 年版，第 464 页。

么法律，法院也应该根据整个案件的各种迹象来推定当事人意欲适用哪一习惯法以支配契约的实质要件和效力，扩展了意思自治原则适用空间。并且，他极力扩大意思自治原则适用领域，不仅把意思自治原则适用于合同领域，而且适用于婚姻家庭领域，他以当事人意思自治为理论根据，热衷于推行丈夫住所地法的域外适用，以解决婚姻争议问题。[①] 这种意思自治原则适用范围扩大化的理念影响了二十一世纪大多数国家（包括我国）的立法是一致的。从社会效果看，莫利诺斯提出的意思自治原则代表新兴商人阶级利益，在客观上有利于促进贸易的发展和统一市场的形成，这显然促进了当时法国资本主义的发展。意思自治原则，后来渐渐被各个国家接受，最终成为一个固有的成见——合同领域法律选择普遍接受的首要原则。

但是莫利诺斯阐述意思自治原则时，并未明确意思自治原则法律选择空间范围，当事人可以自主选择法律的法律关系领域过于宽泛，会给司法机关也会造成很多现实困难。而且，莫利诺斯时代双方当事人通过意思自治原则选择他们合同适用的法律，该法律的决定的事项也不明确。[②] 意思自治原则本质决定其只是解决法律冲突的一种方式，而不是一个法律选择方法。意思自治品格和优势仅能在合同和单方民事行为领域发挥出来，在其他法律关系领域，由于法律关系性质和价值追求不同，意思自治原则不具有在所有民事法律关系领域普遍适用的品格。

---

① Hessel E. Yntema，“Autonomy” in Choice of Law，1 AM. J. COMP.L，pp.341，342（1952）.

Domoulin in the sixteenth century was apparently concerned，on the ground of the intention of the parties，to ensure extra-territorial application of the law of the husband’s domicile to matrimonial settlements.

② Mo Zhang，Party Autonomy and Beyond：An International Perspective of Contractual Choice of law，20 Emory Int’l L. Rev. 2006，p.519.

第三节 法律和习惯属物原则

达让特莱（Bertrand D'Argentré），法国著名历史学家兼法学家，法国布列塔尼（Bretagne）省贵族，著有《布列塔尼习惯法释义》（*Commentaire sur la Cautune de Bretagne*）和《布列塔尼的历史》（*Histoire de Bretague*）。十六世纪，刚刚纳入法国版图的布列塔尼省经济落后，趋向于闭关自守。达让特莱鼎力支持封建贵族特权制度，极力推崇一种具有封建割据性的地方自治，他对《布列塔尼习惯法集》所做的注释和批评，成为1580年修改该习惯法集时的重要参照对象。达让特莱具有浓厚封建思想，推崇法律和习惯属物原则。①

一、法律和习惯属物原则内涵

（一）反对区分实体法与程序法

达让特来有意背离前人传统，他不再局限于对《查士丁尼法典》中“各族法律”进行诠释，抛弃了长期以来对程序法和实体法的区分。②

（二）法律和习惯属物原则（或属地原则）——一般原则

他认为，一切习惯都是物的（les coutumes sont réelles）。这意味着，在

① 有关达让特莱理论的资料极为匮乏，对他的冲突法思想很难系统准确表达，仅仅能根据其他学者著作中有关他的理论的资料不完全地再现他的思想。

② 杜涛著：《德国国际私法：理论、方法和立法变迁》，法律出版社2006年版，第36页。

冲突法领域内，这一原则具有绝对的属地特征和属地效力。① 他的核心思想："所有行政权力都只能限于其被赋予的权力范围之内，法则在其地域以外不得适用，因为在该地域以外任何人都不会受到该地域法律规定的威慑。"② 达让特莱完全抛弃了他本人谈及时带有鄙视的意大利学者所倡导的确定准据法的方法。与意大利方法不同，达让特莱解决法律冲突问题根据法则性质，即法律冲突涉及物法、人法，还是混合法。物法涉及所有法律关系中的不动产，无论这些法律关系涉及物权、合同还是继承权；法律冲突问题统一的仅仅适用物之所在地法。③

（三）人法——例外原则

达让特莱认为人法具有独特的本质，他仅仅适用于人，并且不适用于与物有关的人（大多数情况如此）；人法具有域外效力，适用于位于住所地之外的个人。④ "人法"是作为"物法"的例外出现的，只有那些纯粹是关于个人的权利、身份及行为能力的习惯法才可以赋予它以"人法"的效力，才可随人所至而及于域外。

---

① Pavel Kalensky，Trends of Private International Law，Prague Academia 1971，p.68.

In his opinion，all consuetudinary law was "real"（les coutumes sont réelles），which meant that in the sphere of the law of conflict law it had an almost absolute territorial character and validity.

② 杜涛著：《德国国际私法：理论、方法和立法变迁》，法律出版社2006年版，第36、37页。

③ Pavel Kalensky，Trends of Private International Law，Prague Academia 1971，p.68；Meijers，Recueil des Cours，1934，Vol. 49，p.648.

D'Argentré fully abandoned the the determination of the applicable law according to the specifications of the Italian school of which he spoke with contempt. He himself settled problems of conflict of laws differently according to whether the conflict affected real statutes，personal statutes or mixed statutes concerned. Real statutes concerned real property in all legal relations，on matter whether they involved rights in rem，obligations or succession；conflict problems were to be settled uniformly by the simple application of the law of the place where the respective thing was located.

④ Id，p.68.

《布列塔尼习惯汇编》第二百一十八条是有关遗嘱人是否有权利将自己的财产遗赠给继承人以外的第三人。在评论该条款时，达让特莱反对所有，意大利后期注释法学派和莫利诺斯所秉持的，通过支持扩大适用人法原则损害地方法律习惯的属地本质和支持统一的具有普遍效力的法律体系（普遍主义）的倾向。[①]达让特莱考虑的主要问题是这种权利是否适用于习惯效力范围以外领域的财产。

（四）混合法

达让特莱还提出了“混合法”（Statuta Mixta）的观念，他认为“混合法”既涉及物又涉及人，涉及人是辅助属性，涉及物赋予了这些特殊法则物法属性，最终导致“混合法”适用属地法律。[②]达让特莱认为，有关不动产物权法律关系仅仅适用物之所在地法，不得适用其他任何法律。这种法则分类和严格适用物之所在地法的冲突解决准则，表明达让特莱强烈反对涉及债法的法律确定方法扩大适用，他仅仅承认明确意思自治，

---

① Pavel Kalensky，Trends of Private International Law，Prague Academia 1971，p.68；Meijers，Recueil des Cours，1934，Vol. 49，p.69.

In his commentary on Article 218 of the Collection of legal Customs of Brittany D'Argentré opposed all trends（both of the Italian post-glossators and Domoulin）which recommended a broader application of the personal principle to the detriment of territorial nature of local legal customs and which supported the idea of a uniform，generally valid body of law.

Article 218 of the Collection of legal Customs of Brittany dealt with the right of the testator to bequeath（denote）one third of his estate to other person than his heirs. D'Argentré considered primarily the problem whether this right also applied to property located outside the territorial scope of the respective costumes.

② Id，p.69；Lainé，Introduction，Vol. I，p.316.

反对默示推定。①

二、法律和习惯属物原则——封建属地主义复辟

十世纪开始，封建法逐步形成，首先是地方习惯取代了封建立法，继而地方习惯成文化，然后形成了封建成文法典。封建制度促进法律属地化发展，法律的属地性战胜了法律的属人性，属地原则成为法律适用的主要原则。封建法律属地主义是封建社会法律制度的一个重要特征。达让特莱作为法国北部封建贵族，他的思想本身就是封建属地主义的化身，为了维护封建地主阶级利益，反对贸易自由，他提出的“法律和习惯的属物原则”不过是封建属地主义的另一种表达方式。达让特莱否定了意大利学者巴托鲁斯和莫利诺斯的解决法律冲突的一般原则，主张维护封建传统，但又不能完全退化到严格封建属地时代；达让特莱非常仇视新生资产阶级，但又不能不顾及法律发展和时代因素，还要考虑法律性质和人法存在，在这样的矛盾心情中，他提出“法律和习惯属物原则”，该原则是达让特莱浓厚封建属地思想的集中体现。尽管如此，达让特莱理论依然对同时代的欧洲产生了重要影响，他秉持的封建属地主义，被欧洲大陆许多在国内法上遵循罗马法原则的其他国家所采用，如：比利时、奥地利等国所采用。达让特莱属地主义思想对荷兰国际私法发展产生了重要影响，十七世纪荷兰学者胡伯

---

① Pavel Kalensky，Trends of Private International Law，Prague Academia 1971，p.68；Meijers，Recueil des Cours，1934，Vol. 49，p.69.

In D'Argentré' opinion，nothing in the sphere of legal relationships to real property could be governed by other law than that of the place where respective property was located（lex rei sitae）. This very division of the statutes and the settings of rigid conflict criteria，primarily of the lex rei sitae，indicate the intensity with which D'Argentré opposed the penetration of elements involving the law of obligations. D'Argentré recognized only expressly stated will and did not operate with the concept of an assumed（or tacitly expressed）will of the parties.

建立的“国际礼让说”第一个原则就阐述法律属地主义原则，促成国际私法特殊主义复归。

意思自治原则和属物原则分别代表了法国不同阶级的法律经济要求。莫利诺斯的意思自治原则代表新兴商人阶级利益，在客观上有利于促进贸易发展和统一市场形成，推动了当时法国资本主义的发展。达让特莱作为封建贵族，维护的是封建阶级的利益和立场，他提出的“法律和习惯属物原则”创造了一种法官仅仅适用自己法律的法律观念，符合封建社会法律政治传统，有利于维护封建国家国家利益。

第四章

国际礼让说

十七世纪的荷兰，为探索法律选择问题提供了理想的环境。荷兰由独立的各省组成，同时是当时世界上最主要的对外贸易国家。广泛的国际商业交往结合国内政治分权导致很多不同类型的国内和国际法律冲突问题，这种状况很快吸引了学者的注意。① 在这样特殊的历史状况下，一些法学家，诸如：罗登伯格（Rodenburg）、保罗·伏特（Paul Voet）、约翰·伏特（Johannes Voet）和尤瑞克·胡伯（Ulrich Huber，1636—1694），对法律冲突问题进行了不懈探索，促成国际私法理论迅速发展，以致十七世纪荷兰占据了冲突法领域的领导者地位。②在此期间，胡伯创立了国际私法历史上重要理论——国际礼让学说，该理论不仅极大地推动了荷兰法律适用理论的发展变革，也对英国和美国国际私法发展产生了重要影响。但是让人觉得奇怪的是，对国际法给予巨大学习精力和浓厚兴趣的伟大的格劳秀斯，却给予法律选择问题很少的关注。③

---

① Friedrich K. Juenger，Choice of law and Multistate Justice，Copyright 2005，p.19.

② Friedrich K. Juenger，Choice of law and Multistate Justice，Copyright 2005，p.19.

③ H.Grotius，De Jure Belli Ac Pacts，Libri Tres，332−333（Kelsey trans. 1925）. 格劳秀斯毕生的经历都献给了国际公法的研究和政治外交，对法律冲突问题研究只有只言片语。

第一节 国际礼让说产生的历史条件

今天的荷兰陆地面积一共33948平方公里，把水域都计算在内，荷兰面积有41526平方公里，共包含十二个省。自从登上历史舞台之日起，低地国家（Low Countries）——荷兰的民族特性就造就了它的个体主义、特殊主义、分离主义，甚至是分裂主义，在每一个方面都是如此，也正是这些民族特征造就了荷兰日后的强盛和衰弱。对荷兰法及荷兰的法律渊源的演变史做出一个全面的介绍，即使是一种概括性的介绍也很难。[①] 但是，为了更清晰地了解国际礼让学说，我们首先对十六世纪至十七世纪的荷兰的法律、政治和经济情况进行回顾。

一、政治条件——动荡不堪

十五世纪开始，一个法国血统的家族怀着复兴的野心，开始对位于默兹河和北海之间的各自为政的小公国实施收买、偷盗或联姻的手段。最终，十五世纪再次崛起的勃艮第公爵成为他们共同的领袖。[②] 从十六世纪中叶到十七世纪末，荷兰一直在战争中度过。1568—1648年，荷兰进行了八十年独立战争。1648年《威斯特伐利亚条约》签订，荷兰北部七个省成为独立国家，南部省份仍归西班牙统治。同年，德意志帝国、西班牙朝廷承认七府共和国独立。[③] 尼德兰七省共和国在欧洲国家中是独一无二

① ［英］梅兰特等著，屈文生等译：《欧洲法律史概览》，上海人民出版社2008年版，341页。

② 庞龙著，朱子仪译：《荷兰共和国的衰亡》，北京出版社2002年版，第11页。

③ 马克·T. 胡克著，黄毅翔译：《荷兰史》，东方出版中心2009年版，第2、3页。

的，以前也存在过其他的共和国——雅典、斯巴达、威尼斯和瑞士诸州同盟，但从没有一个像尼德兰一样完全由第三等级——中产阶级创立和维持的共和国。[①]而且这个共和国自始至终忠于原本角色，寡头独裁统治。荷兰八十年战争不仅是一次独立战争，也是一次资产阶级革命。荷兰人建立的“联省共和国”被马克思称为“十七世纪典型的资本主义国家”。在独立战争建立主权国家后，1650—1677年，英荷之间进行了三次战争。1689年，威廉三世加冕英国国王，英国和荷兰改善了关系，它们开始对付它们真正的敌人——法国。在之后的二十五年，它们都在同法国作战，首先是九年战争（1689—1697），然后是西班牙王位继承战争（1701—1714）。[②]

十六世纪中期，宗教改革运动席卷欧洲。低地国家的居民历来是虔诚的天主教徒，他们对宗教事务怀有狂热的兴趣。天主教会与德国皇帝在政治上和宗教事务上争夺霸权，从而演变成一个世俗机构，丧失了原有特点。[③]在十六世纪前半叶，马丁·路德领导的始于德国的新教改革开始。但是，荷兰人认为领袖马丁·路德没有实现其诺言，转而接受了法国人约翰·加尔文创立的加尔文教，继续同罗马天主教教会对抗。十六世纪六十年代末荷兰人在奥伦治亲王威廉一世的领导下开始为推翻西班牙人统治而斗争（见尼德兰资产阶级革命）。沉默威廉最终宣布宗教信仰自由。国际礼让说产生时代是一个极其动荡的年代。在争取国家独立，发展资本主义和宗教改革的过程中，无论是在政治中还是在法律中，国家主权理论和观念都显得尤为重要。

① 庞龙著，朱子仪译:《荷兰共和国的衰亡》，北京出版社2002年版，第8页。

② 马克·T.胡克著，黄毅翔译:《荷兰史》，东方出版中心2009年版，第100页。

③ 庞龙著，朱子仪译:《荷兰共和国的衰亡》，北京出版社2002年版，第14页。

二、经济状况——“黄金世纪”

十七世纪是荷兰的“黄金世纪”。十六世纪后半叶，荷兰探险船队开始出航。十六世纪末，荷兰海军击败了西班牙海军，荷兰商船队逐步代替了西班牙商船队称霸世界海洋的地位，荷兰航海家和探险家很快发现和控制了通往世界各地的海运路线，并在亚洲、非洲和美洲建立了殖民地。1602 年，荷兰商人成立了东印度公司（VOC），东印度公司在很长一段时间内是世界上最大的商业企业。1609 年，荷兰成立了世界第一家国家银行，阿姆斯特丹银行，随后在荷兰兴起了世界上第一个金融财团——霍普（Hope）家族，成为世界金融财团的发源地。[①]1621 年成立了西印度公司（WIC），后来其获得了大西洋西半球部分的贸易垄断权。这两个公司到处建立城堡和采购站，通过欺骗或收买当地首领，通过奴役和屠杀殖民地人民，确保了对欧洲国际贸易的垄断，夺取了巨额利润。同时，荷兰人开始到世界各地开拓殖民地，1621 年，在美洲建立新尼德兰——纽约；1667 年第二次英荷战争建立荷属圭亚那（苏里南）；1630 年开拓巴西殖民地。1585 年，荷兰人在非洲西海岸建立了一系列商战，开始从事奴隶贸易，1648 年荷属西印度公司把奴隶贸易列为头等大事，一直到十九世纪。[②] 荷兰以东方贸易起家，1665 年荷兰总共拥有上万艘船，承担欧洲海运总量的四分之三，荷兰人被人们称为“海上马车夫”。在荷兰的巅峰时代，荷兰东印度公司拥有 1.5 万各分支机构，贸易总额占世界总贸易额的一半。荷兰成为商业资本主义世界的核心。

十七世纪前半叶，荷兰经济得到了更为迅速的发展，成为西欧最大的经济强国。它的手工业成为西欧最具有近代现代技术水平的产业。到十七

① 宋鸿兵著:《货币战争全集》，中华工商联出版社 2009 年版，第 149 页。

② 马克·T. 胡克著，黄毅翔译:《荷兰史》，东方出版中心 2009 年版，第 117 页。

世纪中叶，荷兰的农业基本上实现了资本主义的经营方式，商品化程度是欧洲最高的。随着经济实力的增强，荷兰在海外贸易和海外殖民地方面逐步取代了老牌殖民地国家葡萄牙的地位，占领了西班牙和葡萄牙很多的殖民地。因为荷兰人到处进行屠杀和掠夺，所以被海外各地人们以憎恨的态度称为“荷兰鬼”。[①] 荷兰是十七世纪典型的资本主义国家，商品经济非常之发达，成为世界最主要的贸易国家，当时世界唯其马首是瞻。正如马克思所说，民事法律只不过是商品经济的表现形式。如此发达的商品经济必然要求相应的民事法律与之协调发展，尤其是面对国内区际法律冲突和不同国家间法律冲突频发的情况下，国际私法研究有着内在的经济驱动力。

三、法律状况——法律的多元化和多法域体系

十二世纪至十六世纪，荷兰属地的诸侯王逐渐强大起来，开始了争夺统治权的战争，原先长久以来形成的各自为政的国家分裂状态逐渐被取代。在博丹和马基雅维利之前，先驱者荷兰著名法学家——莱登菲利普（Plilip of Leyden），就已经在其著作《论国家与诸侯权利类型》中为诸侯权做了最有利的辩护。[②] 十六世纪初，荷兰诸省处于一个非常关键的时期，此时荷兰极有可能成为一个强大的中央集权国家。勃艮第以及哈布斯堡的统治者对于位于低地沿海国家的一些富裕省份极感兴趣，并试图使其组成一个强大的国家。但是，荷兰十六世纪的宗教改革和菲利普二世对宗教改革运动的抵制，使这一目标落空，地方独立及抵制势力的力量再次死灰复燃。结果，一些享有主权的较大城市掌握了巨大权力，这样的政治体制不利于同一法

① 姚介厚、李鹏程、杨深著:《西欧文明》(下册)，中国社会科学出版社 2002 年版，第 586 页。

② 同上，343 页。

律体系的产生。[①] 最后的结局，荷兰成为一个多法域国家。

五世纪，荷兰出现了第一部法典《撒里克法典》；公元750年左右，出现了《撒克逊法典》；公元780年前后，出现了《弗里斯兰法典》；公元800年，出现了《夏马弗尔法典》。十六世纪，荷兰已经有很多法律。首先是普通法，通过地方传统和地方法院的先例发展起来，各省的统治者纷纷加强各自中央政府的权威，制定“中央法律”。[②] 其次是习惯法，荷兰省的习惯法有，比如：《肯尼莫兰习惯法汇编》、编纂于1570年的《雷恩兰德习惯法汇编》、编纂于1571年的《南荷兰习惯法汇编》。[③] 弗里斯兰省也有几部习惯法汇编，其中1602年弗里斯兰曾颁布《1602年制定法、条例和习惯法》最为著名。荷兰各省制定法对许多特殊部门也做出了规定，称为“例”（Placcates）。同时，市镇法依然有效。与此同时，还出现了地方立法，一些地方开始行使自己的立法权，对习惯法进行证实和汇编，最后形成制定法，通常以法规和地方法令形式出现，有时以特许状的形式授予居民。[④]

罗马法的权威。罗马法对荷兰各个省都有重要影响。从1227年，罗马法就在荷兰开始适用。十一世纪至十二世纪，一批年轻的荷兰人到意大利的法学院求学，随后将罗马法许多概念引入他们的祖国。很快，各省统治者中的成员，诸如城镇教士、法学家们开始学习罗马法，继后，各省法官也加入到这一行列。十七世纪，法官已经成了罗马法的主要推崇者。最后形成了两种法律人，一种重视本国法律，指责一味推崇罗马法的人，另一种是完全沉浸在罗马法中，甚至到了无法复加的地步。在司法实践中，对于法官和律师而言，援引罗马法比适用本国法律原则似乎要容易很多。罗

---

① 姚介厚、李鹏程、杨深著：《西欧文明》（下册），中国社会科学出版社2002年版，第345页。

② 同上，第343页。

③ 同上，第343页。

④ 同上，第344页。

马法处于次法律权威的地位。格劳秀斯曾经曾经表述："如果针对某一问题，没有任何的成文法、制定法、条例和习惯法加以规定，则自古以来法官都会发誓遵循最善的理性，依据自己的学识及裁量权对案件进行决断。但是，只要智者发现了罗马法，则会首先把罗马法视为智慧和公平正义的化身加以适用，其次才会适用习惯法。"[①] 罗马法深刻影响了弗里斯兰，弗里斯兰省法院极力推崇罗马法继受，罗马法又被视为"共同法"，只有特别许可才能构成对罗马法适用的例外。[②]

十七世纪荷兰，教会法在某些方面确实发挥了很大作用。一些民事案件（如婚姻、什一税）和一些特殊的刑事案件（如宗教犯罪、酗酒、妨害治安行为、流浪罪和强奸罪等道德犯罪）都是适用教会法。但随着宗教改革的结束，教会法的直接影响力逐渐终结。[③]

第二节　国际礼让说主要内容

十六世纪和十七世纪的荷兰，具有国际私法赖以存在的得天独厚的基础，其法律状况是产生和研究国际私法的绝美状态，其不仅是一个多法域国家，而且还存在法律的多元化现象。此时的荷兰正处于经济的黄金时代，而且已经成为欧洲的经济中心，对外经济交往非常频繁。但是，此时的荷兰外部关系也非常紧张，一直处于战争的动荡之中，内部的文化冲突也很激烈。

---

① 姚介厚、李鹏程、杨深著：《西欧文明》（下册），中国社会科学出版社2002年版，第348页。

② 同上，第348页。

③ 同上，第348页。

一、荷兰早期国际法理论概况

1648年，代表资产阶级利益的荷兰革命取得了成功，成立了荷兰共和国——世界上第一个资产阶级共和国。荷兰作为第一个资本主义国家，在国际上仍然被周围封建专制的国家包围着，有更现实和迫切的必要维护国家主权，并倡导国家主权理论。胡果·格劳秀斯（Grotuis）颠沛流离的后半生，完全在为论证国家主权和战争的合法性做贡献，《战争与和平》一书从另一个角度阐明了他的不朽。在经济层面，十七世纪荷兰的世界观是超国家的，这种超国家世界观与博丹和格劳秀斯阐述的属地主权观念相互影响、相互斗争。荷兰学者谈及“法律冲突（conflictus Legum）”是因为他们认为法律选择问题实际上就是国家主权需要冲突所引起和造成，此种观点被用于解释他们全身心关注的问题——为什么一个国家的法院要适用外国法律。[①] 意大利法学家从未关注国家为什么适用外国法的问题，法国学者同样未给与关注。法学家罗登伯格首创法律冲突（conflict of laws）的概念，试图调和适用外国法与国家主权之间的矛盾。他认为，根据案件的本质和必要性可以假定一个超国家法律的存在，它赋予地方法律和规则域外效力。[②] 荷兰另一些著名学者接受、继承并发展了达让特莱的学说，主张严格的属地主义原则。保罗·伏特（1619—1677年）从《查士丁尼学说汇纂》（*Justinian's Digest*）借用了“Comitas”来解释法律适用问题，其子约翰·伏特（1647—1714年），认为“礼让”作为解决法律冲突的方法，有利于自我利益的保护，而且适用非常的便利。[③] 尤瑞克·胡伯，荷兰法学家，弗里斯兰省高级法官，在前人研究成果之上提出了国际私法的“国际礼让说”。1689年，胡伯发表《论罗

① Friedrich K.Juenger，Chioce of law and Multistate Justice，Copyright 2005，p.19.

② M.Gutzwiller，Geschichte Des Internationalprivatrechts 16 n.25（1977），at 132-133.

③ Friedrich K.Juenger，Choice of law and Multistate Justice，Copyright 2005，p.20；Yntena，The Comity Doctrine，65MICH.L.REV.9，12（1966），p.24.

马法与现行法》(*Praelections Juris Romani et hodeirni*)，在第一章《国家间法律冲突》(*De Conflictus Legum Diversarun in Diversis Imperiis*)中阐述了自己的冲突法理论。他把“礼让”作为其理论的基础，并且把“礼让”定位于外国法律在内国适用的唯一标准和方式，以维护法律创设的既得权的域外效力。

二、国际礼让说四原则①

（一）法律冲突问题的产生原因

胡伯认为经常会发生这样的事情，在某一个地方订立的合同，需要在签订地以外的另一个国家发生效力，或者在另一个地方进行审判。众所周知，罗马帝国分崩离析后，基督教世界分裂成无数小的国家，这些国家并不属于一个政府系统，因此不同国家的法律在很多方面是不同的。罗马法没有规定法律冲突问题，不值得惊奇。罗马的主权权利扩展到整个基督世界，并且整个罗马国家具有统一的法律，所以不可能发生不同国家法律冲突的问题。尽管如此，我们仍需要在罗马法中寻找一般的基本的原则来解决法律冲突问题。因为不同国家认为它们之间的法律冲突问题完全地属于国际法，因此法律冲突问题属于国际法而非民事法律范畴。为了解决这一特殊的、复杂的问题，胡伯阐述了四个原则，其认为这些原则可以为解决法律冲突问题扫清道路。②

① 1919年，法学家E.洛伦茨（E. Lorenzen）教授翻译了胡伯《论罗马法与现行法》（1707年第二版）第一章，刊登在《美国伊利诺伊州法学评论》第八卷中。此之前，英国并没有英文版胡伯理论被公开出版过。

② E. Lorenzen，Developments in the Conflict of Laws，in Illinois Law Review，1919，Vol. XIII，pp.401 et seq，the 1th part.

（二）法律冲突问题解决的一般原则——胡伯四原则

胡伯在《国家间法律冲突》的第一、第二、第三和第十二部分分别阐述了解决法律冲突的一般原则。

1. 胡 伯 原 文 如 下：Ⅰ. Leges cujusque imperii vim habent intra terminos ejusdem Reip，omnesque ei subjectos obligant，nec ultra，per l.ult.ff. de Jurisdic.[①] Ⅱ. Pro subjectis imperio habendi sunt omnes，qui intra terminos ejusdem reperiuntur，sive in perpetuum，sive and tempus ibi commorentur，per l.7，s.10.in fin. De interd. et releg.[②] Ⅲ. Rectores imperiorum id comiter agunt，ut jura cujusque populi intra terminos cjus exercita，teneant ubique suam vim，quatenus nihil potestati aut juri alterius imperantis ejusque civium praejudicetur.[③] Ⅳ. Ex Regulis initio collocatisctiam hoc axioma colligitur. Qualitates personales certo loco alicui jure impressas，ubique circumferri et personam comitari，cum hoc effectu，ut ubivis locorum eo jure，que tales personam alibi gaudent vel subjecti sunt，fruantur et subjiciantur。[④]

2. 洛伦茨（E. Lorenzen）译文：洛伦茨认为胡伯礼让原则包括四个方面：第一，每个主权国家的法律在其境内有效，并约束其领土上的一切人，但是没有域外效力；第二，无论在主权国家境内长期居住还是暂时居住的人，都被视为该主权国家的臣民，都受内国法律管辖；第三，主权国家根据“礼让”行事，以便每一个国家在境内有效实施的法律在任何地方保持效力，只要不妨碍本国及臣民的权益；第四，从前三个原则可以得出下面这个原则：

---

① D. J. Llewelyn Davies，M.A，the Influence of Huber's De Conflictu Legum on English Private International Law，English yearbook of international law，18vol，1947，p.65.

② Id，p.65.

③ Id，p.65.

④ Id，p.74.

一个法律赋予个人的身份和地位，都会随人而至，在任何地方都具有效力；社会阶层相同的个人根据特定法律获得和享有的权利在其他地方仍具有效力。[①] 洛伦茨在后文解释到，弱势群体依据某一地方监护法律制度享有的特殊身份、地位和权利在任何地方具有效力，同时他认为胡伯理论第三条原则包含承认外国法律创设既得权的理论。

3. 英国法学家莫里斯（Morris）译文：莫里斯认为胡伯理论包括：第一，每一个国家的法律在其境内有效，并约束其领土上的一切人，但是没有域外效力；第二，一国境内所有人，无论其在境内长期居住还是暂时居住，都受内国法律管辖；第三，主权国家根据“礼让”行事，以便维持根据外国法创设的权利在内国的效力，前提是在不妨碍本国及臣民的权益限度内。[②] Lea Brilmayer 和 Jack Goldsmith 在美国冲突法案例与资料中序言部分阐述的胡伯

① D. J. Llewelyn Davies，M.A，the Influence of Huber's De Conflictu Legum on English Private International Law，English yearbook of international law，18vol，1947，p.74.

E. Lorenzen 把胡伯四原则翻译成：The laws of every sovereign authority have force within the boundaries of its state，and bind all subject to it，but not beyond. Ⅱ .Those are held to be subject to a sovereign authority who are found within its boundaries，whether they be there permanently or temporarily. Ⅲ . Those who exercise sovereign authority so act from comity，that the law of every nation has been applied within its own boundaries，should retain their effect everywhere so far as they do not prejudice to the power or rights of other state，or its subjects. Ⅳ . From the rules laid down at the beginning the following maxim also is derived. Personal qualities impressed upon a person by the law in any place are carried with him and accompany his person everywhere，with this effect，that everywhere persons enjoy and are subject to that law which persons of the same class enjoy and are subject to in such other place.

② David MaClean，Morris，the Conflict of Laws，5th ed.，Sweet & Maxwell，2000，p. 533.

莫里斯（Morris）其认为胡伯理论具有三个原则：

The laws of each state have force within the limits of that government，and bind all subject to it，but not beyond. Ⅱ . All persons within the limits of that government，whether they live there permanently or temporarily，are deemed to be subjects thereof. Ⅲ . Sovereigns will so act by way of comity that rights acquired within the limits of a government retain their force everywhere so far as they do not cause prejudice to the power or rights of such government or its subjects.

三原则与莫里斯阐述是完全一样的。从莫里斯的表述看，主权（Sovereigns）是通过礼让（Comity）的方式行事，也就是说主权国家间应根据“礼让”原则相互尊重和交往。这样做的目的是让一个国家内合法获得的权利在任何地方保持效力，只要不损害内国国家和臣民的权益。莫里斯和冲突法耶鲁大学资料汇编翻译的胡伯第三个原则根本就没有提到法律——Law，而是仅仅提到权利——Right，表述了一个清晰明确的既得权思想。后来，奠定英美国际私法基础的英国戴西和美国斯托雷（Story）的学说，都是秉承的既得权理念。但我国学者翻译莫里斯著作时存在误读，把权利翻译成了法律，一字之差，谬之千里。①

第一个原则阐明了法律属地原则，法律（The law）在政府主权管辖范围内具有效力，及于主权管辖范围内一切人、事物和行为。随着政治国家形成，法律属地原则就已成为法律最为主要的属性。法律在本国领域内具有绝对属地效力，在国家主权管辖范围内，本国法律具有严格的法律效力和绝对权威。胡伯把法律属地主义绝对化，指称法律无域外效力，这与他第三条原则倡导的既得权理论自相矛盾。

第二个原则是内国法律对其境内所有人具有效力的一个郑重声明，无论是临时居住于境内还是长期居住于境内，无论其是内国人还是外国人，只要存在居住事实，都受内国法律管辖和支配。胡伯认为，在一个国家内行为的所有人都被认为是该国家的臣民在某种程度上是绝对的，因为这符

---

① 李双元教授翻译莫里斯阐述的胡伯三原则的时候，翻译成了以下内容——胡伯在其著作《论罗马法和现行法》一书第二编——《论不同国家的不同法律冲突》，阐述了以下三大原则：（1）每一个国家的法律约束其领土上的一切人，在域外无效；（2）住在一国领土之上，即为该国之臣民，即使是暂时居留期间；（3）各国统治者基于“礼让”，互相尊重他国的法律，在不妨碍本国及臣民的权益限度内保持其效力。这一成果被我国的国际私法界所分享。第一个原则和第二个原则重申的是法律的属地原则，中文译本和戴维斯、莫里斯的阐述基本一致。参见［英］莫里斯主编，李双元等译：《戴西和莫里斯论冲突法》，中国大百科全书出版社1998年版，第6页。

合情况的本质以及国家把所有在其境内的人划归自己法律管辖的国际惯例，也符合几乎所有国家接受的刑事领域抓捕个人的理论和实践。[①]格劳秀斯认为一个被认为是临时居民的人在某地方的行为受该地方法律管辖和支配，仅仅由于一个国家法律规定发现外国人在其境内而抓捕境内的外国人是不合理的，除非该国主权权利被视为扩展到该国境内所有人。[②]

第三条原则阐述礼让理论和既得权理论。胡伯认为法律冲突的解决不仅来源于民事法律，而且来源于便利原则和国家间默示同意。因为一个国家的法律不能在其他国家直接发生效力，但是由于法律不同导致根据一个法律有效成立的民事行为在其他地方被认为无效，这对国家间商业交往和一般交往会造成重大不便。[③]这是国家间为什么坚持礼让的原因和基础。根据一个地方的法律实施的所有交易和行为是有效的，那么这些交易和行为在任何地方都是有效的，即使交易和行为实施地法律与其他地方实施的法律不同，交易和行为也同样有效；另外，根据交易和行为原始实施地法律，交易和行为是无效的，那么这些交易和行为在任何地方都没有效力。这不仅适用于在交易和行为所在地有住所（长期居住）的个人，也适用于在此暂时居住的人。但是也有例外，如果另一国家因此会遭受严重不便，将根据本条原则拒绝让交易和行为产生效力。[④]遗嘱也是如此。

第四条原则是法律创设的自然人身份和地位效力恒定原则。有关自然人身份和地位的法律规则，在任何地方具有效力。弱势群体，如：年少者、挥霍无

---

① E.Lorenzen，Developments in the Conflict of Laws，in Illinos Law Review，1919，Vol. XIII，pp.401 et seq，the second part.

② Id.

③ Friedrich K.Juenger，Choice of law and Multistate Justice，Copyright 2005，p.20；E. Lorenzen，Seleceted articles on the conflict of laws，pp.164-165（1947）.

④ E.Lorenzen，Developments in the Conflict of Laws，in Illinois Law Review，1919，Vol. XIII，p.401 et seq，the third part.

度的人和已婚妇女，在任何地方都享有受到监护的权利，拥有和享有任何地方监护制度赋予的权利。一个人在弗里斯兰（省）达到成年年龄，如果在荷兰省（Holland）签订合同受到损失，将不会被给予补偿。如果他被宣布为禁治产人（一个挥霍无度的人），将不能签订合同或者在另一个地方提起诉讼。并且，一些省规定自然人二十一岁成年，才可以转让不动产和具有完全的民事行为能力，甚至一些地方规定成人年龄为二十五岁。只要不对内国国家和公民造成损害，每个省都会基于礼让承认其他省有关其本省人的法律和判决的效力。①

三、合同、遗嘱、婚姻和判决承认与执行的法律冲突解决方式

（一）合同

根据合同缔结地法律订立的合同，在任何地方都是有效的，无论是在法庭内还是在法庭外，甚至是在认为以这样的方式订立合同是无效的地方。这不仅用于确认合同形式问题，而且用于确认合同实质有效性问题。②根据其他地方法律成立的合同，本地法律与合同成立地法在允许起诉和驳回诉讼的法律规定有所不同时，在本地提起诉讼，法院如何适用法律？时效和执行不属于合同有效性问题，仅仅是提起诉讼的时间和方式，虽属于合同的一部分，但是一个具有独立性的协议。因此，有关诉讼程序问题要遵守法院地法律和惯例，即使合同不在此地成立。Jone à Sande 认为既定判决的执行应遵守执行地的法律，而不是判决作出地的法律。③合同成立地不能认为是绝对严格的，如果合同当事人头脑中的合同订立地是另一个地方，那

① E.Lorenzen，Developments in the Conflict of Laws，in Illinois Law Review，1919，Vol. XIII，p.401 et seq，the 12th part.

② Id，the fifth part.

③ Id，the seventh part.

么合同成立地就不应采用。[①]

（二）遗嘱

根据行为地法有效成立的遗嘱，自始有效，并且其效力在任何地方都应该得到认可。胡伯举例说明了自己的观点。在荷兰省设立遗嘱需要一个公证人和两个证人在场。在弗里斯兰，一个遗嘱必须有七个证人证实才是有效的。一个 Batavian 根据荷兰省的法律设立了遗嘱，荷兰省法律需要处分的遗嘱财产位于弗里斯兰。问题是法官是否确认遗嘱的请求，荷兰省的法律不能约束弗里斯兰人？根据第一条原则，遗嘱无效；但根据第三条原则，遗嘱效力会得到支持，并会给予有利判决。但是弗里斯兰人在荷兰省根据荷兰省法律设立遗嘱，违反弗里斯兰的法律规定，后来，他返回了弗里斯兰，并在这里死亡。这遗嘱有效吗？根据第二个原则，遗嘱是有效的。其在荷兰省暂时居住期间，他受荷兰省法律的约束，他的行为开始时是有效的，根据第三个原则，这份遗嘱在任何地方都应该具有法律效力，并且不区分动产和不动产。[②]

（三）婚姻

婚姻问题法律冲突依然适用文章开始的三个原则。如果符合婚姻成立地法和举行地法，婚姻是合法有效的，并且它将在任何其他地方有效。[③] 在某一地方缔结的婚姻协议和婚姻，不仅其本身在任何地方具有约束力和效力，附在上面的权利和效力也在任何地方保持效力。[④] 但有一个例外，除非给他人造成损害，或者特别恶心，令人厌恶。如果根据某一国家的法律，血亲

---

① E.Lorenzen，Developments in the Conflict of Laws，in Illinois Law Review，1919，Vol. XIII，p.401 et seq，the 10th part.

② Id，the 4th part.

③ Id，the 8th part.

④ Id，the 9th part.

相奸是允许的，由于血亲相奸令人厌恶，所以这种行为也不会获得既得权，不会在其他国家得到认可。在弗里斯兰，一男一女同意结婚，并把对方看作丈夫和妻子，即使没有在教堂举行仪式，婚姻也可以有效成立。但是，在荷兰省这将不被视为婚姻。尽管如此，此对夫妻在荷兰省毫无疑问地享有婚姻有关权利，如定居权，子女的继承权。从实践角度看，经常存在规避法律的现象——移往婚姻（Migration for Marriage）。年轻人为了寻求婚姻来到东弗里斯兰或其他地方，他们在这些地方不必得到监护人同意就能结婚。他们在这里举行婚礼后，立即返回家乡。更有甚者，一些人利用自己的技能和知识明知和故意与他省公民分享违反本省法律的权利。胡伯认为这样的行为会导致自己国家法律体系的颠覆，因此，政府不会承认这样的婚姻的效力。① 婚姻合同缔结地与婚姻举行地也经常不一致。

（四）外省或外国法院的判决和裁定

外省或外国法院的判决和裁定，符合其法律的规定，就会在任何地方具有效力，但不得对其他省或国造成损害。具有恰当管辖权的法院宣告的判决和罪行赦免在任何地方都具有法律效力，其他地方的法官再次起诉一个已经在其他地方被判决有罪或者被赦免的人都是不恰当的，即使有充分的理由，除非对另一个省或国家造成明显的危害或者不便。Titius 在弗里斯兰打了一个人的头部，被打的人鼻子流了很多血，第二天死了。Titius 逃到 Overyssel，自首并被捕。根据被伤害人只是受伤而不是死亡的事实，Titius 很快被审判获有罪判决。判决在弗里斯兰承认和执行时遭到了拒绝，因为该判决对本省造成了明显的危害，会导致罪犯逃到外国获取较轻的判决情况经常发生。民事判决的承认和执行也适用这样的规则。②

---

① E.Lorenzen，Developments in the Conflict of Laws，in Illinois Law Review，1919，Vol. XIII，p.401 et seq，the 8th part.

② Id，the 6th part.

第三节 国际礼让说评论

一、“礼让”——国家交往重要规则

十六世纪法国政治思想家、法学家博丹在《论共和国》中阐述了主权理论，“主权是主权者对领土及其居民的最高权力，除自然法和神法之外，不受任何其他权利所制定的任何法律和规则的约束，但在对外关系上它受所有国家共有的某些法则的限制”。[①] 十七世纪，荷兰法学家格劳秀斯，思考战争合法性，倡导国家主权理论，采用一种更广阔、更开放的视角来审视国际法律关系，指出：“凡行为不从属于其他人的法律控制，从而不致因其他意志的行使而使之无效的权力，称为主权”。1648 年，欧洲各国签订《威斯特伐利亚公约》，确认欧洲各国主权和领土。十七世纪，欧洲发展并形成现代国际法理论，国家主权理论深入人心。

依据国家主权原则，世界各国相互独立，独立自主处理自己事务，反对其他国家干涉。但国家主权原则并不否认国家间正常交往，古希腊时期跨国民事交往的重要性就已经被认识到。[②]“礼让”原则提倡国家相互尊重，为国家间政治、经济、文化和法律交流提供了良好基础。在国家之间没有双边条约或多变条约的情况下，国家与国家只能依据“礼让”原则进行交往。礼让原则本质与互惠原则相同，主权国家在不影响自己主权和臣民利益的基础上，给予外国国家、外国法律和外国人一定的便利，这种便利在不同领域或层面表现不同。在法律适用领域，胡伯认为外国法和外国法创设的

① 王铁崖:《国际法》，法律出版社 1995 年版，第 106 页。

② 柏拉图认为城邦发展国际贸易必不可少；亚里士多德认为一个城邦应减少对对外贸易的依赖，但城邦对外经济交往不可避免。

权利在内国得以遵从来源于便利原则和国家间默示同意。一个国家的法律不能在其他国家直接发生效力，但是如果法律不同导致根据一个法律有效成立的民事行为在其他地方被认为无效，会对国家间商业和一般交往会造成重大不便。[①]国家间交往需要维护国家间共同的便利原则，“礼让”恰恰是维护便利原则的最佳手段，如果没有“礼让”原则，不存在国际协议的国家间将不存在交往的合理基础和标准，国家期望的通过国家交往获得的利益都会丧失。胡伯从国家主权主义出发，依据“礼让”原则探讨一个国家应该如何在国际交往中行事，在何种程度上允许外国法律创设的权利能够在内国具有效力，具有划时代的意义。同时，“礼让”原则是法律冲突产生的必要条件，它的功能和作用是承认外国法在内国的法律效力（域外效力），为法律冲突产生埋下了伏笔。十九世纪德国法学家萨维尼倡导的互惠原则与“礼让”原则有异曲同工之处。

二、“礼让”躯壳下浓重的既得权思想

胡伯倡导“礼让”原则，致使法律冲突产生，但“礼让”原则根本不是解决法律冲突问题的方法，它在如何选择法律问题上并不能给予任何有益的指导。因此，胡伯依据法律关系类型，针对性对一些法律关系类型法律适用问题进行了专门阐述。从他提出的法律选择四个原则和他对具体法律关系法律适用的阐述，我们强烈地感觉到“礼让原则”只不过是一个躯壳、一个形式，这个躯壳的灵魂和本质恰恰是既得权的延续和维护。

胡伯不仅在其理论的一般原则之中表明了浓重的既得权思想，而且在其阐述具体法律关系法律冲突解决方式的时候，也表现出了浓重的既得权

① Friedrich K.Juenger，Choice of law and Multistate Justice，Copyright 2005，p.20；E. Lorenzen，Seleceted articles on the conflict of laws，，at 164–165（1947）.

思想。第三条原则表明，根据一个地方的法律实施的所有交易和行为能是有效的，这些交易和行为在任何地方都是有效的，甚至这些地方实施不同的法律；另外，根据交易和行为原始产生地法律，交易和行为是无效的，那么这些交易和行为在任何地方都没有效力。第四条原则是法律创设的自然人的身份和地位效力恒定原则。有关自然人身份和地位的法律规定，在任何地方具有效力。弱势群体，如：年少者、挥霍无度的人和已婚妇女，在任何地方都应享有被监护的权利，拥有和享有任何地方监护制度赋予的权利。根据合同缔结地法律订立的合同，在任何地方都是有效的，无论是在法庭内还是在法庭外，甚至是认为以这样的方式订立合同是无效的地方，而且适用于合同所有问题，无论是形式问题还是实体问题。①根据行为地法有效成立的遗嘱，自始有效，并且其效力在任何地方都应该得到认可。如果符合婚姻成立地法和举行地法，婚姻是合法有效的，并且它将在任何其他地方有效。②在某一地方缔结的婚姻协议和婚姻，不仅其本身在任何地方具有约束力和效力，附在上面的权利和效果也在任何地方保持效力。外省或外国法院的判决和裁定，符合其法律的规定，就会在任何地方具有效力，但不得对其他省或国造成损害。③在阐述国际礼让的理论基础时，胡伯概括了既得权理论的基本思想，根据该理论承认域外根据特别法律获得的权利。④胡伯冲突法理论充斥赤裸裸的既得权思想，在他的理论中，既得权思想已经超越一个普通规则，已然是他理论的灵魂。

---

① Prof. Lorenzen，in Illinos Law Review，1919，Vol. XIII，pp.401 et seq，the fifth part.

② Id，the 8th part.

③ Id，the 6th part.

④ Pavel Kalensky，Trends of Private International Law，Prague Academia 1971，p.72.

When stating the grounds for international comity，Huber also outlined the fundamental idea of the theory of vested rights，under which extraterrestrial recognition should also be granted to rights acquired under special law.

三、深刻影响英美国际私法发展

胡伯倡导国家主权原则（公共秩序保留制度），坚持法律属地性，推崇国家以礼让的方式维护有效实施法律业已创设的权利——既得权。胡伯理论对十八世纪以后的全球范围内国际私法产生了重要且深远的影响，尤其是英国和美国。英国受胡伯理论影响主要是因为两个国家间的密切联系。1689年，威廉成为荷兰和英国共同的国王，两个地域之间的商业和文化交往非常频繁。十七世纪和十八世纪，苏格兰学者对荷兰胡伯、保罗·伏特和约翰·伏特的理论进行了详细的研究学习和接受。[①] 十八世纪后半期，英国曼斯菲尔德勋爵（Mansfield）直接在英国法院适用了胡伯的理论。1760 年“罗宾逊诉布兰德（Robinson V. Bland）”案件[②] 中，一审法官布莱克斯通（Blackstone）对案件做了详细报告，他只是一味地关心英国法律的域外效力问题。[③] 英国皇家法院重新审理了这一案件，法官曼斯菲尔德勋爵考虑了伏特父子、胡伯、格劳秀斯和莫利诺斯的冲突法理论，最后他引用了胡伯理论——《国家间法律冲突》作为基础，做出了判决；[④]1775 年霍尔曼诉琼森（Holman V. Johnson）案件中，他再次援引胡伯理论作为审判基础，他称：“胡伯理论，在某种意义上，是建立在正义原则基础之上，我完全赞成。”[⑤] 十九世纪英国学者戴西从胡伯理论中得到启发，撰写了《英格兰冲突法汇编》，其思想部分来源于胡伯的既得权理论。十八世纪的美国与十七世纪的荷兰有着相同

---

① D. J. Llewelyn Davies，M.A，the Influnce of Huber’s De Conflictu Legum on English Private International Law，English yearbook of international law，18vol，1947，p.53.

② 该案件是一个关于赌债的诉讼，合同在法兰西订立和实施。法官 Blackstone 认为，英国法律不承认赌博合同，承认执行赌博合同违反英国的公共秩序。

③ D. J. Llewelyn Davies，M.A.，The Influence of Huber’s De Conflictu Legum on English Private International Law，English yearbook of international law，18vol，1947，p.55.

④ Id，p.55.

⑤ Id，p.55.

的政治法律状况，各省自治并拥有自己的法律，法律冲突比比皆是。美国联邦大法官肯特（Kent）和斯托雷（Story）学习借鉴胡伯理论来解决美国国内的法律冲突问题。十九世纪上半期，美国法学家斯托雷倡导“属地法说”，奠定了美国冲突法的基础，并影响美国冲突法一个世纪，其理论基本是复制胡伯理论。[①] 美国《第一次冲突法重述》撰稿人约瑟夫·比尔教授，极力推崇既得权理论，贯穿《第一次冲突法重述》的思想就是既得权理论，从某种意义上说，比尔教授既得权思想就是胡伯理论的延伸。

从二十世纪末美国的国际私法实践看，胡伯的理论对美国现今司法审判仍有影响。1993 年的 Hartford Fire Insurance Co. v. California 案件中，《谢尔曼法案》（*The Sherman Act*）确认对洲际和国际商业交往造成不合理限制的任何合同非法。部分内国被告认为《McCarran-Ferguson 法案》排除了《谢尔曼法案》适用于被控行为；而外国的被告认为根据国际礼让原则，地区法院应该戒除对违反国际礼让原则诉讼请求行使管辖权。[②] 而且，最近一些审级比较低的法院，开始调和《谢尔曼法案》域外适用与国际礼让原则之间

① 斯托雷认为承认和执行外国判决是基于内国对外国的礼让，致使十九世纪美国法院一直按胡伯倡导的国际礼让原则承认和执行外国判决。美国在该领域对礼让原则的贯彻在 1895 年发生了变化，美国联邦最高法院在 Hilton V. Guyot 案件中，确定国际礼让是承认和执行外国法院判决的理论依据，但不应该成为一项义务。参见徐冬根著:《国际私法》，北京大学出版社 2009 年版，第 508 页。

② Lea Brilmayer，Jack Goldsmith，Conflict of Laws : Case and Materials，Fifth Edition，2003，p.752.

Hartford Fire Insurance Co. v. California 509 U.S.764（1993）. The Sherman Act makes every contract，combination，or conspiracy in unreasonable restraint of interstate or foreign commerce illegal. 26 Stat. 209，as amended，15U.S.C.§1. These consolidated cases present questions about the application of that Act to the insurance industry，both here and abroad. A group of domestic defendants argued that the McCarran-Ferguson Act，59 Stat.33，as amended，precludes application of the Sherman Act to the conduct alleged ; a group of foreign defendant argues that the principle of international comity requires the District Court to refrain from exercising jurisdiction over certain claims against it.

的关系。法院谢绝对其他法院更适合审判的案件行使管辖权[①]，这种“礼让”不是法院间的礼让，而是一种约定俗成的惯例式的礼让，主权国家间通过限制自己法律适用的方式相互提供给对方国家的礼让。[②]在立法机关制定有关礼让的法律时，立法机关就是在执行“礼让”原则；法院在解释立法机关制定的有关礼让法律的范围时，法院在执行“礼让”原则。礼让是法律选择理论的传统组成部分。“礼让”在某种意义上包含一个法律选择的原则：如果没有国会相反的指示，实体法具有域外效力。从这种意义上考虑“礼让原则”是决定《谢尔曼法案》是否禁止涉诉行为的部分原因。[③]从美国司法实践看，“礼让”原则对美国影响从古至今，从未被忽视过，难怪莫里斯在其论著中提到，胡伯是弗里斯兰非常成功的法学教授和法官，他撰写了有关冲突法的很短的文章，但是其对英国和美国国际私法发展的影响超过了任何一位其他的法学家。[④]

---

① 法院采用非方便法院原则。

② Lea Brilmayer，Jack Goldsmith，Conflict of Laws : Case and Materials，Fifth Edition，2003，p.760.

More recent lower court precedent has also tempered the extraterritorial application of the Sherman Act with considerations of “international comity” . The “comity” they refer to is not the comity of courts，whereby judges decline to exercise jurisdiction over matters more appropriately adjudged elsewhere，but rather what might be termed “prescriptive comity” : the respect sovereign nations afford each other by limiting the reach of their laws.

③ Id，p.760.

The comity is exercised by legislatures when they enact laws，and courts assume it has been exercised when they come to interpreting the scope of laws their legislatures have enacted. It is a traditional component of choice-of-law theory. Comity in this sense includes the choice-of-law principles that，“in the absence of contrary congressional direction，” are assumed to be incorporated into our substantive law having extraterritorial reach. Considering comity in this way is just part of determining whether the Sherman Act prohibits the conduct at issue.

④ David MaClean，Morris，the conflict of laws，5th ed，Sweet & Maxwell，2000，p.533.

胡伯抛弃了荷兰法学家罗登伯格和伏特父子仍然遵循的区别法则的做法，避免了对法律进行分类（法律区分为人法、物法和混合法）的窘境，把整个理论大厦建立在礼让原则之上，法律选择方法论也实现了变革，采用主权理论和国际礼让的思想解决法律冲突。[①]胡伯认为法律冲突问题的解决方法不是绝对地来源于民事法律，而是来源于国家间的便利需要和默示的心照不宣的同意，法律冲突解决应服务于国家间正常的政治交往和商业交往。他考虑公正原则，采用法律规避制度和公共秩序制度对既得权理论给予约束，既得权理论不得违反国家间共同便利，不得损害本国及臣民利益，不得采用法律规避手段获得，获得方式不得颠覆内国法律体系。胡伯根据“礼让”原则解决了国家为什么适用外国法的问题，然后通过对具体法律关系研究解决法律冲突问题。他依据法律关系性质的不同，探讨每一类法律关系的法律适用，而且探讨的法律关系的范围相较巴托鲁斯也有所扩大，不仅包含了解决法律冲突的一般原则和具体法律关系法律冲突问题（合同、遗嘱、婚姻）的解决方法，还涉及国际民事诉讼程序问题——涉外司法判决的承认和执行。荷属国际礼让学说是在一个动荡的政治环境中——战事不断、一个复杂的法律背景下——多法域法律体系和多元化的法律、一段国家经济的黄金时期——海外贸易极其发达的历史条件中创设的理论，其内容论及法律属地主义理论，公共秩序保留制度，既得权思想，国家主权理论和礼让理论等诸多方面，该学说及其理论对欧洲大陆和英美法系国家的国际私法的理论和司法实践产生了重大而深远影响。然而，荷属“国际礼让学说”也有不足之处，主要体现在选择法律方式过于简单和过于强调法律属地性。但无论从何种角度说，荷属“国际礼让学说”都是一个伟大时代的一个伟大法学家的伟大法学巨献。

---

① Friedrich K.Juenger，Choice of Law and Multistate Justice，Copyright 2005，p.20；Gutzwiller，Geschichte Des International Pritaterchts 16 n. 25（1977），at 156.

第五章

法律关系本座说

十九世纪，德国逐步完成工业革命和国家政治统一，规模宏大工业革命完成和中央集权国家形成，使德国最终地完全地卷入世界贸易。十九世纪德国跨国民商事交往空前发展，德国法学家越来越关注法律冲突及解决问题。德国世界著名法学家、历史法学派代表人物萨维尼（Friedrich Karl von Savigny，1779—1861）是国际私法研究的集大成者。他指出，目前世界上没有任何一个国家制定出综合性冲突法法典，这个领域只能留给法学理论，并建议构建能够产生普遍性规则的理论体系，科学地理性地解决法律冲突问题。① 在研究古罗马法和考察以往国际私法理论的基础上，他提出了法律选择理论——“法律关系本座说”。他把法律关系研究作为法律选择理论的核心内容，依据法律关系特性寻求法律关系应该适用的法律。虽然萨维尼自己宣称他阐述的理论并非完美，而且处于初始阶段②，但他的理论主宰了国际私法理论发展的一个时代。

第一节　法律关系本座说产生历史背景

一、政治、经济背景

十九世纪初，德意志人民反对拿破仑的统治，是为了从异族统治下解

① Friedrich K. Juenger，Chioce of Law and Multistate Justice，Copyright 2005，p.35；F. Von. Sanigny，System Des Heutigen Römischen Reches iv（1849）.

② F. Von. Sanigny，System Des Heutigen Römischen Reches iv（1849），at iii.

放出来，建立一个统一的独立的德国。1815年，维也纳会议被沙俄操纵，通过了德意志联邦条例，建立了所谓德意志联邦，由三十八个主权邦组成松散联盟，开始了中世纪封建传统复辟时期。实际上，这是一种分裂状态。从1815年到1848年，德意志处在俄国的直接控制之下。1848年，德国发生了三月革命和六月起义，由于资产阶级的软弱，都以失败告终。十九世纪六十年代开始，德意志进行统一的战争，先是1864年普丹战争，普鲁士获得石勒苏益格；1866年普奥战争占领荷尔斯泰因及几个小的诸侯国；1870年普法战争。① 德国经过三次王朝战争结束了四分五裂的状态，实现了国家统一。

十七世纪、十八世纪德意志经济状况十分可悲，恩格斯在《德国状况》一文中对此作出了描述，他说：这是一堆腐朽和解体的讨厌的东西，国内手工业、商业、工业和农业极端凋敝；农民、手工业者遭到双重苦难——政府的搜刮和商业的不景气。② 十九世纪三四十年代，德意志完成了现代化的两个必备条件——土地革命和工业革命，使德意志迈上现代化之路。1819年，德意志农业改革立法加速进行，废除了农民对土地的依附关系，成为自由人；同时，农业改革立法的“赎免”方式成为资本原始积累的重要手段。③ 这显得曲折和残酷，但是却瓦解了封建国家的经济基础——封建领地制和封建庄园制。与此同时，德意志工业革命开始启动。1830年以后，德意志开始进入大机器生产时代。1835—1850年，德国铁路长5822公里。1851年，德意志最大的银行——贴现银行建立。十九世纪六十年代，德意志工业已经赶上法国，并开始了规模宏大的工业革命，工业产值超过

---

① 王艳、崔毅编著：《一本书读懂德国史》，金城出版社2011年版，第109-121页。

② 丁建宏著：《大国通史——德国通史》，上海社会科学院出版社2007年版，第80页。

③ 同上，第174页。

了农业，并最终完全地被卷入世界贸易。[1]1848 年德国革命失败后，德国资本主义经济仍然以不可逆转的趋势向前发展，德国十九世纪五六十年代德意志二十年中带来的成果比以前整整一个世纪还要多。[2] 十九世纪九十年代，德国生产力已经高度发展，在电力和化学工业方面已处于世界领先地位。

二、法律背景

十五世纪末期，德国开始全面继受罗马法。十七世纪开始，德国国家主义法学派开始形成。赫尔曼·康林（1606—1681）提出法律国家主义，为德国法学建立“国家性的基础”。他指出，现存的普通法律，作为一种历史事实，是建立在罗马法继受的基础上的，查士丁尼法律虽然享有崇高权威，但是经过德国思想的吸收、调整和转化，法学变得德国化，同时服务于德国。[3] 他们主张给历史的本国法律体系赋予一贯性和权威性。十八世纪，德国国家主义法学开始反对外国法在境内占支配地位的法学学派，反对罗马法作为共同法，而德国法律作为“特别法”这种状况。十八世纪至十九世纪，在德国争取独立的过程中，民族精神被唤醒，德国人感受到了这种精神力量，现实问题一下摆在眼前，那就是怎样在这种精神下为国家建设一个更好的未来，同时，一种新的理念横空出世——即为整个国家制定一步统一的法典。[4]C. F. 冯·萨维尼对法典化深恶痛绝，他相信自然演变和不断发展

① 丁建宏著:《大国通史——德国通史》，上海社会科学院出版社 2007 年版，第 193 页。十六世纪至今欧洲内部国家间的贸易已然成为常态。

② 《马克思主义全集》(第二卷)，人民出版社 1972 年版，第 291 页。

③ ［英］梅兰特等著，屈文生等译:《欧洲法律史概览》，上海人民出版社 2008 年版，第 324 页。

④ 同上，第 332 页。

的民族法律，认为法典化只会阻挠法律发展的自然进程。[①]而海德堡大学罗马学教授A.F. 蒂博（A.F.J. Thibaut）是法典化的支持者，他希望能用通俗的语言把法律写下来，让普通人知晓。

蒂博教授在他的《论一部民法典对德国的必要性》一书中，以黑暗的色彩描绘了十九世纪德国法律状况："我们整个国家的法律没有统一的形式，自相矛盾，混乱不堪，尺度不一，国家的分裂与这样的法律密不可分，法官和律师也无法精确地掌握法律知识。即使一个人能够掌握这种混乱不堪的法律知识，也于事无补。因为整个国家法律已经沦丧到了这个地步，一百个法律问题，至少有九十个必须依赖于我们所继受的外国法来解决。对我们来说，主要的和最终的法律源自罗马法典，一部外国的和外族的产物，一部罗马帝国处于腐朽时代所制定的法典，它的身上无不体现着这种腐朽的印迹。整个罗马法典太含糊、太草率地拼凑在一起，我们却缺少开启他的钥匙。因为我们没有罗马人所有的一些天生的想法，而这些想法对罗马人来说必定非常容易理解，而对我们来说或许像谜一样难以捉摸。"[②]十九世纪德国正处于建立民族统一法律体系以替代十五世纪以来继受的罗马私法的关键时刻。

三、魏希特尔国际私法理念

魏希特尔（Carl Georg Von Wächter，1797—1880），父亲是符腾堡公国高级官员，曾任斯图加特市长。少年魏希特尔接受严格教育，他本想学医，但皇帝菲特涅二世一句话改变了他的命运："他父亲是法学家，他也应该成

① ［德］R. C. 范·卡内冈著、史大晓译：《欧洲法：过去与未来》，清华大学出版社2005年版，第112页。

② ［英］梅兰特等著，屈文生等译：《欧洲法律史概览》，上海人民出版社2008年版，第333页。

为法学家。”1815 年，他到图宾根大学学习法律；1819 年，被任命为副教授；1822 年获得博士学位，并被任命为正教授；1825 年担任图宾根大学校长。1838—1848 年担任下议院主席。1851 年担任吕贝克四个自由城市的最高上诉法院院长。1852 年，他来到莱比锡，担任潘克顿法学和刑法学教授。1879 年被授予世袭贵族。他一生担任过六次德国法学家大会的主席。他是一个强烈的爱国者和民族主义者，具有自由主义和民主主义思想，同时他是一个法律务实主义者。在 1841 年和 1842 年之间，魏希特尔发表了一篇很长的文章——《论不同国家私法间的冲突》①，从德国法角度阐述了他的国际私法理论。

（一）批判传统理论

魏希特尔拆穿了法则区别理论的真实面目，揭露了既得权理论的推理循环论，贬低礼让原则。②他指出十六世纪的德国国际私法深受巴托鲁斯理论影响，依据法则调整对象——人、物和行为，以法则性质为出发点解决法律冲突问题。他指出，十九世纪“法则性质研究”，在普通法领域影响已非常有限，即使坚持法则区分的法学家，也已经赋予了该理论一种崭新的含义。③有关既得权理论，他认为对待既得权理论不能一概而论，要根据法院地法律明文规定或者法院地法律的意义或精神来判断。依据既得权原则，外国法律可以轻而易举地承认那些与德国立法所赖以建立的道德和宗教原则、法律和正义观念、公共秩序、交往安全和市民经济福祉正相矛盾的权利，因此，既

① 杜涛:《德国国际私法：理论、方法和立法变迁》，法律出版社 2006 年版，第 105 页。

② Friedrich K. Juenger，Choice of Law and Multistate Justice，Copyright 2005，p.33.

③ 杜涛:《德国国际私法：理论、方法和立法变迁》，法律出版社 2006 年版，第 105 页。

得权原则只能作为辅助性手段或作为本国法原则的补充。[①]他否认住所地为连接点的属人法是现行法的内容，并指出了很多例证，否认住所地理论具有普遍性。他指出“礼让”原则致命弱点，他认为支持“礼让”的学者尽量使“礼让”理论摆脱政治化的缺陷，而试图为其加上法律的外衣，使之看起来不是国家专制权力的表现，而是习惯法或自然法上国家相互间的义务。[②]

（二）魏希特尔三原则

在批判了法则区别说、既得权说、国际礼让说和住所地理论的基础上，魏希特尔提出了法律适用的三项基本原则：第一项原则：优先适用成文冲突规范；如果法官本国法律体系中存在成文法律适用规范，则应严格遵守之。[③]涉外法律案件不能单单靠该原则，即本国冲突规范体系，得到彻底解决，因此，需要求助于第二原则。第二项原则：依据国内法弥补法律漏洞。魏希特尔反对依据习惯法、罗马法和德意志法作为补充，冲突法的漏洞弥补应建立在国内法基础之上。后来，他补充，在缺乏明文冲突规范时，法官必须从本国法律精神和它的一般原则以及法律关系中寻找判决。[④]第三项原则：在有疑问的时候适用法院地法。如果法官从特别实体规范的意义、精神和方向中不能明确地做出法律选择，则“在有疑问的情况下适用其本国法律”，这是法官地位和任务的要求。[⑤]第三项原则极具理性，法院解决争端是为了寻求正义，拒绝和驳回当事人诉讼请求是违反正义原则的（尽管德国某个地区某个时期这样做过），在没有其他法律可以适用，或者其他法律适用出

---

① 杜涛：《德国国际私法：理论、方法和立法变迁》，法律出版社2006年版，第106、107页。

② 同上，第108页。

③ 同上，第111。

④ 同上，第112页。

⑤ 同上，第112页。

现障碍或问题时，适用法院地法是终极手段。除了现实困境外，法官对法院地法的情感也是补充性法院地法原则存在的重要基础，因为任何一个国家法官都有认为自己国家的法律是最好最完美的根深蒂固的倾向。补充性法院地法原则是一个最优最具理性的法律适用原则，目前世界大多数国家立法事实上都采用了这一原则①。

魏希特尔的理论一经提出，便获得了高度评价。他被称为永远是德国最伟大的法学家，在萨维尼《现代罗马法体系》出版前把意大利学者冲突法理论打得粉碎，并却扫除了它的遗迹。十九世纪，德国海商法基本接受了魏希特尔提出的原则，1896年的德国《民法施行法》并非建立在萨维尼的理论基础上，起草者阿尔弗里德·格普哈德遵从的是魏希特尔的理论。他是一个批判法学家，批判了前人的一切成果，他的国际私法理论闪耀着理性的光辉，是国际私法理论发展历程中不可忽视的精神力量。

第二节　法律关系本座说主要内容

萨维尼出身于法兰克福贵族家庭。十三岁父母双亡。1795年以后，他先后在马尔堡大学、耶拿大学和柏林大学研习法律。1800年，他获得博士学位，并开始先后在马尔堡大学和巴伐利亚州兰茨胡特大学任教。1810年柏林大学创办后他到该校任教，在此期间曾一度任柏林大学校长和普鲁士王子的法学教师，并创办历史法学派刊物。1842—1848年任普鲁士政府的修订法律大臣。1850年10月，德国官方举办了一个德国各个大学、科学院及法院、行政部门参加的庆典，以庆祝萨维尼获得博士学位五十周年，给予萨

① 我国法律规定外国法不能查明时，适用法院地法；依据公共秩序原则排除外国法适用后，适用法院地法，这都是补充性法院地法原则的具体表现。

维尼全国性的荣耀。萨维尼于1861年10月25日于柏林去世，国王威廉一世致悼词，全部王子参加葬礼，他的坟墓安放在柏林市中心Hedwigskirche教堂。1849年，萨维尼出版《现代罗马法体系（第八卷）》，冠名为《法律冲突与法律规则的地域和时间范围》，系统阐述了自己的国际私法理论，主要内容如下。

一、法律规则支配法律关系

《现代罗马法体系》第二编的目的是阐述法律规则支配的法律关系的一般属性，法律规则与法律关系之间的关系，可以视为法律规则对法律关系的支配，也可以视为法律关系对法律规则的从属。[①] 法律规则的效力分为法律规则效力的地域范围和法律规则效力的时间范围。时间因素会导致两个法律规则发生冲突，如法律的缔造者颁布关于特定法律关系的新的法律，从而创立新的客观法；时间因素也可以导致法律关系发生冲突，法律规则没有变化，而构成法律关系的事实或为其条件的事实发生变化。[②]

（一）法律规则支配法律关系的地域范围

每种权利都表现为某人拥有的权利，同时又是他的一种资格，从这一最直接、最基本的认识出发，我们必须承认法律关系也是属人的。[③] 法律规则最初的直接作用对象是人；首先，人的一般品性，决定了他是所有权利的主体和核心，而且也正是由于人在许多场合下的自由活动，产生了或帮助

① ［德］萨维尼著，李双元等译：《法律冲突与法律规则的地域和时间范围》（《现代罗马法体系》第八卷），法律出版社1999年版，第1页。

② 同上，第4页。

③ 同上，第5页。

产生了法律关系。[①] 人与特定法域之间的一般原则——民族和地域作为特定实体法支配人的基础。

1. 第一种根源——种族或民族性。种族或民族性，作为法律共同体的基础和范围，具有一种属人的、无形的特征。民族性很大程度上是作为游牧部落法律共同体的基础和界限出现的，这些部落没有固定的领地，恰如游牧时代的日耳曼人。[②] 他们开创了种族法时代。除此之外，特定阶层的人的政治等级也会产生类似的法律共同体。

2. 第二种根源——国家或属地性。国家或属地性是决定和限制个体之间实在法共同体的第二种非常重要的、广泛性的原则。它具有更少的属人性质，与可认知的事物相联系，即可以察觉的地理分界；而且人类选择其适用的影响比民族性的影响更为广泛、直接。随着时间的推移，文明的进步，法律共同的第二种根源（属地性）已逐渐取代第一种根源（民族性）。[③] 从第二种根源出发，所谓的法律抵触与法律的不同场所有关，而且在所有可能的法律抵触之中，问题的关键是何种地域法可以适用，何者用来解决争议，这就是地域法律冲突问题的意义。[④]

（二）法律规则支配法律关系的时间范围

在一个地方，两个不同的时间里实施着不同的法律规则，当某个法律关系或者某个特定的法律问题处于此种情境时，应该适用哪一个法律规则。法律关系本身并未变化，但不同时间的两个法律规则对法律关系竟相要求适用。[⑤] 颁布单行新法规，编纂新法典，且该法典设立了新规则；采用外国法

---

① ［德］萨维尼著，李双元等译：《法律冲突与法律规则的地域和时间范围》（《现代罗马法体系》第八卷），法律出版社 1999 年版，第 6 页。

② 同上，第 8 页。

③ 同上，第 9 页。

④ 同上，第 9 页。

⑤ 同上，第 199—200 页。

典代替先前存在的法律，都会产生时际法律冲突。一般情况下，人们常常设定原则并宣称它具有普遍效力：新法不应溯及既往；新法不得影响既得权。但这二个原则在处理实际问题时会导致错误的结论。[①] 因此，萨维尼对不同类型法律关可能出现的时际法律冲突能否适用这二个原则进行了深入探讨。

（三）个人与属地法

个人与属地法的关系是如何建立起来的，我们必须接着试图回答这个问题。两种事实关系可能是这种联系的基础，即籍贯和住所。这是罗马法的概念，我们必须追溯到罗马法的法源。[②] 根据古罗马的政治结构和市民生活状况，我们可以确定每个人以什么方式从属于一个城邦共同体并与其发生某种确定的关系。这表现为两个方面：（1）是共同体的市民——籍贯；（2）其住所在城邦共同体的领域内。籍贯和住所的法律后果包括三个方面：市政负担、管辖法院、本地法。[③] 在现代法律中，一般情况下，住所是决定每一个居民所必须遵守的作为他的身份法的特定地域法的根据。[④] 罗马人经由出生取得籍贯并根据籍贯来决定他们的市民身份。我们认为籍贯是一个虚构的名称，就是一个人出生时其父亲的住所。[⑤]

二、法律冲突分类和解决原则

（一）区际私法

同一个国家内相互冲突的不同的属地法律，在不同领域施行，一般被

---

① ［德］萨维尼著，李双元等译：《法律冲突与法律规则的地域和时间范围》（《现代罗马法体系》第八卷），法律出版社 1999 年版，第 200 页。

② 同上，第 22 页。

③ 同上，第 39 页。

④ 同上，第 54 页。

⑤ 同上，第 58 页。

称之为“特别法”，区别于该国的普通法。在任何一个国家内，特别法可以产生于不同的等级和层次，从最狭窄的场所范围，随着其适用范围的不断扩大而一直到该国的普通法。这些平等的特别法互相独立，并不相互依存或从属。各种独立的不同的特别法之间的抵触，并非由单一的一种规则来支配，一般适用范围最小的特别法通常具有优先权，也有人认为由该国一般立法来调整，但任何国家未能彻底实现。①

（二）国际私法

坚持互惠原则。在解决不同国家属地法相互冲突时，荷兰胡伯和美国斯托雷试图用主权独立原则来解决这一问题。我们不承认这种主张的正确性，因为最大限度地实行主权独立原则，会把外国人排除在法律保护之外。②绝对主权原则要求该国的法官只根据本国的法律来判断案件，而不管与此案件相关的外国法的不同规定。③现代法律已经趋向承认内外国法律平等，但法律平等不能解决内国法律与外国法律之间冲突的所有问题。④总的来说，世界各国和整个人类的共同利益决定了各国在处理案件时最好适用互惠原则（而不是主权独立原则），并坚持本国市民与外国人之间的平等原则。对于存在法律冲突的案件，不管它是在这个国家还是在哪一国家提起，其判决结果都一样。⑤

（三）法律冲突解决原则及例外

对于区际私法和国际私法的解决方法：一般原则，也称共同法原则，根

---

① ［德］萨维尼著，李双元等译：《法律冲突与法律规则的地域和时间范围》（《现代罗马法体系》第八卷），法律出版社 1999 年版，第 12 页。

② 同上，第 13 页。

③ 同上，第 14 页。

④ 同上，第 14 页。

⑤ 同上，第 14 页。

据法律关系（案件）的性质，确定它受制的或所属的法律；平等原则致使国家间签订友好协议，内国法院得承认并寻求那些在本国法的渊源之外的外国法律。[①]区际私法冲突可以通过具有最高权威的普通法来决定；主权国家之间存在的法律冲突则不可以。在审理与不同独立主权国家具有联系的案件时，法官应适用案件所属的本地法，不管它是法官自己国家的法律，还是外国的法律。[②]第一种情形，强行法用某种固定的规则来追求正义，而不是为了其他的原因和目的，强行法的实施是为了保护所有者的利益，每一个国家可以容许这一类外国强行法在本国发生法律效力。[③]

解决法律冲突普遍原则的例外：第二种情形，强行法具有超出我们所理解的纯粹法律范围之外的抽象目标，即它的实施不仅仅是为了保护所有者的利益，它还具有自己的道德基础。如：排斥一夫多妻的婚姻法。这样的法律也可能与政治、治安和经济有关，从而建立在公共利益的基础上。这类法律属于例外情况，因而对于它们的适用，每一个国家有所不同。[④]内国没有完全认识的外国法律制度也是一个例外，如果一个国家不承认奴隶制，那么在这个国家，一个黑人奴隶不会被看作其主人的财产，也不会被认为没有法律人格。[⑤]我们希望随着各国法律的发展，这种例外情况能逐渐减少。

三、“本座”原则

萨维尼指出解决法律冲突一般原则的核心是探讨一个人同一个特定的场所及特定法的地域的联系，因而我们必须注意到各种法律关系，也就是要

---

① ［德］萨维尼著，李双元等译：《法律冲突与法律规则的地域和时间范围》（《现代罗马法体系》第八卷），法律出版社 1999 年版，第 15 页。

② 同上，第 17 页。

③ 同上，第 19 页。

④ 同上，第 19 页。

⑤ 同上，第 20 页。

确认一个人与一个确定的地域——一个特定的法域之间的关系，我们可以说是为每一个法律关系寻找一个确定的“本座”（Seat）。所以解决法律冲突的总原则是：为每一个法律关系找到在本质上所属的地域（法律关系“本座”所在地）。[①]我们可以把法律关系作如下的分类：身份法、物法、债法、继承法、家庭法。然后针对属于上述分类之一的每一种不同的法律关系，我们决定适用什么规则来解决不同属地法之间的冲突。考虑到决定每一种法律关系的“本座”的选择的各种事实上的联系，每一种特定的法律关系的“本座”的选择通常是比较固定的，这可以归纳为：法律关系所涉及的人的住所、法律关系标的物所在地、法律行为实施地和法院所在地。[②]萨维尼把法律关系进行了分类，然后进行了更具体的分类，针对不同类型的法律关系，确定了法律关系的“本座”，同时对例外情况进行了分析。

（一）人身关系

在判定一个人的地位和身份时，即判定一个人是否具有权利能力和行为能力的资格时，根据其住所所在地法来作出决定可能是唯一的一种做法。[③]特别行为能力及无行为能力涉及某种特别的交易，他们不应该适用当事人的住所地法，而应该适用交易发生地的本地法。[④]

（二）物权关系

为了确定它们所属的法域，我们要根据物权客体的真正性质来确定这种地域。物权的客体——物，是客观存在，它存在于一定的空间和场所，可以被人所感知。一个人为了取得、拥有或行使对物的权利，他需要到物所在

① ［德］萨维尼著，李双元等译：《法律冲突与法律规则的地域和时间范围》（《现代罗马法体系》第八卷），法律出版社1999年版，第61页。

② 同上，第67页。

③ 同上，第74页。

④ 同上，第82页。

的场所，他自动地使自己服从于该地域的本地法。[①]因为物权客体是由感觉来感知的，并占有一定的空间，因此它们所在的空间场所自然是它们所参与的每一个法律关系的本座。[②]我们必须坚持物权适用物之所在地法总原则。但存在两种特殊情况。第一种情况，动产由于空间位置十分不确定，是变动的，这完全排除了我们对这种位置及物之所在地法所在地域的确切认知，因此也排除了对该本地法自愿服从的假定。[③]第二种情况，指的是动产用于某一目的，该目的把动产作为固着物限制在一个特定地方。它们应该其实际所在场所所确定的本地法，而不是所有人或占有人住所地法来判断。[④]上文对第一种情况物的不同处理，应认为只是一种比较罕见的例外。[⑤]

（三）债

萨维尼认为，债的关系中存在着紧密联系的各种关系，经过仔细分析，债权本质不是债权或者请求，而是债务或者履行。[⑥]他认为："与其他法律相比，在债法回答起这个问题来更为困难和困惑，其原因如下：首先，与物权相比较，后者则与可感知的标的物联系在一起的，债具有无形特性的标的。"[⑦]"其次，债必然与两个不同的人相关，一方面它是自由的扩张，即一方支配另一方的意志；另一方面是对自由的限制，即一方意志依附于另一方的意志。[⑧]毫无疑问，我们应该依据债务人的关系确定债的'本座'，因为

① ［德］萨维尼著，李双元等译：《法律冲突与法律规则的地域和时间范围》(《现代罗马法体系》第八卷)，法律出版社1999年版，第93页。

② 同上，第93页。

③ 同上，第98页。

④ 同上，第99页。

⑤ 同上，第100页。

⑥ 同上，第110页。

⑦ 同上，第110页。

⑧ 同上，第110页。

存于债务人方面的行为必要性构成了债的真正本质。”[①]债权的实现主要存在于债务人的活动，而债权人的活动者根本不存在或者以次要而从属的方式而存在；[②]此外，基于本地法与法庭的内在联系，法院始终与债务人相关联，因此，债权关系的“本座”应该依据债务人的关系确定。[③]债权关系的“本座”是履行地法——法院地法；无法确定履行地的时候，适用债务人住所地法。[④]

（四）继承

继承的本质在于，在财产所有者去世时，将财产转移给他人。这意味着人的权利的人为扩张，因此也意味着超越人生命极限的意志效力的扩张，意志的持续可以是一个明示的意图（以遗书的方式），也可以是默示的意图（以无遗嘱方式继承）。[⑤]继承的法律是“人法”，因为它将人作为主要对象，只是间接地涉及物。我的观点是由住所地统一起决定作用，我们必须明确，对继承权而言，除了死者住所地所确立的同一地点之外，不可能找到任何其他的地点。[⑥]继承关系采用分割式法律适用方式，遗嘱能力适用立遗嘱时住所地法；遗嘱实体内容由立遗嘱人最后住所地法支配；遗嘱形式依场所支配行为原则；无遗嘱继承由继承开始时死者最后住所地法律支配等。[⑦]

（五）婚姻

婚姻的实质要件，部分依据配偶双方各自的身份，部分依据夫妻间关系；婚姻缔结形式要件由婚姻举行地法支配；夫妻财产关系依据丈夫住所地法；离

---

① ［德］萨维尼著，李双元等译：《法律冲突与法律规则的地域和时间范围》（《现代罗马法体系》第八卷），法律出版社 1999 年版，第 111 页。

② 同上，第 111 页。

③ 同上，第 111 页。

④ 同上，第 135 页。

⑤ 同上，第 160 页。

⑥ 同上，第 167 页。

⑦ 同上，第 169—171 页。

婚相关的法律依赖婚姻的道德性并且它们自身具有的严格的实在法特征，因此在离婚关系中，法官只应遵从其本国的法律，而不用考虑夫妻间其他关系。[1]

（六）法律行为方式，根据场所支配行为原则[2]

萨维尼除讨论了若干法律关系应该适用的法律之后，强调了一个特殊的法律规则：法律行为形式，有关的法律适用问题采用“场所支配行为”，这一古老的规则。它意指如果法律行为的形式与行为地法律一致，即使法律关系自身“本座”地的法律规定了另外的法律形式，也应认为它是符合要求的。[3]但在某些情况下，依据行为完成地法决定法律行为形式经常是困难的。如一个普鲁士人在法国生病了，他希望立一个遗嘱，按照当时普鲁士法律规定，他必须取得法院的合作，因为普鲁士法律只承认司法遗嘱。但在法国，法院无权参与遗嘱订立，因为此类事项只适用于公证（参见《法国民法典》，第971—979条）。因此，普鲁士人不得不放弃订立遗嘱。[4]

第三节　法律关系本座说评价

一、系统阐述法律关系理论

萨维尼指出，对于我们而言，所有的具体的法律关系就是通过法则界定的人与人之间的联系。但这种通过法律规则而进行界定在于向个人意志

① ［德］萨维尼著，李双元等译：《法律冲突与法律规则的地域和时间范围》（《现代罗马法体系》第八卷），法律出版社1999年版，第183页。

② 同上，第188页。

③ 同上，第190页。

④ 同上，第189页。

指定了一个区域，在此领域之中，个人意志独立于所有其他人意志而居于支配地位。[①] 在每个法律关系中，可以区分出来两个部分：第一个部分是素材（Stoff），即联系（Beziehung）本身；第二个部分是法对此要素的界定。我们可以将第一个部分称为法律关系的实体要素，或者称为法律关系中单纯事实；而将第二个部分称为法律关系的形式要素，即依据此将事实联系提升为法形式的要素。[②] 法律关系本质被确定为个人意志独立支配的领域。因此，我们首先必须探求意志可能作用的对象，也就是可以扩展其支配的对象；据此可以自然而然地得出法律关系可能具有不同种类的另一个梗概。[③] 意志可以作用于本人和外部世界，外部世界分为不自由的自然和与意志者相同种类的自由存在——他人。与我们意志支配的可能对象相对应，出现以下情况：一是原初的自身，与此相对应的是所谓的原权，我们根本不将此权利作为一个真正的权利；二是在家庭中扩展的自身，在此之中的我们意志的可能支配只是部分属于法领域，由此构成了家庭法；三是外部世界，与此相关的意志支配完全处于法的领域之内，由此构成了财产法，它又可以进一步分为物法和债法。[④] 并由此产生了法的三个主要类型，包括家庭法、物法和债法。这些法的类型只在我们的抽象中是分离的，与之相反，在现实中，它们以极为多样的方式相互联系起来，并且在这种持久的联系之中，必然会存在相互影响和相互修正，甚至会出现新的法律和法律关系的类型。[⑤]

萨维尼是世界上第一个系统阐述法律关系理论的法学家，他对法律关系本质和类型的分析探讨成为后世法律关系理论研究的起点和基础。萨维

① ［德］萨维尼著，朱虎译:《当代罗马法体系Ⅰ》，中国法制出版社2010年版，第258页。

② 同上，第259页。

③ 同上，第260页。

④ 同上，第266页。

⑤ 同上，第266页。

尼以法律关系为核心和基础研究法律选择问题和冲突规范构建问题，他构建的法律关系本质及类型体系为冲突规范体系的建立提供了事实基础和理论基础，使冲突规范构建不再依靠经验总结，而是依据法律关系特性和本质，把冲突规范构建建立在法律哲学基础之上，一改巴托鲁斯以来五百年经验主义冲突规范构建方式。萨维尼对法律关系的分析研究是法律关系理论研究的起点，同时也是国际私法理论发展历程中一个新的里程碑。

二、倡导互惠原则

萨维尼反对依据主权原则探讨和研究法律选择及适用问题，他指出最大限度地实行主权独立原则，对外国人来说会把他们排除在法律保护之外。绝对主权原则要求法官只根据本国法律审判案件，而不管与此案相关的外国法的不同规定，[①] 这是不符合十九世纪以后法律精神和国际社会需要。他提出平等原则，仅仅指人与人之间法律地位平等——内国人和外国人法律地位平等，无论哪个国家都要给予外国人与内国人同等的保护；从另一个角度讲，每一个国家公民在外国都会得到与该外国公民平等保护。萨维尼认为应坚持本国人和外国人之间的平等原则，平等原则的充分发挥不仅是外国人在一个特定的国家都会和其本国国民一样，而且，无论案件在哪一国提起，都会获得结果一致的判决结果。[②] 他指出人与人之间的法律平等不能解决本国法与外国法冲突的所有问题[③]，世界各国和整个人类社会的共同利益决定了各国在处理涉外民事案件时最好采用互惠原则，平等原则需要与互惠原则相互配合。

---

① ［德］萨维尼著，李双元等译：《法律冲突与法律规则的地域和时间范围》（《现代罗马法体系》第八卷），法律出版社 1999 年版，第 13、14 页。

② 同上，第 14 页。

③ 同上，第 14 页。

萨维尼极力提倡互惠原则，他认为互惠原则可以惠及世界各国和整个人类的共同利益。在他的观念中，国际私法的存在和所有国家在某些案件中适用外国法的实践，是因为存在相互联系的不同国家构成的国际社会[①]，是互惠原则使然。从国家间交往实践看，互惠原则是国家间交流与合作中极其重要的原则之一，它可以制衡权利，以求得相互交往的不同国家的利益最大化。国家主权平等，任何国家享有主权和独立权，国际社会本质上处于“无政府状态”，互惠原则恰恰是打破这种“无政府状态”，促使国家进行友好交往。在国家之间不存在国际条约的情况下，国家应依据互惠原则进行交往，在某些领域做出积极态势或做出退让，从而促进国家间合作和国际秩序良性发展。[②]互惠原则同样得到了当代欧洲学者推崇，迈克尔·拜尔斯（Michael Byers）也曾指出互惠原则是国际法体系的基础，国际法是建立在以国家协议为基础的双边关系之上，互惠则构成双边主义的基本内容，且双边关系不可避免地要涉及平等交换，因此互惠涉及至少形式上平等的双边关系的观念，也涉及某种交换物的因素。[③]弗兰西斯科·帕雷斯（Francesco Parisi）也认为互惠原则是国际法体系的“原规则”或称“一元规则”（a meta-Rule）。[④]作为促进国家间正常交往的重要原则，萨维尼在国际私法领域提倡互惠原则的意义深远。虽然，他坚决反对荷兰学者胡伯提

① Pavel Kalensky，Trends of Private International Law，Prague Academia 1971，p.81；F. Von. Sanigny，System Des Heutigen Römischen Reches iv（1849），p.27.

② 目前，在承认和执行外国法院判决和涉外仲裁裁决时，世界各国都会考虑或采用这一原则。互惠原则是一国法院承认和执行外国法院判决的真正依据和动因，承认和执行外国判决并非源于高尚情操，而是利益博弈的外化和必然结果。互惠原则填补了国家间法律规范的空白。

③ Michael Byers，Custom，Power and the Power Rules，part 2. 6：The Principle of Reciprocity（1999）.

④ Francesco Parisi，The Cost of the Game：A Taxonomy of social Interactions，9 Eur，J.L Econ，99（2000）.

出来国际礼让原则作为国际私法存在的基础[①]，但是，从法律冲突解决角度讲，互惠原则和礼让原则本质相同，它们都暗含在相互联系相互依存的国际社会中不同国家应该相互在法律实施和对法律保护对象的保护给予考虑，甚至可以说在某种程度上互惠原则来源于礼让原则。

三、"本座"原则固有局限性

萨维尼冲突法理论体系包括法律冲突解决总原则——"本座"原则和法律冲突解决的具体法律规范——双边冲突规范。法律选择总原则是法律关系应适用其本质、性质和逻辑上必然归属的法域所运行的法律，即：每一个涉外民事案件都是一个具体的民事法律关系，解决案件的法律就是该民事法律关系本质上归属的法域所运行的法律。萨维尼理论体系的"本座"标准就是法律关系本质特性，与法律关系本质特性有重大相关的法律就是法律关系应该适用的法律。"本座"原则是一个抽象原则，具有普遍性、适用性。但是，萨维尼并未详细阐述如何确定一个法律关系本质和逻辑上必然归属的法域的方法和标准，即没有详细明确地阐述"本座"标准，因此，"本座"原则并非完美。总体上讲，"本座"原则过于抽象，仅仅能够提供法律选择的重要的指导思想，无法在具体案件中适用。

为增进"本座"原则的操作性和合理性，萨维尼进一步分析研究各亚类型民事法律关系的本质，他对债权关系的本质、物权关系本质和婚姻家庭关系本质进行针对性探讨，并制定固定冲突规则，最终案件根据固定冲突规则指引涉外民事案件应适用的法律。萨维尼作为世界上第一个系统阐述法律关系本质的法学家，对法律关系的探讨对世界法学做出了极为重要的贡献，但他对亚类型民事法律关系本质研究却并非全面，他没有对人身

① Pavel Kalensky，Trends of Private International Law，Prague Academia 1971，p.82.

权关系本质进行探讨，以致他创立的有关人身权的冲突规则丧失法哲学依据，当然我们必须承认人身权法律关系涉及伦理道德和人本身的价值，确实难以阐述。另外，“本座”原则深受时代限制，十九世纪民事生活丰富程度有限，民事法律关系类型划分有限，因此，依据法律关系类型划分构建的双边冲突规范数量也是有限的。萨维尼所创立的法律适用原则和基本双边冲突规范依然是相对宏观的，必然会导致很多具体案件适用相同的冲突规则，从而忽视案件实际情况和差别，甚至会出现违反正义原则的判决。因此，萨维尼不得不对每一类具体法律关系，如：物权法律关系做更精细的划分，以处理一般情况和特殊情况，进而把物权分为动产物权和不动产物权及所有权和他物权，他物权又有很多具体分类，从而构建更微观的冲突规范。① 法律关系本座说本质上是在一个总原则——“本座”原则下，构建的以双边冲突规范为主要内容的多层次的冲突规范体系②。在民事生活相对简单的情况下，该理论可以很好地解决涉外民事案件，但在涉外民商事生活极为丰富复杂的情况下，它无法针对性解决涉外民事法律冲突，很难在复杂的国际民事生活中公正地处理案件。法律关系本座说本质上是一个抽象的法律适用原则，为法律选择和基本冲突规范的构建提供理论基础和指导，

---

① 有关的冲突规范体系在第二节并没有收录，原因是萨维尼的理论体系十分复杂，如果把细微的内容全部收录进来，会造成本部分内容十分庞大。在物权领域，萨维尼构建的冲突规范体系如下：总原则物权适用物之所在地法。所有权，一个人取得所有权和处分自己所有权的能力，适用住所地法；一物成为私人财产既不属于非商业品，可能由物之所在地法支配；同一规则适用于无主物的种类范围及通过各类物的先占取得所有权的承认和限制问题；返还财产之诉由诉讼提起地的法律判定，与之相关的每一个法律规则均应适用。其他物权，地役权只能由物之所在地法判定；永佃权和地上权由物之所在地判定；抵押权更具疑惑和争议，抵押权涉及不同性质的物，而且还存在优先权问题。参见［德］萨维尼著，李双元等译：《法律冲突与法律规则的地域和时间范围》（《现代罗马法体系》第八卷），法律出版社 1999 年版，第 93-110 页。

② 荣格认为萨维尼的很多观点理论和其中最为重要的基本冲突规则来自巴托鲁斯理论。

缺乏在具体案件上适用的实施模式和标准，该原则并非切实可行的法律选择方法。

四、萨维尼罗马法情怀

萨维尼是德国历史法学派的主要代表人物，在他看来，法律科学是一门历史科学。法律只有作为历史事实、作为实在法看待才是真实的，与历史无关的、永恒有效的理性法不是法律科学研究的对象。① 他指出，“一个民族的法律制度，像艺术和音乐一样，都是他们文化的自然体现，不能从外部强加给他们”；“在任何地方，法律都是由内部的力量推动的，而不是由立法者的专断意志推动”②。法律的本质，“从某种意义上来讲就是生活着的人本身”，法律并非来自立法者的强调，而是来自民族本身的及其历史上的内在本质。法律没有绝对停息的时候，它同其他的民族意识一样，总是在运动和发展中，“它随着民族的成长而成长，随着民族的壮大而壮大，当这一民族丧失其个性时，法便趋于消逝”。③

从萨维尼理论体系看，萨维尼的国际私法理论属于《现代罗马法体系》的一个组成部分，《现代罗马法体系》第一编就是阐述现代罗马法的渊源，其中详细阐述了罗马法的格言、《查士丁尼法典》以及罗马法关于法律渊源解释的格言。④ 萨维尼阐述国际私法理论时列举了诸多罗马法的规则和原则。在探讨个人与属地法的关系是如何建立起来的，萨维尼追溯到罗马法法源

---

① Franz Zwilgmeyer，Die Rechtslehre Savignys，Leipzig（1929），S. 10.

② 《美国百科全书》第 24 卷（1978 年英文版），第 312 页；引自张宏生主编：《西方法律思想史》，北京大学出版社 1983 年版，第 369 页。

③ 山田升著：《德国的历史法学》，载于高朝雄等编《法哲学讲座》（第 4 卷），1957 年版，第 44 页。

④ ［德］萨维尼著，朱虎译：《当代罗马法体系Ⅰ》，中国法制出版社 2010 年版，第 10 页。

中籍贯和住所概念，他关注古罗马的政治结构和市民生活状况，指出罗马人经由出生取得籍贯并根据籍贯来决定他们的市民身份。在论及人的身份问题，萨维尼探讨了罗马法有关规定，如妇女因为性别上的原因，没有作为保证人的行为能力；受父权制约的人，如果不征得其父亲同意，没有订立贷款合同的行为能力。[①]在探讨物权关系法律适用时，他回顾了罗马法中法院与本地法之间的密切关系，在请求返还物之诉中，物之所在地法院已经被引入，其后沿及其他对物诉讼。[②]在探讨债权法律冲突解决方式时，不仅谈及罗马法有关债的规定，而且涉及具体问题管辖权以及罗马法对有关条款的解释。[③]有关继承问题，他谈及罗马法的概括继承，并引用诸多乌尔比安和盖尤斯观点。[④]总之，萨维尼作为历史法学派核心人物和罗马法承继者，他在构建冲突法理论过程中，体现了他对罗马法的偏爱，他抛弃古罗马包含的不符时代的观念和规定，继承和发扬其优秀的制度和原则，在反思和比较罗马法和其他学者理论的基础上构建了自己独特的国际私法理论。卡兰斯基同样认为萨维尼的国际私法理论是建立在罗马法之上的，[⑤]并继承了罗马法普遍有效的思想。[⑥]萨维尼的法律关系本座说是在反思并分析罗马法和以往杰出冲突法学者理论的过程中建立的。

法律关系本座说是国际私法理论中极为重要的学说，它把法律关系研究推到了史无前例的高度，开创了国际私法理论研究的新时代。萨维尼对

---

① ［德］萨维尼著，李双元等译:《法律冲突与法律规则的地域和时间范围》(《现代罗马法体系》第八卷)，法律出版社 1999 年版，第 82 页。

② 同上，第 93、94 页。

③ Hert，§10，ampl. 2；Meier，pp.57－58；Wächter，ii. pp.41－47.

④ ［德］萨维尼著，李双元等译:《法律冲突与法律规则的地域和时间范围》(《现代罗马法体系》第八卷)，法律出版社 1999 年版，第 245－250 页。

⑤ Pavel Kalensky，Trends of Private International Law，Prague Academia 1971，p.80.

⑥ Id，p.81.

法律关系内涵和分类、亚类型法律关系本质的分析和探讨极为珍贵，他对法律关系本质及类型探讨阐明了基本冲突规范建立的基础和原因，使传统双边冲突规范构建具有了法哲学基础，对推动国际私法发展做出了极为的重要贡献。萨维尼对自己的理论信心十足，指出，在共同的基督教道德的影响之下，以及一切有关方面都由于采取这个见解而得到的实际利益的影响之下，随着时间的推移，这个见解总是越来越多地得到更多方面的承认。① 从总体上讲，萨维尼依据法律关系本质属性创建了一劳永逸的固定冲突规则体系，使法律冲突解决更具操作性和科学性；但“本座”原则过于抽象，且缺乏明确的标准体系，不能成为完美的法律选择方法。

① ［德］萨维尼著，李双元等译：《法律冲突与法律规则的地域和时间范围》（《现代罗马法体系》第八卷），法律出版社1999年版，第15页。

第六章

既得权说

1707年，英格兰和苏格兰正式成为了一个国家，英国政治上的统一基本完成。由于苏格兰一直采用欧洲大陆法律制度，因此，在完成政治上统一之际，英国变成了一个多法域国家，区际法律冲突问题随之而生。十八世纪初，英国已经成为世界上最大的贸易国家，十九世纪英国取消贸易保护主义，单方面开放市场，在全球范围内推行最为自由的对外贸易。在对外贸易过程中，英国不断和其他国家接触，国家间法律冲突频频发生，英国开始反思自己法律传统，逐渐认可外国法的法律地位。面对日益频繁出现的国内和国际法律冲突问题，英国从十八世纪开始借鉴和学习欧洲大陆的国际私法理论。十九世纪末，英国法学家戴西对英国国际私法理论和实践进行总结，撰写《英格兰冲突法汇编》，提出了英国第一个系统的国际私法理论——既得权说。

第一节　既得权说产生的历史背景

一、经济状况

十七世纪末叶开始，英国资本主义经济迅猛发展，英国经济逐步压倒了荷兰。1688年英国资产阶级革命取得胜利后，城市工业进一步发展，“圈地运动”进程也更加迅猛。十七世纪后半叶，英吉利政客和商人很重视美洲等殖民地的价值。一方面，它们可以容纳一切有大志的、持异议的、被压迫的、负债务的、犯罪的及在旧英失败的人物，他们之离去对于他们和故国都是有利的；另一方面，殖民地可充供给原料和收容制造品的市场，它们于英吉利的工商业都有帮助。[①] 十八世纪初，斯图亚特末期，英吉利已成为全世界最大的贸易国家，伦敦则超过阿姆斯特丹而成为世界最大的交易中心。当时的欧洲与东方、地中海及美洲诸殖民地的贸易都十分繁盛，贸易基础是英吉利纺织品的销售，运载这些商品的是可以远洋的新式大船。[②] 十八世纪后半叶，正当英国的工业革命高歌猛进的时候，欧洲大陆特别是西欧各国的手工制造业开始迅速扩展，欧洲内部贸易和海外殖民地贸易也发展到了很大的规模。[③]1837 年，维多利亚时代开始，谷物法[④] 和航海法逐渐被废除，自由贸易在这个时代大获全胜，工业资本主义获得胜利。英国由此进入自由资本主义的鼎盛期，维多利亚时代正是自由贸易的鼎盛时代。[⑤] 十九世纪，英国成为名副其实的世界政治经济霸主。

二、英国法律传统

1066 年诺曼人征服以前的英国，正处于盎格鲁—撒克逊时代，被认为是一个原始农业社会，刚接受基督教的信仰，迷信仍然到处存在。没有能维持秩序的政府，行凶闹事，抢劫和暴死都是司空见惯的事情。虽然这个

---

① ［英］George Macaulay Trevelyan 著，钱端生译：《英国史》（下册），中国社会科学出版社 2008 年版，第 498 页。

② 同上，第 498 页。

③ 姚介厚、李鹏程、杨深著：《西欧文明》（下册），福建教育出版社 2008 年版，第 722 页。

④ 1946 年被废除，该法律旨在保护英国地主阶级的利益，限制自由竞争。

⑤ 钱乘旦、许洁明著：《大国通史——英国史》，上海社会科学院出版社 2007 年版，第 254 页。

社会仍保留着古老的日耳曼部落社会的许多痕迹，但是适用的基本上是盎格鲁—撒克逊习惯法，封建制度的某些特点却已正在发展。[①]1066 年 1 月，英国国王“忏悔者爱德华”去世，哈罗德经贤人议会选举继承王位，却引起王位之争。1066 年 10 月 14 日，“征服者威廉”战败哈罗德加冕英国国王，即威廉一世，其在英国建立起中央集权的封建王朝。英国的封建制度有别于欧洲大陆上盛行的封建制度，尤其是与法国有显著不同。在英格兰，处于封建社会金字塔顶层的国王，作为最高领主享有所有封臣的效忠和臣服；而大陆的封建法则忠于其直接领主。[②] 威廉一世确认了忏悔者爱德华王旧法的效力。威廉二世（红脸威廉）去世后，威廉一世的幼子即位，即亨利一世，他也确认了英格兰法的效力。[③]1154 年，亨利一世的外孙（Matilda 之子）领有安茹和诺曼底的年轻公爵，成为英国国王，是为“亨利二世”。亨利二世实施的法律是征服者威廉带来的封建法，此时的法律是盎格鲁—诺曼的，在英格兰和欧洲大陆并无二致。[④] 经查理王、约翰王后，1216 年 10 月，约翰王 9 岁儿子亨利即位，史称“亨利三世”。亨利三世在位期间，普通法得到迅速而稳定的发展，到其在位末期，中世纪普通法的轮廓基本形成。十四世纪、十五世纪，援引先例逐渐演变成普通法的首要法律原则，即判例成为法律渊源，遵循先例的观念逐渐形成。[⑤]

英国法律史中，实践走在理论前面，由于英国实践中不考虑域外法的

---

① 郭义贵著:《西欧中世纪法律概略》，中国社会科学出版社 2008 年版，第 298 页。

② F. W. Maitland，The Constitutional History of England—A Course of Lectures Delivered，Cambridge University Press，1908，pp.161，156.

③ Id，pp.7−8.

④ R. C. 范・卡内冈著，史大晓译:《欧洲法：过去与未来》，清华大学出版社 2005 年版，第 3 页。

⑤ 《英国法律年鉴》记载了 1344—1345 年的一个案件，在案件审理过程中，律师对法官说:“我认为你们会如同其他法官在同样的案件所判决的那样裁决，否则，我就不知道法律是什么了。”

适用，理论上也没有研究法律选择规则的必要。在英国对待外国法的主要困难和困惑是传统观念：无论如何，外国法都应该被看作事实。[①]对于外国法，英格兰法院把外国法的内容视为法律之外的事实，这种事实不能期望审判员知悉的，当事人必须恰如证明纯粹的事实那样来证明外国法。[②]外国法的内容视为法律之外的事实，尤其是不允许审判员按照职权调查外国法的整个制度。按照一个美国审判员的说法，英格兰确定外国法的方法，是一种不适合时代的方法，这种方法是从不容易得知他国法律的时代传下来的。[③]十七世纪英国对待外国法的态度开始有所转变，英格兰法院开始有承认外国法院根据外国法做出的判决，以及在英格兰适用英格兰以外法律的例子。1607 年，在“韦尔斯案”中，英格兰法院已经认为依照国际法或者国际礼让原则，自己是有义务承认外国法院判决的效力的。[④]1678 年，诺廷根勋爵在“考庭登案件”中说道：“如果不信任外国法院的裁判，是违反国际法的。因为一个国王有什么权力来推翻另一个王国的判决呢？而且，如果外国这样对待我们，不信任我们的判决，那么在基督教国家里将要发生多少纷扰呢？”[⑤]十七世纪以来，英格兰法院有时并不拒绝受理案件，但是拒绝适用英格兰法，而是适用行为地法或者财产所在地法来代替英格兰法。

---

① Brainerd Currie，Selected Essays on the Conflict of Laws 1963，p.10.

A major source of the difficulty and confusion attending the problem in this country is the notion，inherited from the English practice，that foreign law must be treated as fact for all purposes.

② ［德］马丁·沃尔夫著，李浩培等译：《国际私法》，北京大学出版社 2009 年版，第 244 页。

③ ［意］巴托鲁斯著，比尔译：《法律冲突论》，1935 年英文版，第 3 卷，第 1666 页，第 1 注中引证。

④ ［德］马丁·沃尔夫著，李浩培等译：《国际私法》，北京大学出版社 2009 年版，第 33 页；《罗尔判决录撮要》，第一卷，第 530 页。

⑤ 同上，第 33 页；《斯汪斯登判决录》，第 2 卷，第 326 页。

在布兰卡德诉加尔迪案[①]和敦甘农诉哈盖特案件[②]中，采用的是行为地法；在1706年史密斯诉布朗案件中，适用的是财产所在地法。该案件是，在英格兰订立了一个关于奴隶的买卖契约，而奴隶是在弗吉尼亚州，根据英格兰法，契约是无效的，但是根据弗吉尼亚法，契约是有效地。[③]十七世纪，英格兰法已经包含了威尔士法，在英国境内主要是英格兰和苏格兰两大法域。[④]十八世纪末，英格兰法和苏格兰法冲突加剧，英国境内区际法律冲突的不断出现，引起英国法院的重视，英国开始承认外国法为法律。[⑤]1920年，决

---

① ［德］马丁·沃尔夫著，李浩培等译:《国际私法》，北京大学出版社2009年版，第33页;《罗尔判决录撮要》，第一卷，第33页；1693年《萨尔盖尔兹判决录》，第2卷，第411页。

② 同上，第33页；1902年，《衡平法案件判决录撮要》，第1卷，第289页。

③ 同上，第33页；1706年，《萨尔盖尔兹判决录》，第2卷，第411页。

④ ［德］K. 茨威格特、H. 克茨著，潘汉典、米健、高鸿钧、贺卫方译:《比较法总论》，法律出版社2003年版，第299－300页。

如果我们认为英格兰的普通法适用于大不列颠岛的全部，那是一种应予纠正的错觉。在大不列颠，法律的统一根本不存在。特别是苏格兰，其法律体系相当不同于普通法，对此，我们应当予以简单描述。十八世纪之前，苏格兰和英格兰一直是不列颠土地上的独立王国，它们之间的关系时好时坏。1292年，英格兰国王爱德华一世战败了苏格兰人，从而使英格兰王室取得了对全岛的控制权，但仅仅数年之后，苏格兰人便通过所发起的伟大的解放战争重获独立。这些事件是苏格兰人认识到，抵御他们南部强大邻国的唯一途径就是与英格兰的某个敌国结盟，这个国家就是法国。这种结盟使苏格兰敞开了接受欧洲大陆文化影响的大门，并在数百年间苏格兰法在与欧洲大陆法学密切接触中得到了发展，且苏格兰派法律职业者到欧洲大陆大学去学习。因此，苏格兰真正接受了罗马法，同时，与抱着孤岛自给自足的心态发展起来的普通法相比，苏格兰法具有世界主义和国际性的特征。1689年，威廉成为荷兰和英国共同的国王，两个地域之间的商业和文化交往非常频繁。1707年，从宪法和国际法角度讲，这两个国家实现了合并，组成大不列颠联合王国。合并后苏格兰法保持原貌。19世纪末，苏格兰与欧洲大陆法学的接触被打断，拿破仑战争使苏格兰不能和欧洲大陆往来。等到大陆恢复和平，情况已经发生了决定性的变化，法国民法典和荷兰民法典已经通过，他们已经成为关注的中心。参见［德］马丁·沃尔夫著，李浩培、汤宗舜译:《国际私法》，北京大学出版社2009年版，第244、246页;［美］比尔著:《法律冲突论》，1935年英文版，第三卷，第1666页，第1注中引证。

⑤ ［德］沃尔夫著，李浩培等译:《国际私法》，法律出版社1988年版，第54、69页。

定外国法的“事实”已经不再是陪审团的任务，决定的任务已经归属于审判员。[①]

三、政治背景

十八世纪至十九世纪初，英国完成了工业革命，并发起对法国的战争。十九世纪英国政治的一条主线是议会改革，一直延续到二十世纪。1815 年拿破仑战争结束，群众性议会改革重新兴起，中等阶级改革派起了触发作用，主力军是工人群众。1832 年，国王签署了改革法，第一次议会改革成功。[②] 十九世纪英国政治的另一条主线是工人运动和工人政党。1829—1834 年工会运动出现第一个高潮，出现了四大工会，但是由于利益分歧以及没有中央统一协调，资金匮乏，后来全部解体。1834 年，欧文组织了“全国大团结工会联合会”，1851 年出现“新模式”——机械工人混合工会。十九世纪六十年代以后，议会改革加速了工会的政治化，第二次议会改革后，工人阶级获得了选举权，1906 年，“工党”正式成立。[③] 十九世纪，英国第二帝国形成并发展，获得加拿大，开辟澳大利亚、印度和非洲殖民地，并与俄国在南亚争霸。1875 年后，英国重新开始大规模扩张，英国与其他列强国家争夺非洲的斗争全面展开。[④] 可见，十九世纪的英国是内部改革和外部扩张的英国。

---

① ［德］马丁·沃尔夫著，李浩培等译：《国际私法》，北京大学出版社 2009 年版，第 246 页。

② 钱乘旦、许洁明著：《大国通史——英国史》，上海社会科学院出版社 2007 年版，第 240 页。

③ 同上，第 275-289 页。

④ 同上，第 300-310 页。

第二节　既得权说主要内容

英国法学家戴西（Albert Vann Dicey，1835—1922），1858年获得牛津巴利厄尔学院文学学士学位考试的第一名。1863年，他从内殿法律学院取得律师资格，并开始执业。1882—1909年在牛津大学兼任英国法教授。他的主要著作有：《论当事人》《论住所》《英宪精义》《法律冲突法》《宪法研究导论》和《十九世纪法律与舆论在英国的关系演讲集》等等。戴西在总结英国国际私法司法实践和借鉴胡伯学说的基础上，提出了自己的国际私法理论，后人称之为“既得权说”。

一、冲突法及其一般特征

戴西认为，法官审理具有涉外因素的民事案件，需要解决两个重要问题：一是管辖权问题，根据英国法律，英国法院法官是否有权利审理这样的案件？①二是根据英国法律原则，依据什么法律决定当事人的权利？②处理法律冲突的法则是构成英国法律的一部分，可以暂时称为英国法律原则，

① Dicey，A Digest of the Laws of England with Reference to the Conflict of Laws，1896，Introduction，p.1.

FIRST QUESTION. Is the case before him one which any English Court has，according to the law of England，a right to determine？

② Id，Introduction，p.2.

SECOND QUESTION — What（assuming the question of jurisdiction to be answered affirmatively）is the body of law with reference to which the rights of the parties are according to the principles of the law of England to be determined？

决定法律的域外适用或权利的承认。[①]英国法，从最广泛和最恰当意义上讲，就像每一个文明国家（如意大利或法国）的法律一样，可以分为二个分支。[②]英国法的第一个分支：如果不绝对准确，也十分准确，可以被描述为规范英国居民权利和决定在英国领域内发生的英国人之间交易的法律效力的法律规范体系；[③]英国法的第二个分支：包括不直接决定个别人权利和义务而决定整体英国法院实施管辖权范围的法律规范和选择法律规范（冲突规范），即英国法院审理案件所参照的英国本地法或外国法。[④]

理解英国法的一般特征后，仍有几个附带问题需要我们给予考虑：一是英国冲突法发展晚于英国本地法。[⑤]冲突法出现意味着同时存在运行不同法律的不同国家和国家间和平商业交往。[⑥]首先，关注冲突法和仔细研究冲突法的国家，如：荷兰、德国、英国和美国，都由运行不同法律的地方区域组成。它们觉得有必要赋予本地法域外效力，而且它们这样做也相对简单（在一国境内承认不同法域法律域外效力），但它们适用的法律是本地法，而不是外国法。[⑦]法国并非联邦制，而是一个君主国，其不同省份实施不同的法律，法律选择有关的司法难题使其有必要赋予习惯域外效力。[⑧]其次，冲突

---

① Dicey, A Digest of the Laws of England with Reference to the Conflict of Laws, 1896, Introduction, p.3.

② Id, p.3.

③ Id, pp.3-4.

④ Id, p.4.

The second branch of the law of England consists of rules which do not directly determine the rights or liabilities of particular persons, but which determine the limits of the jurisdiction to be exercised by the English Courts taken as a whole, and also the choice of the body of law, whether the territorial law of England or the law of any foreign country, by reference to which English Courts are to determine the different matters brought before them for decision.

⑤ Id, p.7.

⑥ Id, p.7.

⑦ Id, p.8.

⑧ Id, p.8.

法是国际商业交往连接在一起的独立国家和平共处的必然结果。这些条件具备时，各国法官不得不考虑便利原则从而执行冲突法，换句话说，适用外国法。[①]文明国家法院，不仅因为逻辑，也因为实践需要，需要考虑冲突法，且必须在某些时候赋予本地法域外效力，或赋予外国（州）法域外效力（即，承认外国法在本国境内具有法律效力）。[②]最后，虽然英国法院执行的具有域外效力的法则属于英国法律的一部分，但应该明确每一个文明国家法律，如法国法、意大利法或德国法，都包含冲突法。它们与英国法中同样目的法律规则，实际上虽然互不相同，但是非常相似。[③]

二、适用外国法的基础和原因

戴西认为适用外国法不是任意或者选择问题，不是来源于英国主权国家或任何其他主权国家对其他国家表示礼貌的愿望。它来源于英国法院不可能对诉讼当事人，无论是本国人还是外国人，没有严重不便和严重不公正的审判所有类型的案件。[④]有关此问题我们必须注意两点。第一点是，英国法院从来不严格执行外国法，当他们说执行外国法时，他们

---

① Dicey, A Digest of the Laws of England with Reference to the Conflict of Laws, 1896, Introduction, p.8.

② Id, p.10.

It is this : that the Courts of every civilized country are constrained, not only by logical, but by practical necessity, to concern themselves with the choice of law, and must occasionally give extra-territorial effect now to their own local law, now to the law of some foreign state.

③ Id, p.11.

④ Id, p.10.

The application of foreign law is not a matter of caprice or option, it does not arise from the desire of the sovereign of England, or of any other sovereign, to show courtesy to other states. It flows from the impossibility of otherwise determining whole classes of cases without gross inconvenience and injustice to litigants, whether natives or foreigners.

执行的不是外国法，而是根据外国法所创设的权利。[①] 第二点是，由于在一个既定案件上，法官执行的规则（换言之，法律）与致使法官或立法者接受个别规则作为法律的动机和目的被混为一谈，有关礼让效力的争议与有关冲突法争论的评价被混淆了。[②] “礼让”教条无论如何都不能阐释英国或其他国家法院采适用外国法的法律规则的本质。比如：受礼让观念影响的法院，不能够指导任何人试图回答一个问题：像英国法院一样接受住所或像意大利法院接受国籍的特定国家法庭，如何决定影响遗嘱有效性的法律。[③]

法律选择并非任意的，而是基于一些明确的原因和理由，这些原因和理由可能影响所有的法院和立法者。[④] 例如，导致英国法院根据合同成立地法决定合同形式有效性的依据，很可能被法国或德国法院仔细考虑。不同国家采用相同的法律选择原则会产生显而易见的便利。因此，事实是法国和美国法院一直援用的个别的法律选择规则，虽然这不是决定性原因，也是英国法院采用这些规则的合理性根据。需要在特定案件中决定适用的具有域外效力法律规则时，有关一致性带来的便利和优势的正确评价无疑会

① Dicey, A Digest of the Laws of England with Reference to the Conflict of Laws, 1896, Introduction, p.10.

It was well too in this matter to give heed to two observations. The first is that the Courts, e. g., of England, never in strictness enforce foreign law ; when they are said to do so, they enforce not foreign laws, but rights acquired under foreign laws.

② Id, p.10.

The second observation is, that disputes about the effect of comity–and the remark applies to other controversies about the conflict of laws – have been confused by mixing together the question what, on a given subject, is the rule, or, in other words, the law which will be enforced by the judges, with the different inquiry, what are the motives which have led judges or legislators to adopt a particular rule as law.

③ Id, p.11.

④ Id, p.11.

影响法官和立法者。[①]英国法院审理案件适用葡萄牙法律，它们这样做不是因为葡萄牙法律战胜了英国法，而是因为英国的法律原则。[②]

三、法律选择程序和方法

（一）法律选择“理论方法”和“实证方法”

戴西分析和研究了“理论方法”（the theoretical method）和“实证方法”（the positive method）。他指出大陆法系学者一般采用“理论方法”，主要代表是萨维尼。“理论方法”起源于一个事实：大多数国家冲突法内容基本相同，而且在现代文明的影响下，在这种趋同性将进一步增长，最后可以形成国际私法共同法（common law），并被所有文明国家接受。[③]“理论方法”的目标是发现欧洲国际私法共同法的一般原则，如：寻求法律关系本质上所属于的法域（萨维尼）；始终坚持适用本地法以维护既得权利（Wächter）；每个法律关系必须依据其形成地地方法律审理（Schdffner），构建具有逻辑的内部协调的为各个国家所接受的冲突法体系。[④]戴西指出“实证方法”同样

---

① Dicey, A Digest of the Laws of England with Reference to the Conflict of Laws, 1896, Introduction, p.11.

The grounds, for example, which induce the Courts of England to determine the formal validity of a contract, by the law of the place where it is made, are likely to weigh with the Courts of France or of Germany. There exists, moreover, a palpable convenience in the adoption by different countries of the same principle for the choice of law. Hence the mere fact that a particular rule for the selection of law has been followed by the French and American Courts is a valid though not absolutely decisive reason in favor of its being adopted by English Courts ; and an appreciation of the advantages to be derived from uniformity has undoubtedly influenced both Courts and legislatures, when called upon to determine in a given class of cases what should be the rule as to the extra-territorial effect of law.

② Id, p.12.

③ Id, p.15.

④ Id, p.16.

被很多学者推崇，此方法最受美国法学家斯托雷（Story）褒扬。他们认为国际私法是其实施地本地法的一部分，冲突法是严格意义的法律，它们效力来源于它们实施地主权权利。[①]“实证方法”的主要弱点是目前已经在英国和其他国家建立的完善的冲突规范数量很少，当一个案件没有业已建立的法则或者先例的情况出现，法官必须立法，借鉴和考虑外国正在实施的冲突法原则。[②]戴西认为“理论方法”（the theoretical method）和“实证方法”（the positive method）都存在固有的优点和缺点。

（二）法律选择程序

在英国审理案件过程中，首先考虑案件是否属于国会法案法则管辖范围，如果是，没有讨论的余地[③]，直接适用国会法案法则。如果不属于国会法案法则管辖范围，法官需要探求适用于该特定案件的先例赋予法律效力的原则。如果存在这样的原则，讨论已没有什么必要。[④]最后，如果案件既不属于国会法案法则管辖范围，也没有业已建立的有效原则，在这样的情况下，英国法官会注意和留心从外国法院判决、法学家观点和从一般法律原则总结出的论点，以寻求指导。[⑤]因此，该问题可以总结为：据以确认有关域外权利承认的，或换言之，有关国际私法规则的，英国法律的法律渊源是，第一，国会立法；第二，有效的判决或先例；第三，如果没有立法和汇编案例，从外国法院判决中引申出来的一般法律原则、杰出法学家的观点和其

① Dicey，A Digest of the Laws of England with Reference to the Conflict of Laws，1896，Introduction，p.18.

② Id，p.20.

③ Id，p.21.

④ Id，p.21.

⑤ Id，p.21.

他国家主流法则。[①]这是法官需要确定法律适用的时候参照的法律渊源。对于试图研究作为英国法组成部分的国际私法的法律职业者来说，唯一合理的方法就是遵循司法判例和关注法院承认的法律渊源。无论如何，对这种方法的追求贯穿本篇论文。[②]

四、管辖权和法律选择的一般原则

（一）第一条原则

总的来说，根据任何文明国家法律正当获得的任何权利，英国法院予以承认和执行；非正当获得任何权利，英国法院不予承认和执行。[③]第二条原则是该原则的例外或限制。[④]承认依据外国法获得的权利是现代文明的一个重要原则，但是，直到最近它才获得充分的发展。[⑤]莫里斯认为戴西学说的核心就是一国法院在利用外国法处理涉外案件时，它并不是承认和执行外国法，而是承认和执行外国法取得的权利。[⑥]

1. 权利——英国法官，对法国或德国法官同样适用，永远不会严格执行

① Dicey, A Digest of the Laws of England with Reference to the Conflict of Laws, 1896, Introduction, p.22.

The matter may thus be summed up : The sources from which to ascertain the law of England with regard to the extra-territorial recognition of rights, or, in other words, with regard to the rules of private international law, are, first, Acts of Parliament ; secondly, authoritative decisions or precedents ; thirdly, where recourse can be had neither to statutory enactments nor to reported decisions, then such general principles as may be elicited from the judgments of foreign Courts, the opinions of distinguished jurists, and rules prevalent in other countries.

② Id, p.22.

③ Id, p.22.

④ Id, note2, p.22.

⑤ Id, p.23.

⑥ David McClean, Morris : The Conflict of Laws, 5th ed., Sweet & Maxwell, 2000, p.535.

除自己国家以外任何国家的法律。他们常说适用外国法律的某些情况，但事实上，正如已经指出的，不是执行外国法，而是执行依据外国法获得权利。乍看起来，这种区分似乎是没有意义的诡诈，但是恰当的关注可以消除困惑法院和教科书作者的难题。①

2. 既得权利——法院存在的目的是给予被侵犯的权利以救济。任何法院不会授予原告新的权利，除非新的权利是弥补被侵犯的既存权利所必需的，或是能够保护已存在权利不受侵犯。原告走进法庭、提出诉讼的基础是他拥有某项权利，比如获得20英镑的支付权利被侵犯；简言之，提起诉讼意味着既存权利的诉讼。②

3. 正当的——这个词具有弹性，事实上，它对第一条原则的适用做出了限制。第一条原则阐明不是根据外国法获得所有权利都可以在英国执行，而是依照英国法院观点仅仅正当和正确获得的权利才能在英国获得普遍执行。③什么是正当获得的标准，简单地说，除非有相反证明，根据意大利或

---

① Dicey, A Digest of the Laws of England with Reference to the Conflict of Laws, 1896, Introduction, p.24.

(1) Right.—English judges, and the same thing holds good of, for instance, French or German judges, never in strictness enforce the law of any country but their own. Upon the occasions on which they are popularly said to enforce a foreign law, what they do, in reality, is, as already pointed out, to enforce not a foreign law, but a right acquired under the law of a foreign country. This distinction may appear at first sight a useless subtlety, but due attention to it removes difficulties which have perplexed both text-writers and Courts.

② Id, p.25.

(2) Acquired. — The object for which Courts exist is to give redress for the infringement of rights. No Court intends to confer upon a plaintiff new rights, except in so far as new rights may be necessary to compensate for, or possibly to guard against, the infringement of an existing right. The basis of a plaintiff's claim is that, at the moment of his coming into Court, he possesses some right, *e. g.*, a right to the payment of £20, which has been violated ; the bringing of an action implies, in short, the existence of a right of action.

③ Id, p.26.

其他外国的法律获得权利可以被推定为正当获得。但是，不正当获得权利可能起因于授予权利的主权行为，或者起因于获得权利人的行为，但这种情况很少。[①] 首先，有关意大利的主权行为。[②] 意大利或者其他国家，国家主权可以超越其被承认的立法权[③]，可以再次超越其被承认的司法权。[④] 其次，有关个人的行为，某人通过欺诈获得意大利判决。在这个案件中，他的权利获得是不正当的，由于欺诈，其权利不会被英国法院执行。[⑤]

4. 文明国家——这个术语不可避免地有些不明确，它包括任何欧洲的基督教国家，以及被这些国家统治和殖民的任何国家，至少包括依据欧洲基督教国家承认的原则统治的国家。[⑥]

5. 承认和执行——二者间的区别值得注意，当法院基于某种目的认为一项权利存在时，法院承认一项权利；当特定人主张权利时，法院赋予该权利效力或者给予被妨碍的权利补偿，法院执行一项权利。[⑦]

---

① Dicey，A Digest of the Laws of England with Reference to the Conflict of Laws，1896，Introduction，p.26.

What，then，is the test of due acquisition？ The simplest answer is that rights actually acquired under Italian or any other foreign law are presumably，and until the contrary be shown，to be considered duly acquired；but that want of due acquisition may arise either from the conduct of the sovereign by whom the right is conferred，or，though this is a rare case，from the conduct of the person，A，by whom the right is acquired.

② Id，p.27.

③ Id，p.27.

④ Id，p.28.

⑤ Id，p.29；Vadala v. Lawes，1890，25 Q. B. D.（C. A.）310.

⑥ Id，p.29.

⑦ Id，p.30.

（5）Recognized and enforced. — The distinction between the recognition and the enforcement of a right deserves notice. A Court recognizes a right when for any purpose the Court treats the right as existing. A Court enforces a right when giving the person who claims it either the means of carrying it into effect，or compensation for interference with it.

6. 英国法院。[①]

（二）第二条原则

英国法院不执行以下依据外国法正当获得权利：（1）如果执行这项权利与帝国议会制定的具有域外效力的法律相矛盾；（2）如果执行这项权利与英国的立法目的和维持英国政治制度相矛盾；（3）如果执行这项权利需要外国国家主权权利的介入。[②]

（三）第三条原则

主权国家，通过法院，有权管辖（有权审判）任何可以作出有效判决[③]的事项；无权管辖（无权审判）任何不能做出有效判决的事项。[④]附带原则，当有关事项（诸如，离婚）没有任何国家法院可以做出有效判决，但是一些国家法院能够做出大致有效判决，那么能够做出相对最有效判决国家法院可以被授予优先管辖权。[⑤]

（四）第四条原则

主权国家，通过法院，有权管辖任何自愿服从其管辖的个人；或者换言

① Dicey，A Digest of the Laws of England with Reference to the Conflict of Laws，1896，Introduction，p.31.

② Id，p.33.

GENERAL PRINCIPLE No.Ⅱ—English Courts will not enforce a right otherwise duly acquired under the law of a foreign country：（A）Where the enforcement of such right is inconsistent with any statute of the Imperial Parliament intended to have extra-territorial operation；（B）Where the enforcement of such right is inconsistent with the policy of English law，or with the maintenance of English political institutions；（C）Where the enforcement of such right involves interference with the authority of a foreign sovereign within the country whereof he is sovereign.

③ Id，p.39.

④ Id，p.38.

⑤ Id，pp.40-41.

之，一个国家的法院有权管辖任何自愿服从其管辖的个人。[①]

（五）第五条原则

根据任何文明国家法律获得权利的性质，必须根据获得权利依据的法律决定。[②]

（六）第六条原则

无论何时，任何交易的法律效力取决于当事人双方意图选择支配该交易的法律，该交易的法律效力必须根据当事人选择的法律决定。[③]

五、基本冲突规范

在研究冲突法时，戴西对不同类的法律关系采用了不同的冲突规则。

第一，他探讨了自然人和法人的法律人格[④]有关的身份和能力法律关系的法律适用。住所地法赋予自然人的身份和能力，除非英国法律没有类似规定或者涉及刑事问题，到任何地方都应获得承认。[⑤]法人的成立适用法人

① Dicey，A Digest of the Laws of England with Reference to the Conflict of Laws，1896，Introduction，p.42. 戴西认为冲突法体系和管辖权问题是完全不同的两个问题，二者没有任何关系。

② Id，p.56.

GENERAL PRINCIPLE No. Ⅴ. —The nature of a right acquired under the law of any civilised country must be determined in accordance with the law under which the right is acquired.

③ Id，p.57.

GENERAL PRINCIPLE No. Ⅵ. — Whenever the legal effect of any transaction depends upon the intention of the party or parties thereto，as to the law by which it was governed，then the effect of the transaction must be determined in accordance with the law contemplated by such party or parties.

④ Dicey 使用的是 status 这个单词，本意是法律人格。

⑤ Id，p.474.

成立地法；法人行为能力同时适用法人成立地法和行为发生地法。①

第二，他探讨家庭关系的法律适用。夫妻关系和父母子女关系，不受夫或妻住所和国籍影响，仅受英国法支配。②监护关系，依外国法指定的监护人，不能对英国境内的被监护人产生效力，经英国法院承认后具有效力。③非婚生子女准证依据父亲住所地法，或父母事后婚姻。④

第三，物权关系。涉及动产或不动产物权关系，物之所在地法支配物权及有关物权的权利、义务和公正效力。⑤处分动产的能力，适用处分时处分人住所地法。⑥

第四，合同关系。合同关系适用合同自体法（Proper Law）。合同自体法指的是当事人选择的法律，或者未经歪曲地推定当事人已经选择的法律。⑦合同形式的有效性适用合同缔结地法。⑧合同实体有效性，当事人的权利义务确定和合同撤销，适用合同自体法。⑨涉及不动产和特殊动产的合同，根据合同的特性，决定适用的法律。

① Dicey，A Digest of the Laws of England with Reference to the Conflict of Laws，1896，Introduction，p.485.

② Id，p.489.

③ Id，p.493.

④ Id，p.497.

⑤ Id，p.513.

⑥ Id，p.531.

⑦ Id，p.541.

RULE 143.2- In this Digest the term "proper law of a contract" means the law，or laws，by which the parties to a contract intended，or may fairly be presumed to have intended，the contract to be governed；or（in other words）the law or laws to which the parties intended，or may fairly be presumed to have intended，to submit themselves.

⑧ Id，p.549. RULE 147.1 – Subject to the exceptions hereinafter mentioned，the formal validity of a contract is governed by the law of the country where the contract is made（*lex loci contractus*）.

⑨ Id，pp.553–577.

第五，婚姻关系。根据任一方住所地法双方具有婚姻能力，且婚姻形式符合婚姻缔结地法、或他们所属国家的法律、或在外国服役军人采用1982年外国婚姻法案、或领事婚姻符合1982年婚姻法案、或符合英国普通法的地方形式，婚姻是有效的。①

第六，侵权关系。能否构成侵权行为，必须同时符合英国法和行为地法。②

第七，继承。动产遗产管理适用管理行为发生地法。动产遗产分配，适用被继承人死亡时住所地法。根据被继承人死亡时住所地法做出的有关对动产继承的遗嘱，具有效力。③

第八，诉讼程序。诉讼程序适用诉讼发生地法（法院地法）。④

第三节 既得权说评析

一、过于重视案件管辖权

戴西在探讨法律冲突问题解决过程中，非常重视案件管辖权问题，他用大量篇幅（其著作第二部分，从206页至471页，共计265页，占其著作三分之一）论述英国法院和外国法院对涉外民事案件的管辖权问题。他对管辖权问题的讨论了分为两个部分，第一部分是高等法院对涉外民事案件的管辖权，涉及两个问题。一是根据英国法，英国高等法院对涉外民事案件管辖

① Dicey, A Digest of the Laws of England with Reference to the Conflict of Laws, 1896, Introduction, p.627.

② Id, p.659.

③ Id, p.684.

④ Id, p.711.

权的范围；二是如果高等法院审理案件，其管辖权是否具有域外效力？[①]第二部分是外国法院管辖权问题，涉及两个问题。一是根据英国法，外国法院管辖权范围；二是在何种程度和情况下，英国高等法院赋予外国法院判决在英格兰境内具有效力。[②]在论述英国高等法院管辖权时，他针对涉外破产、遗产管理与继承和英国法院判决域外效力问题进行研究；在论述外国法院"Proper"管辖权时，针对对人诉讼、对物诉讼、离婚和婚姻效力、遗产管理和继承、外国法院判决在英国内的效力等问题进行探讨。[③]对人诉讼，只要英国法院可以送达法律令状，英国法院就有管辖权，不论诉因发生在哪里。[④]对船舶及货物的诉讼，如果船舶和货物在英国境内或在距离英国海岸三英里之内，英国海事法院具有管辖权。[⑤]戴西指出法院对如下案件不具有管辖权，外国主权国家，或者代表主权国家或国王的外交代表[⑥]，位于英国境外的不动产诉讼或有关的损害赔偿请求[⑦]和外国刑事案件[⑧]。从戴西法律选择第四条原则看，英国法院管辖权范围很大，除了例外规定外，只要英国法院可以做出有效判决，英国法院就对该案件具有管辖权。

戴西认为冲突法体系和管辖权问题是完全不同的两个问题，二者没有任何关系。他指出英格兰冲突法规则在一个重要的方面与许多欧洲大陆国家的规则不同。在许多情况下，如果英格兰法院有管辖权，它将适用英格兰的国内法。这在诸如离婚和别居，监护、保佐和儿童收养，以及对妻子和子女的抚养等

---

① Dicey, A Digest of the Laws of England with Reference to the Conflict of Laws, 1896, Introduction, p.206.

② Id, p.206.

③ Id, pp.206-471.

④ Id, p.233.

⑤ Id, p.264.

⑥ Id, p, 209.

⑦ Id, p, 215.

⑧ Id, p, 220.

诉讼程序方面的大部分问题上，都是如此。相反，如果根据英格兰冲突规则外国法院具有管辖权，那么其判决或裁定将在英格兰得到承认，而不论它是基于什么理由或运用了什么法律选择规则。在英格兰冲突法中，管辖权有关种种问题，常常会使法律选择问题相形见绌。换言之，时常发生这样的情况，如果管辖权问题得到圆满的答案，法律选择问题就不会被提出来。① 在管辖权面前，法律适用都变得暗淡，这涉及英国根深蒂固的法律传统。在十七世纪末叶以前，英格兰法中没有发生法律冲突问题，每个法院纯粹适用本国的法律。在英格兰，那时没有法律冲突，而是只有“管辖权冲突”；问题不是法院对于一个特定的案件适用什么样的法律，而是那个法院对于本案有管辖权。②

二、传承胡伯既得权思想

十七世纪荷兰胡伯冲突法理论充斥着既得权思想。在阐述国际礼让的理论基础时，胡伯概括了既得权理论的基本思想，依据该理论承认域外根据特定法律获得的权利。③ 胡伯理论第三条原则是既得权的集大成者；第四条原则是法律创设的自然人的身份和地位效力恒定原则，也是既得权。根据合同缔结地法律订立的合同，在任何地方都是有效的，无论是在法庭内还是在法庭外；甚至是认为以这样的方式订立合同是无效的地方。这不仅用于确认合同形式问题，而且用于确认合同实质有效性问题。④ 根据行为地法有效成立的遗嘱，自始有效，并且其效力在任何地方都应该得到认可。符

---

① ［英］J. H. C. 莫里斯主编：《戴西和莫里斯论冲突法》（上册），李双元等译：中国大百科全书出版社 1998 年版，第 3 页。

② 塞克：《法律的百年进展》，1937 年英文版，第 3 卷，第 342、375—378 页。

③ Pavel Kalensky，Trends of Private International Law，Prague Academia，1971，p.72.

④ Prof. Lorenzen，On the Conflict of Different Laws in Different States，in Illinos Law Review，1919，Vol. XIII，pp.401 et seq，the fifth part.

合婚姻成立地法和举行地法，婚姻是合法有效的，并且它将在任何其他地方有效。[①] 在某一地方缔结的婚姻协议和婚姻，不仅其本身在任何地方具有约束力和效力，附在上面的权利和效果在任何地方保持效力。外省或外国法院的判决和裁定，符合其法律的规定，就会在任何地方具有效力，但不得对其他省或国造成损害。[②] 胡伯理论核心是依据外国法获得权利具有域外效力，可以在内国保持其效力；戴西理论的核心是内国法院执行外国法创设的权利，二者核心思想并无差异，即依某一特定外国合法创设的权利，在内国具有效力，只不过论述的角度和出发点有些不同而已。

戴西冲突法理论深受胡伯冲突法理论影响。十七世纪和十八世纪，苏格兰学者对荷兰伏特父子和胡伯的理论进行了详细的研究学习和接受。[③] 十八世纪后半期，英国曼斯菲尔德勋爵（Lord Mansfield）直接在英国法院适用胡伯的理论。在 1760 年罗宾逊诉布兰德案件 [④] 中，英国皇家法院曼斯菲尔德勋爵引用了胡伯的理论——世界各国法律冲突作为基础，做出了判决。曼斯菲尔德勋爵说道，“按照契约订立地来决定”的“原则”，是由于礼让和国际法而建立的，“在契约当事人有意服从另一个王国的法律的情形下，这个原则是允许有例外的”。[⑤] 在 1775 年霍尔曼诉琼森案件中，曼斯菲尔德勋爵再次援引胡伯的理论。戴西从中得到启发，创立了自己法律适用理论，其思想来源于胡伯的既得权理论。戴西的国际私法理论受到胡伯学说深刻影响，戴西把胡伯理论“礼

---

① Prof. Lorenzen，On the Conflict of Different Laws in Different States，in Illinos Law Review，1919，Vol. XIII，pp.401 et seq，the 8th part.

② Id，the 6th part.

③ D. J. Llewelyn Davies，the Influence of Huber's De Conflictu Legum on English Private International Law，English yearbook of international law，18vol，1947，p.53.

④ 该案件是一个关于赌债的诉讼，合同在法兰西订立和实施。法官布莱克斯通认为，英国法律不承认赌博合同，承认执行赌博合同违反英国的公共秩序。

⑤ ［德］马丁·沃尔夫著:《国际私法》，李浩培等译，北京大学出版社 2009 年版，第 33 页；罗宾逊诉布兰德案，《勃洛判决录》，第 2 卷，第 1077 页。

让”原则下维系的既得权直接表述出来，这也从另一个角度阐明了十七世纪、十八世纪英国国际私法对荷兰国际私法的承续。除了以上英国司法实践原因外，还有政治原因决定了胡伯理论对戴西理论的影响。1689年，沉默威廉成为荷兰和英国共同的国王，两个地域之间的商业和文化交往非常频繁。1707年，从宪法和国际法角度讲，这两个国家实现了合并，组成——大不列颠联合王国，合并后苏格兰法保持原貌。苏格兰法律体系与荷兰法律体系一致，政治上的联合使二者间的交流学习更加频繁，荷兰法学理论经由苏格兰流入英国。

三、礼让原则批判

戴西认为适用外国法不是任意或者选择问题，不是来源于英国主权国家或任何其他主权国家的对其他国家表示礼貌的愿望，适用外国法不是因为国间的“礼让”，而是因为一个国家的审理涉外民事案件时要维护正义原则，公平正义对待所有案件当事人。他明确指出“礼让”在解决具体案件时没有任何实用价值，不能够为法律选择和法律冲突解决提供任何指导。“礼让”原则不能阐释英国或其他国家法院执行外国时法律适用的规则的本质，比如：礼让理论并不能阐明像英国法院一样接受住所，或像意大利法院接受国籍的特定国家法庭，如何选择决定遗嘱有效性的法律。戴西认为依据“礼让”承认和执行外国法的论断意味着任何国家的法律都不具有主权国家强加于法律的域外效力，除非有关国家明示或默示同意其有效，这是一个真实且重要的事实。[①]另一方面，依据“礼让”承认和执行外国法意味着，审理一

---

① Dicey，A Digest of the Laws of England with Reference to the Conflict of Laws，1896，Introduction，p.10.

If the assertion that the recognition or enforcement of foreign law depends upon comity means only that the law of no country can have effect as law beyond the territory of the sovereign by whom it was imposed，unless by permission of the state where it is allowed to operate，the statement expresses，though obscurely，a real and important fact.

个具体案件，英国法官适用法国法律是出于对法国共和国的礼貌，此时“礼让”术语被用于掩盖了一个观点，即使被严肃认真的思想家认可，礼让提供了一个由于语言不确定性产生的思想混乱的范例。① 在特定案件上，法官接受外国法为法律的目的和法官适用外国法常常被混为一谈。戴西指出礼让更接近于政治观点，而并非法律观点。

虽然戴西直接揭露了“礼让”原则的致命弱点，但他对“礼让”的批判有失偏颇。胡伯指出，任何国家都应基于“礼让”保持有效实施的外国法在境内的效力。在胡伯冲突法理论中，“礼让”并非胡伯解决法律冲突的方法，而是法律冲突产生的前提条件，“既得权”是解决法律冲突的方法。从国家间交往实际状况看，如果国家间不存在“礼让”(互惠原则)，法律冲突就不会出现，冲突法要解决的根本问题就不存在了，冲突法丧失了存在的基础。从更深的层面看，“礼让”阐明了法律冲突产生的前提条件和冲突法存在的原因和基础。

四、既得权困境

戴西认为一个文明国家有效实施的法律产生的权利，在任何地方保持效力；各国法官适用外国法，不是执行外国法，而是执行依据外国法获得权利；判断权利的性质必须依据产生该权利的法律。根据戴西理论，任何一个涉外民事案件都起源于一个既得权利，根据特定法律已经创设并存在的权

---

① Dicey, A Digest of the Laws of England with Reference to the Conflict of Laws, 1896, Introduction, p.10.

If, on the other hand, the assertion that the recognition or enforcement of foreign laws depends upon comity is meant to imply that, to take a concrete case, when English judges apply French law, they do so out of courtesy to the French Republic, then the term comity is used to cover a view which, if really held by any serious thinker, affords a singular specimen of confusion of thought produced by laxity of language.

利，这项权利必然来源于某一特定法律，那么会自然而然得出一个结论：所有涉外民事案件应适用诉争权利所依据产生的法律。如果涉外民事案件双方当事人的权利来源于一个法律，那么有关权利的争议，必然也必须适用产生该权利的法律，此时如果案件双方当事人享有的权利来自不同的法律，既得权理论将面对更深层次的难题。同时，戴西强调，法院存在的目的是给予被侵犯的“先于争议存在的权利”以救济，是能够保护已存在权利不受侵犯；案件当事人依据拥有某项权利而提起诉讼，提起诉讼意味着既存权利的诉讼。戴西所称的“既得权利”本质是基础权利，而法院执行的权利是有关法律赋予的新的救济权利。如，在一个涉外侵权案件中，被侵权人的基础权利是人身权和财产权（受到损害），受案法院执行的法律（侵权行为地法）创设的既得权利，并非被侵权人据以提起诉讼的基础权利，而是侵权行为地法依据具体法律关系建立的救济权利。戴西希望通过援用“权利”概念可以规避困惑法院和教科书作者的难题——内国法院为何适用外国法，但其愿望难以实现。他提出承认执行来源于外法域的既得权利，而不承认适用外国法；权利是法律所创设和保护的内容，执行外国法所创设的权利本质上就是承认和执行外国法。韩德培先生指出，戴西既得权说显然是为了调和适用外国法和国家主权之间的矛盾而设想出来的，但不幸的是，他自己陷入了更大的矛盾。

客观地讲，戴西阐述既得权理论并非把它作为解决法律冲突的一般原则，而是为了掩饰法院适用外国法的真实做法。这一点从他建立的具体冲突规范可以看得很清楚，戴西构建的基本冲突规范与既得权理论矛盾重重。在解决法律冲突问题时，戴西并不是依据既得权理论，而是依据法律关系研究。戴西根据法律关系不同特性和法律关系不同类型，研究每一类法律关系的解决方式的，并建立针对性冲突规范。他分别探讨了有关身份和能力的法律关系、家庭关系、物权关系、合同关系、侵权关系和继承关系法律适用问题。涉外侵权之债属于法定之债，双方当事人的债权债务都是因侵权行为地法而生，依据既得权理论只能适用侵权行为地法。但戴西在探讨涉外侵权之债法律适用时，他提倡双重可诉原则，他认为一个行为能否构成侵权行为，必须同时符合英国法和行为地法，这显然与既得权理论不符。在更为具体的涉外产品责任领域，如何在被侵权人惯常居所地法、取得产品地法，产品生产商营业地法和侵权行为发生地法做出合理选择，既得权理论根本无从提供解决方法，也无法解释1972年《产品责任法律适用公约》规定的冲突规范。既得权理论，像“礼让原则”一样，在解决具体的法律冲突问题时作用甚微，缺乏实用价值。

戴西深受英国法律传统影响，又不得不面对英国内部不同法域之间以及英国与外国之间的法律冲突问题和国际社会交往需要，他期望在英国法律传统之上构建冲突法理论和规范体系，但二者难以协调，所以“既得权说”自身矛盾重重。戴西依据既得权理论论证英国法院为何适用外国法，势必陷入泥潭，但他认为公正原则是冲突法存在的基础和原因，赋予了国际私法更高更广阔的研究视角。戴西冲突法理论主导了二十世纪英国国际私法的发展，同时对美国国际私法发展产生深刻影响，直接导致美国教授比尔“既得权”理论产生，为国际私法现代化和国际私法理论进一步发展做出了重大贡献。

第七章

美国冲突法革命

十九世纪后半叶，美国市场经济模式已经形成；二战后美国成为世界经济霸主，直到目前，美国这种地位一直没有动摇过。二十世纪前期，美国经济属于粗放型经济模式，市场竞争是盲目的和无序的，社会发展以自然资源的浪费和破坏为代价。二十世纪八十年代初，美国经济开始复苏，九十年代是美国经济改革繁荣期。总体上讲，二十世纪中叶以来，美国在微电子技术、新材料、生物工程、海洋工程和空间工程等各个领域，均保持着世界领先的地位。① 二十世纪三十年代以来，美国一直是世界最大的对外贸易国家，而且美国是一个典型的多法域国家，规模宏大的跨国民商事交往和国内充斥的大量区际法律冲突为美国国际私法研究注入了不竭动力。二十世纪美国国际私法界出现了“冲突法革命”，批判传统规则，试图以“方法”取代传统规则，这种极为激进的冲突法演进方式致使美国本地法律选择理论学说丛生，包括：本地法说、政府利益分析说、结果选择说和最密切联系原则等。

第一节　本地法说

二十世纪初期，约瑟夫·比尔教授在美国《第一次冲突法重述》中倡导

① 刘厚俊：《20世纪美国经济发展模式：体制、政策与实践》，载《南京大学学报》2000年第3期。

既得权理论已经主导美国冲突法。但是，既得权理论过于僵硬、教条和机械，削弱司法裁量权，限制法官追求个案公正，遭到了诸多批评。美国法学教授库克（Walter Wheeler Cook）是既得权理论众多批评者之一，他摧毁了既得权理论。1942年，他出版《冲突法的逻辑学与法律基础》（*The Logical and Legal Bases of Conflict of Laws*），在该书中阐述了自己国际私法理论——本地法说（Local law theory）。

一、本地法说主要观点

库克认为在自然科学领域人类思想中已经存在既定真理、普遍性原则和预先设定的公理，只有凭借它们蕴含的方法，我们才能够真正认识一定条件下不断变化的特定事件。① 在社会科学领域，传统政治经济学很大程度上起源于一个假设：我们已经获得有关人类本质的普遍性真理。② 在冲突法领域，戴西在论著中提到“理论方法”（the theoretical method）和“实体方法”（the positive method）两类方法，这两类方法都有各自的问题。

库克认为不能遵循先前的方法，建议采用其他科学领域富有成果的程序规则，即：先考察具体问题（现象），然后形成一般性规则，③ 然后依据一般性规则解决问题。库克认为，美国二十世纪初期的冲突法在适用上已经具备统一性和稳定性，但非常僵化和机械，忽视了法院实际作用。④ 库克进一步指出，做出结论前，首要的是关注法院的实际做法，而不是研究法院作出判决的理由。因此，无论我们得出何种一般性规则，仅仅意味着尝试

① John Dewey，Human Native and Conduct（1922），p.242.

② Walter Wheeler Cook，Logical and legal Base of the conflict of laws，Yale Law Journal March，1924，p.459.

③ Id，p.461.

④ Id，p.476.

描述一种可以遵循的尽可能简单地解决具体司法案件的方法。一般性规则的有效性取决于实现它们目的的效果。换言之，只要它们可以使我们有效地处理我们必须处理的案件，它就是正确的。[①]

库克为了便于讨论，他从刑事案件入手，讨论了 State v. Carter（1859，N. J. Sup.Ct.）、Commonwealth v. Macloon、State v. Hall（(1894）115 N. C. 81I，20 S. E. 729）等案件[②]，并得出结论：X 州 A 流窜实施非法行为，对 Y 州 B 造成伤害，B 到达 Z 州并死亡。如果可以控制 A，X 州，Y 州或 Z 州，可以根据自己刑法审理该案件。每个州仅仅依据自己的实体法、普通法或成文法行事，而不根据固有管辖权原则限制自己权力。[③] 法院审理具有涉外因素的案件时，一般只适用自己的法律。在此过程中，可以采用和执行与案件某些或全部涉外因素有关的其他州或国家有效实施的法律体系中相同的实体法，或虽然不同但十分相似的实体法。最终，法院执行的是自己法律

① Walter Wheeler Cook，Logical and legal Base of the conflict of laws，Yale Law Journal March，1924，p.460.

In making our observations we shall，however，find it necessary to focus our attention upon what courts have done，rather than upon the description they have given of the reasons for their action ; Whatever generalizations we reach will therefore purport to be nothing more than an attempt to describe in as simple a way as possible the concrete judicial phenomena observed，and their "validity" will be measured by their effectiveness in accomplishing that purpose. In other words，they will be true in so far as they enable us to handle effectively the concrete materials with which we must deal. In other words，they will be true in so far as they enable us to handle effectively the concrete materials with which we must deal.

② 我们可以看到，库克研究的案件一方主体是联邦或州，他所研究的全部都是刑事案件。

③ Id，p.464.

I think we may safely make the following generalization : Where A in state X sets a force in motion which injures B in state Y，and B goes to and as a result of the injury dies in state Z，either X，Y，or Z，if it can get its hands on A，can apply its own criminal law to the case. What each will do will depend solely upon its own positive law，common or statutory—and not upon any inherent principles of "jurisdiction" limiting its powers.

的创设的权利，而不是外国法创设的权利。[①]他认为法院从不执行外国法创设的权利，仅仅执行自己法律创设的权利，是很正常的。[②]解决冲突法问题的唯一方法是：采用与处理纯内国侵权、合同和财产案件相同的方法。[③]

库克认为只要是存在现代地方性政治社会组织，特定国家的法律仅仅只能在其地域内实施；除了某些特殊案件，这并不意味着特定国家法律不能够影响涉及其地域外的人与人之间的法律关系。[④]很明显，几乎没有法院会说自己在执行外国法创设的权利，而它们经常措辞说他们适用外国法处理案件。[⑤]库克认为这种说法很模糊，仅仅是提供了一个描述法院实际做法的解释。事实上，大多数法官没有时间或自找麻烦仔细分析他们的所作所为意味着什么。[⑥]库克认为，在很多案件中，适用哪个法律并不重要，只要它相当简单明确，而且它的适用结果不违反管辖权规定。[⑦]

---

① Walter Wheeler Cook, Logical and legal Base of the conflict of laws, Yale Law Journal March, 1924, p.469.

The forum, when confronted by a case involving foreign elements, always its own law to the case, but in doing so adopts and enforces as its own law a rule of decision identical, or at least highly similar though not identical, in cope with a rule of decision found in the system of law in force in another state or country with which some or all of the foreign elements are connected. The forum thus enforced not a foreign right but a right created by its own law.

② Id, p.477.

③ Id, p.486.

④ Id, p.484.

⑤ Id, p.485.

⑥ Id, p.485.

To begin with, apparently few courts have directly said that they were enforcing a foreign-created right. The language of the courts is usually that they are applying the foreign “law” to the case in hand. As I have pointed out, this expression is ambiguous and can be given an interpretation which will describe what the courts actually have done. The truth is, most of the judges have never had time or taken the trouble to analyze very clearly just what they do mean.

⑦ Id, p.488.

二、本地法说评价

库克的理论在摧毁美国传统国际私法理论方面做出了很大贡献，美国冲突法革命产生的新学说也受到了他的影响。他是既得权理论的坚决反对者，严厉批判了戴西法律选择的“理论方法”和“实证方法”，认为既得权理论基本上用外国法替代了法院地法的适用。他关注美国冲突法律领域现状，考察了汉德法官、霍姆斯法官和卡多佐法官在审理具体案件时的观点和做法，把自己的观点建立在科学经验主义基础之上，揭露了既得权理论存在的问题，为美国冲突法革命扫清了道路。

库克从自然物理领域规则出发，在探讨一系列刑法案件的基础上研究法律选择问题，他研究冲突法问题的出发点存在问题。公法具有严格属地效力，他考察公法案例研究法律适用，最终只能得出法院只适用自己法律的结论。客观地讲，库克最终关心的不是法律适用问题，而是法院所执行和执行法律的实际做法。他甚至无视国际私法的根本问题——为什么选择法律和如何选择法律，认为法律选择无关紧要，只是一味地适用法院地法，认为法院审理涉外民事案件和审理国内案件应采用同样的方法。最终，他未能为本地法说建立合理的理论基础。但是他提倡法律适用讲求的是简单明确，提倡用简单的方法寻求个案公正，这点值得我们思考和借鉴。虽然库克注重实际情况，批判传统法律选择理论和方法，但也没构建合理的法律选择理论，只是一味地推崇本地法，甚至倒退回封建严格属地时代。总之，库克无视历史，仅仅考察当代美国司法实践就否定了国际私法千年传承，这种做法让人无法接受。

第二节　政府利益分析说

1963 年，美国国际私法学者柯里（Brainerd Currie）教授出版《冲突法论文集》(*Selected Essays on the Conflict of Laws*)，他在分析既往国际私法理论学说和考察总结美国近期司法实践的基础上，提出了“政府利益分析”理论。他主张彻底抛弃传统冲突规则，以政府利益分析方法取而代之。

一、冲突法核心问题及法律选择程序

柯里认为，如果不存在冲突法，如果国会能制定有关法律解决亟须解决的政府利益冲突领域的法律选择问题，如果我们承认冲突法概念法学包含法律社会学主义，那么状况会更好。[①]他认为政策可以提供一般的法律秩序，培养州际友好关系，维护合理期望。除了例外情形，每个州一般都期望实现其政策，每个州对其政策的实现和实施都具有“利益”。[②]他认为，冲突法的核心问题或许可以说是解决不同州利益冲突问题，当两个或两个以上州的利益存在冲突时，确定适用哪一个州实体法律，换言之，就是确定何州利益让位问题。[③]

柯里法律选择原则一共包括六个步骤[④]：第一，如果法院需要适用不同于

---

① Lea Brilmayer, Jack Goldsmith, Conflict of Laws : Case and Materials, Fifth Edition, p.215.

② Brainerd Currie, Selected Essays on the Conflict of Laws, 63 Col. L. Rev. p.62 (1963).

③ Id, p.178.

④ 柯里最先提出了法律选择的五个步骤：第一，正常情况下，即使是具有涉外因素的案件，法院自然而然将法院地法作为准据法来源；第二，如果需要适用外州法，首先，法院要确定法院地法包含的政府政策，继而，调查法院地是否与案件具有联系，以提供确定适用法院地政府政策具有利益的合法基础。通过这个程序，为了实现立法目的，我们决定法院地政府政策如何适用于具有涉外因素的案件；第三，如果有必要，法院用类似的方式确定外州法包含的政策，外州适用他的政策是否具有利益；第四，如果法院认为法院地州适用自己政策不具有利益，而外州具有利益，则适用外州法；第五，如果法院认为法院地州适用自己政策具有利益，则适用法院地法，即使外州适用自己政策也具有利益；如果外州适用自己政策不具有利益，适用法院地法。Lea Brilmayer, Jack Goldsmith, Conflict of Laws : Case and Materials, Fifth Edition, p.215.

法院地法的外州法，法院应调查各个州法律包含的政策，调查各州主张适用自己政策具有利益的合理情况。这个过程适用一般的法律解释程序；[①] 第二，如果法院认为，根据案件情况，一州适用其政策具有利益，而另一州不具有利益，适用有利益州法律；第三，如果法院认为两个州之间利益冲突明显且不可避免，法院应该重新考虑，将更谨慎解释每一个州的政策和利益，避免冲突发生；第四，经过重新考虑，法院认为州际合法利益冲突无法避免，适用法院地法；第五，法院地州没有利益，其他州之间的利益冲突无法避免，适用法院地法，除非出现更好的办法；第六，由于诉讼地不同，同样的州际利益冲突问题会得到不同结果。在个别问题上，为了寻求判决结果一致会严重违反法院地州的重要利益，法院不会牺牲自己州的合法利益，留待国会根据充分诚实和信任条款行使权利，决定放弃哪一个州的利益。[②] 柯里指出政府利益分析并不意味着各州追求自己的利益。一方面，特权和豁免条款Ⅳ和平等保护条款对各州追求自己利益进行限制；另一方面，没必要排除合理利他主义的可能性；此外，有空间限制和确定州政府政策和利益所在。[③]

二、柯里利益分析方法

柯里认为通过利益分析解决法律冲突的过程中有必要对内州和外州的利益进行考察和分析，这种必要性会产生一系列组合。[④] 他通过一些案件中对自己分析政府利益的方法做了演示，如“米利肯诉普拉特（Milliken v. Pratt）”案件。“米利肯诉普拉特”案情如下：1870 年，住所在马萨诸塞

① Brainerd Currie，Selected Essays on the Conflict of Laws，63 Col. L. Rev. p.218.

② Id，p.218.

③ Id，p.216.

④ ［德］格哈德·克格尔著，萧凯、邹国勇译：《冲突法危机》，武汉大学出版社 2008 年版，第 38 页；Brainerd Currie，Selected Essays on the Conf lict of Laws，p.141.

州的普拉特夫人，为支持其丈夫与Maine的商业合作对其丈夫信用提供担保。她把担保文件交给其丈夫，其丈夫把文件邮寄给位于缅因州Portland的Maine公司。Maine公司亲自或委托承运人将商品向普拉特先生交付，由普拉特承担运费。后来普拉特违约，原告公司在马萨诸塞州起诉普拉特夫人，要求执行担保。她拒绝履行，理由是马萨诸塞州法律禁止已婚妇女为其丈夫的债务作担保。然而在缅因州，这种担保有效。法院地是马萨诸塞州。[①]

尽管有点武断，柯里仍认为由于涉外民事案件具有的有意义的因素和有利益的州具有多重性而导致涉外案件不计其数，但是我们可以把列举需要考虑因素的难题控制在可以控制范围之内。[②]让我们设定在Milliken v. Pratt案件中有四个具有意义的因素：1. 债权人的住所、国籍、居所或者营业地；2. 已婚妇女的住所、国籍或者住所；3. 交易地，即合同的缔结地或者履行地；4. 诉讼提起地。[③]为了简化问题，柯里假设该案件只和马萨诸塞州和另外一个州有关，马萨诸塞州是法院地州。他制定出如下表格[④]（F代表Foreign，D代表Domestic）：

表1[⑤]

序号 因素	债权人 住所	已婚妇女 住所	合同 签订地	法院地	
1	D	D	D	D	无涉外因素（1）
2	F	D	D	D	一个因素涉外（4）
3	D	F	D	D	
4	D	D	F	D	
5	D	D	D	F	

① Brainerd Currie，Selected Essays on the Conflict of Laws，1963，p.78；Milliken v. Pratt，125 Mass. 374，28 Am. Rep.241（1878）.

② Brainerd Currie，Selected Essays on the Conflict of Laws，1963，p.82.

③ Id，pp.82-83.

④ Currie一共制定了6个表格，本文收录了2个，省略的4个是分别对第1个表格进行分析，第6个表格是结论。

⑤ Brainerd Currie，Selected Essays on the Conflict of Laws，1963，p.84.

续表

序号 因素	债权人住所	已婚妇女住所	合同签订地	法院地	
6	F	F	D	D	两个因素涉外（6）
7	D	F	F	D	
8	D	D	F	F	
9	F	D	D	F	
10	F	D	F	D	
11	D	F	D	F	
12	F	F	F	D	三个因素涉外（4）
13	F	F	D	F	
14	F	D	F	F	
15	D	F	F	F	
16	F	F	F	F	全部因素涉外（1）

表 6[①]

Ⅰ	增进本州利益并不损害外州利益	案情 5（D D D F） 案情 7（D F F D） 案情 15（D F F F）	（3）
Ⅱ	增进外州利益并不损害本州利益	案情 12（F F F D）	（1）
Ⅲ	增进本州利益但损害外州利益	案情 2（F D D D） 案情 7（F D D F）	（2）
Ⅳ	增进外州利益但损害本州利益	案情 10（F D F D） 案情 14（F D F F）	（2）
Ⅴ	损害外州利益且不增进本州利益	案情 6（F F D D） 案情 13（F F D F）	（2）
Ⅵ	损害本州利益且不增进外州利益	案情 3（D F D D） 案情 11（D F D F） 案情 4（D D F D） 案情 8（D D F F）	（4）

① Brainerd Currie，Selected Essays on the Conflict of Laws，1963，p.95.

根据该表格列举的考虑因素，柯里站在马萨诸塞州的立场上分析了这些因素不同组合对案件与相关州利益的影响，从而确定适用每一个州法律所获得结果——有关州利益的增进或减损。[①]然后，柯里站在缅因州的立场上，假设法院地州为缅因州，然后做了与上面基本相同的表格[②]，然后分析了在这些因素的不同组合中，适用其中某一州法律对加州和缅因州利益的不同影响。在对该案件的分析过程中，柯里通过确定考虑因素不同组合[③]的情况下马萨诸塞州和缅因州各自在案件中存在的利益，结合各州立法的立法目的，从而决定案件应最终适用的准据法。

三、政府利益说评价

（一）非理性反对传统冲突规则

二十世纪二十年代至六十年代，美国国际私法学界正处于批判传统国际私法理论的背叛期。柯里是传统国际私法理论的极力反对者，他不仅反对既得权理论，而且厌恶冲突法规则。他认为，如果没有冲突规范，如果国会能制定有关法律解决法律选择问题，如果我们把冲突法概念法学研究引入法律社会学主义，那么状况会更好。柯里对传统冲突规则深恶痛绝，认为传统的冲突法体系在本质上与政府利益论完全不同，传统冲突法没有一个理性基础。[④]他主张“至少就当前而言，应从总体上节制适用传统的多边冲突规则”。[⑤]但是，柯里对作为属于传统冲突法的一部分的传统的

① Brainerd Currie，Selected Essays on the Conflict of Laws，1963，pp.96–97.

② Id，pp.96–97.

③ Currie考虑的因素的不同组合，实际上是法律关系构成因素不同组合。

④ Brainerd Currie，Selected Essays on the Conflict of Laws，63 Col. L. Rev. p.607（1963）.

⑤ Id. p.124（1963）.

空间性连接因素却非常重视，连接点是柯里利益分析方法的分析对象，连接点本身就是传统冲突规范的组成部分，是沟通法律和法律关系的桥梁。在解决法律冲突时，柯里是根据对传统连接点分析来界定政府政策和州利益。事实上，连接点一直是传统国际私法的研究核心和对象，连接点选择正确与否直接反映冲突规范的立法技术和国际私法的发展水平，其在某种程度上代表冲突规范。柯里重视连接点却反对冲突规范，有掩耳盗铃之嫌，柯里利益分析方法表明他实际上是运用传统冲突规范的成果。正如英国莫里斯所指出，柯里试图丢开法律选择规范的做法，就像要抛掉一块石头却砸到自己脚上一样。[①] 从总体上讲，柯里反对传统理论没有合理依据。

（二）政府利益分析定位错误

柯里忽视了法院的宗旨和职责：正确、及时解决当事人之间权益争端，实现当事人之间的公平正义，却一味地追求法院地州政策。如换一个角度思考，法院地州是否关注自己政策在涉外民事案件上的贯彻实施，我们可能会得出一个结论：在法治政府中，州政府不会在涉外民事案件中寻求其利益的实现，至少不会在每一个涉外民事案件中。柯里推崇“政府利益”仅仅是他自己的一厢情愿，目的是为适用法院地法寻找根据。虽然适用法院地法可以在某种意义上或某种情况下体现法院地政府的利益和政策，但法院职责不是关注政府利益，法院也不是政府政策的贯彻执行者，法院的职责永远是实现案件结果的公正。柯里根据对政府利益的分析来解决法律冲突问题，同时他也承认在跨州案件中，很少能明白无误地定位政策和利益，政府利益分析最终是一个政治决定而不是法律决定。正如德国法学家克格尔所言，柯里推崇的政府利益虚无缥缈，且所谓的“政府利益”只能是有

① J. H. C. Morris，The Conflict of Laws，1980，p.516.

产者利益。[①] 艾伦茨威格也同样对柯里所提的政府利益持否定态度，他认为公法冲突会产生政府利益，私法冲突根本不涉及政府利益。

（三）可贵的利益分析方法

利益分析方法在美国国际私法司法实践中对法律选择有着很重要的影响。1935年，在阿拉斯加帕克斯协会诉工业事故委员会（Packers Association v. Industrial Accident commission）案件中，斯通（Stone）法官采用政府利益分析的社会法学方法确定案件适用的准据法。1939 年，他再次利用利益分析方法审理了太平洋雇用保险公司诉工业事故委员会案件。欧洲国际私法研究同样注重利益分析方法。1981 年，德国民法学家和历史学家，利益法学派创始人，菲利普·赫克也非常关注过“利益法学”与国际私法的关系，他指出：“即使在国际私法领域也只有利益考察方法才能达到预期目的，与此相反，如果人们试图从具体的或传统的判决中得到一项普遍的原则，并将相关的法律关系归入到一个公式化的概念中去并通过这种方式来解决尚未规定的问题，这是没有道理的。[②] 德国法学家克格尔（Kegel）非常重视利益法学理论，提出了“国家利益”，并指出该种利益存在于国际私法和公法冲突之中。从实际状况看，柯里把利益分析方法推进到了一个新阶段，他以连接点分析对象，依据连接点排列组合体现的利益，决定涉外民事案件适用的法律。连接点是柯里利益分析的研究基础，利益是通过连接点表达的，连接点的不同组合代表了不同量的利益，利益评价是法律适用的决定因素。柯里利益分析方法和利益分析观念，对司法实践有很重要的借鉴意义。正如沙曼（Jeffrey M. Shaman）教授所言：“利益分析说为法律选择带来革命性

---

① ［德］格哈德·克格尔著，萧凯、邹国勇译：《冲突法危机》，武汉大学出版社 2008 年版，第 96、97 页；

② 同上，第 205 页。

的变革，它影响巨大，真正改变了人们对法律选择方式的认识。”[①]利益分析方法为传统国际私法概念法学注入了新的活力，结合利益法学的概念法学不再是纯粹概念分析和逻辑推理，利益法学使之有了现实基础。

（四）严重的法院地法倾向

从柯里法律选择程序中，我们可以看出，柯里政府利益分析说具有严重的法院地法倾向。首先，对法律有关问题的解释，要依据法院地法；其次，如果发生真实法律冲突，也要适用法院地法；再次，除非有更好的办法解决法律冲突，否则也是适用法院地法。柯里法律选择程序第六条也表明了他理论具有的严重本地法倾向。他指出在法院地州具有利益的个别问题上，法院地州不会轻易放弃自己所具有的利益，也不会放任对本州造成损害，而是积极寻求国家政治层面的决定，为自己适用法院地法保护本州利益寻求合理基础。适用外国法或外州法只有一种情况，出现虚假法律冲突，而且是外国或外州对案件具有利益，而法院地州不具有利益时，才会适用外国法。柯里理论以本州利益至上为原则，保护本州政策为目标，利益原则战胜了法律基本价值追求——公正原则，必然会出现本地法倾向，这似乎又回到封建属地时代，严格适用地方法律，也包括极少例外适用外国法。总之，严重法院地法倾向表明柯里无视法律平等和公正原则，这很难说是国际私法理论的进步。

四、“损害分析”方法——政府利益说修正

1963年，美国教授威廉·巴克斯特（William F. Baxter）对柯里提出的政府利益分析说进行修正，提出“比较损害”理论，即：在“真实冲突”案

① Jeffrey M. Shaman, The Vicissitudes of Choice of Laws : The Restatement (First, Second) and Interest Analysis, 45 Buff. L. Rev. 349 (1997), at 354.

件中，如果不适用某个州的法律就会导致该州利益或立法目的遭受最严重的损害，则案件应该适用该州的法律。[①]个别案件中可以放弃利益衡量，但不能放弃拒绝衡量利益所导致的损害权衡，如果利益受损害较少州放弃自己法律适用，利益受损害较大州法律得以适用，将会对任何一州有益。[②]1976年，美国加利福尼亚州最高法院法官沙利文（Sullivan）在审理“伯恩哈德诉哈拉夜总会”（Bernhard v. Harrah's Club）上诉案[③]中采用了“损害分析”的方法。沙利文法官认为本案牵涉及加利福尼亚州和内华达州。加州是原告以及致害人迈尔夫妇的居住地和住所地，是侵权行为事故发生地，也是受理案件的法院地；内州则是被告的住所地和违法行为的发生地。加州法律是为保护因醉酒人的行为而在加州境内遭受损害的一切人；内华达州刑法认为向已经喝醉的人出售或提供酒类饮料是违法的。由于加州和内州与本案均有联系，沙利文法官采用了“比较损害”的方法，认为如不适用加州法律，加州利益会因受到重大损害；而内州情况恰恰相反，因此本案应当适用加州法律。撤销原判，发回重审。[④]内华达州有过酒店店主作为侵权第三人免责的先例——翰

---

① William F. Baxter, Choice of Law and the Federal System, 16 Stan. L. Rev. 1－22 (1963).

② Lea Brilmayer, Jack Goldsmith, Conflict of Laws : Case and Materials, Fifth Edition, p.240.

③ 哈拉夜总会是内华达州著名酒业、赌博娱乐公司。1971年7月24日，加利福尼亚州居民弗恩和菲利普·迈尔夫妇受被告广告宣传的诱惑，驾车到内州消遣，直至次日凌晨。这期间，被告的雇员向这对夫妇出售了许多酒精饮料，渐渐地使他们二人呈现出醉态并难以安全地驾驶汽车。但被告仍在不断地向他们供应酒精饮料。正是在这种醉酒状态下，迈尔夫妇驾车返回其加州住地。当汽车行进在加州境内的公路上时，由于疏忽驾驶，该车滑过道路的中线驶入了对面的车道（逆行），与骑在摩托车上的原告理查德·伯恩哈德迎头相撞，致使原告受了重伤。原告认为，被告向迈尔夫妇出售酒精饮料，使得他们陷于醉态而不能安全驾驶，是导致原告在随之而来的交通事故中遭受损害的重要原因。根据加州法律，酒类的供应者应当为此承担赔偿责任。因此，原告向加州法院提起诉讼，请求判令被告给予10万美元的损害赔偿。

④ Id, pp.241－249.

姆诉卡森城市金属有限公司（Hamm v. Carson City Nugget，Inc.），但内州刑事法律禁止酒店店主向醉酒之人出售酒精饮品。而加州有酒店店主作为侵权第三人承担责任的先例——维斯利诉赛格（Vesely v. Sager）。沙利文法官认为本案牵涉加利福尼亚州和内华达州。加州是原告以及致害人迈尔夫妇的居住地和住所地，是侵权行为事故发生地，也是受理案件的法院地；内州则是被告的住所地和违法行为的发生地。加州法律是为保护因醉酒人的行为而在加州境内遭受损害的一切人；内华达州刑法认为向已经喝醉的人出售或提供酒类饮料是违法的。由于加州和内州与本案均有联系，沙利文法官采用了“比较损害”的方法，认为如不适用加州法律，加州利益会因受到重大损害；而内州情况恰恰相反，因此本案应当适用加州法律。撤销原判，发回重审。①

从该案件实际情况看，内州法律和加州法律对酒店店主向醉酒人出售酒精饮料都是给予负面评价，只不过规定在不同法律之中。在这个层面上讲，如果不课以哈拉夜总会责任，两个州的法律都会出现不利益情况。如果不适用加州法律，适用内州法律，加州法律所保护的本州居民人身权益和财产权益都得不到救济，在这种情况下，加州法律利益将受到重大损害。同时，内州对酒店店主向醉酒人出售酒精饮料的否定评价也不能得到体现。如果不适用内州法律，适用加州法律，那么加州原告受到的损害将得到补偿，内州正常交易秩序和利益也不会受到损害。同时，被告所在州（内州）法律对被告行为的否定评价也将得以实现。综合评价，加州法律保护的利益在此案件中受到的损失最大，因此，应该适用加州法律。抛开法律适用的考量，考察案件分别对这两个州造成直接和间接损失，加州也较内州大很多。“比较损害”实际上也是对利益的衡量，仍然是一个利益计算的过程。“损害分析”与“利益分析”是从不同的角度对法律在具体案件上的利益或

① Lea Brilmayer，Jack Goldsmith，Conflict of Laws：Case and Materials，Fifth Edition，pp.241－249.

联系进行评价，实为一体两面，其结果是从相对的方面对“利益分析”进行了完善，二者结合将大大增进法律选择的合理性。损害分析本质上属于利益分析，是利益分析的另一种方法。

第三节　结果选择说

1933 年，哈佛大学教授现实主义者戴维 F. 卡弗斯（DAVID F. CAVERS）发表了《法律选择问题批判》（*A Critique of the Choice-of-Law Problem*），他指出，在冲突法领域，如果最高目标是获得确定性和一致性，就不会有学术研究生存的沃土了[①]，他指出冲突法领域的最高目标是获得案件结果公正。1965 年，他出版《法律选择过程》（*The Choice of Law Process*），完成了他旨要替代“政府利益分析说”的“公正论”。

一、结果选择说内容

（一）法律冲突解决四种做法

卡弗斯认为，法院解决法律冲突一般有四种做法[②]：

第一种做法：法院首先确认要审理的案件所属的法律关系类型：侵权、合同、物权等等，然后依据案件所属法律关系类型选择正确的连接点，选择一个州法律体系决定当事人的权利和义务和其他法律关系。[③]

① ［美］卡弗斯著，宋晓译：《法律选择问题批判》，载《民商法论丛》（第 27 卷），金桥文化出版（香港）有限公司 2003 年版，第 445 页。

② 这四种做法相互独立，存在于不同国家或不同时期。

③ David F. Cavers，The choice of Law Process，1965，p.63.

第二种做法：法院首先确认要审理的案件中引起法律冲突的特殊问题，然后，对每一个问题适用正确的连接点，选择一个州法律体系予以解决。在这个过程中，法院应该把保护当事人正当期望作为法律选择首要关注内容。①

第三种做法：案件中各州法律所涉及的每一个争议都是潜在的冲突，法院应对案件所涉及法律采用普通解释程序，并根据法律表明的立法目的或政策及案件情况，以决定案件所涉及州适用各自法律解决争议所存在的利益。如果一个州有利益，就适用该州的法律，如果都具有利益，适用法院地法。但是，再决定两个州的利益是否存在真实冲突时，法院应根据具体情况，受到适当限制。②

第四种做法：如果对案件所涉及法律适用普通法律解释程序，如第三种做法提出的，并不能揭示虚假法律冲突或避免法律冲突，法院应寻求能够同时反映有关州际政策或能够为合理调和不同法律冲突提供基础的冲突法原则或优先选择原则。优先原则适用于所有具有一般法律和事实形式的案件，并在法律选择层面能获得更好的结果。如果案件不属于上述情况，法院应在法律选择层面上阐述一个结果优于另一个结果的原因，任何案件都应适用产生更好结果的法律。③ 卡弗斯本人推崇这种方法。

卡弗斯阐述的第一种方法是依据法律关系研究解决法律冲突，代表人

---

① David F. Cavers，The choice of Law Process，1965，p.63.

② Id，p.63-64.

③ Id，p.64.

(4) If application of the processes of construction and interpretation to the laws in apparent conflict，as proposed in the third methodology，does not reveal a false or readily avoidable conflict，the court is to seek a rule for choice of law or a principle of preference which would either reflect relevant multistate policies or provide the basis for a reasonable accommodation of the laws' conflicting purposes. A principle of preference would be applicable to all cases having the same general pattern of law and fact and would identify a preferred result on choice-of-law grounds. If the case could not thus be generalized，the court should state the reasons leading it to prefer one result to the other on choice-of-law grounds. In either case it should apply the law leading to the preferred result.

物是萨维尼；第二种方法依据导致法律冲突产生的问题，针对性地选择适用法律，考量内容比概念法学更广阔；第三种方法是政府利益分析方法，代表人物是柯里；第四种方法是卡弗斯倡导的法律选择方法。

（二）法律冲突解决程序及考虑因素

卡弗斯首先考察了法院的任务，法院的任务是实现“立法目的”和“公正原则”。他认为“管辖权选择”的做法忽视法律内容，无法满足实现“立法目的”和“公正原则”的需求。[①]追求个案公正是卡弗斯理论的最主要的观点[②]，他推崇斯坦福法学院 Moffat Hancock 教授提出的“结果选择方法”，选择最符合当代公正原则和便利原则的法律。[③]他认为，《美国冲突法第一次重述》冲突规范比较机械，在特定案件上获得公正是偶然事件；通过批判现存理论不能获得好的规则；对每一个案件，应根据其事实情况，法官本身正义感或法官对涉案州本地法律的优先选择作出判决。[④]卡弗斯认为，在解决法律冲突过程中，应按照以下步骤审慎进行。

首先，认真分析研究导致法律冲突产生的事实或行为；

其次，将案件可能适用的法律规则及其适用结果与法院地法律规则及其适用结果进行仔细审慎的比较；

最后，根据公平正义原则，以及冲突法所涉及的社会政策的充分考虑，评价不同法律规则的适用结果，以产生最能体现公平正义原则的结果的法律作为案件的准据法。

卡弗斯认为仅仅采用上述步骤是不够的，法律选择过程还需要考虑几个重要因素：第一，潜在与法院或立法机构法律选择规则有关的，联邦宪

① David F. Cavers，The choice of Law Process，1965，p.9.

② Id，p.75.

③ Id，p.85.

④ Id，p.77.

法及其充分诚实信用条款、平等保护条款及特权和豁免等条款等；[①] 第二，日益增长的民族共同文化产生的经过宪法限制加强的要求：维持多法域体制和在公正和合理基础上及法律权限内实施各州法律；[②] 第三，由于当事人无法预见不同州法律差别，导致法律行为存在的法律风险；[③] 第四，在紧密的联邦体制内，无数共同的经济、社会和政治的需求、目标和价值与普通法律传统共存，法院应努力协调州际法律冲突，以完善联邦体制。[④]

（三）实体法主义

卡弗斯很注重采用统一国内不同州实体法和制定国际实体法条约的方法解决法律冲突问题。他认为在国内制定统一实体法（统一美国各州实体法）和签订实体法国际条约也是解决法律冲突比较实用的方法。

二、法律选择七项优先原则

为了实现个案公正，卡弗斯创建了法律选择的七项优先选择原则。在侵权领域，他提出了五项法律优先选择原则；在合同和交易领域提出了两项法律优先选择原则。

第一项原则，如果一个州的侵权责任法比侵权人行为地法或住所地法规定更高的行为标准或赔偿标准，损害发生地州的责任法决定案件的赔偿和保护标准；[⑤] 第二项原则，侵权人行为地州或损害发生地州侵权责任法规定的行为标准或金钱补偿比受损害人住所地州低，行为地或损害发生地州

① David F. Cavers，The choice of Law Process，1965，p.117.

② Id，p.118.

③ Id，p.119.

④ Id，p.119.

⑤ Id，p.139.

法律决定行为标准和赔偿标准；[①] 第三项原则，如果被告行为地州对被告行为对另一州原告造成的可预见损害设立特殊规定，包括民事责任制裁，原告即使与被告没有任何关系，也应被给予根据被告行为地州特殊行为标准和赔偿标准获得的利益，即使损害发生地州没有类似规定或制裁；[②] 第四项原则，为了一方当事人利益，如果法律关系本座州规定另一方当事人的行为标准或补偿标准高于损害发生地法，法律关系本座州法律决定行为标准或补偿标准适用于损害发生地州法所保护的当事人的利益；[③] 第五项原则，为了一方当事人利益，如果法律关系本座州规定另一方当事人的行为标准或补偿标准低于损害发生地法，法律关系本座州法律决定行为标准或补偿标准适用于损害发生地州法所否认或限制的当事人的利益；[④] 第六项原则，如果为了避免行为能力欠缺、欠考虑、不知、交易地位不对等产生的不利后果，州法律可以对订立合同、转让财产和设立财产负担的权利设立限制，保护性法律条款适用于对一方当事人不利的以下交易：被保护人住所在州内（如果法律目的是保护这个人）、被指向的交易和被保护的财产利益集中在该州，或如果都不是以上原因，就是因为事实偶然发生或者为规避保护性法律被操纵；[⑤] 第七项原则，如果当事人明确表示（或合理推理）一个交易涉及两个以上州，与交易有合理联系州的法律予以适用，如果这个州的法律允许交易实施，即使双方当事任何一人在该州都没有住所，交易也不是集中于该州，该州的法律仍然适用。但是，如果交易违反前条原则规定的任何保护性条款，或者该交易涉及土地转让，且转让方式或创设的权利违反物之所在地的应适用的强制性法则，则不适用该原则。该原则不决定与具有独

---

① David F. Cavers，The choice of Law Process，1965，p.146.

② Id，p.159.

③ Id，p.167.

④ Id，p.177.

⑤ Id，p.181.

立利益第三人有关的交易的法律效力。[①]

三、结果选择说评价

（一）公正原则

公正原则是法律最基本的价值目标，是国际私法存在的基础，也是卡弗斯理论核心。卡弗斯追求公正原则的方式是比较与案件有关的法律适用的结果，适用产生更好的结果的法律，从而实现个案公正。卡弗斯把法律冲突解决和法律选择建立在公正原则基础之上，他反对依据机械规则忽视价值目标得解决法律冲突的做法，批判了传统冲突法理论的机械且非理性的一面。同时，卡弗斯并非抽象的论证公正原则，他审慎考察了美国司法实践中几个典型范例，包括"考夫曼诉美国青年招待所有限公司"（Kaufman v. American Youth Hostels. Inc）和"贝科克诉杰克逊案件"（Babcock v. Jackson）。在这些案件中，他注意到法官根据公正原则抛弃了传统冲突法规则，维护了受损害一方当事人权益，这些案例给予他极为重要的启示。卡弗斯以追求个案公正为终极目标，通过对案件事实和社会、经济和政治的需要、目标和价值考量，以公正原则为基本准则解决法律冲突问题，并提出了旨在实现结果公正的法律选择优先原则。卡弗斯倡导的公正原则和优先原则为现代国际私法发展指明了方向。

（二）结果选择理论缺乏操作性

卡弗斯提出依据公正原则和优先原则解决法律冲突，为法律选择提供了更为理性的基础。但是卡弗斯的公正理论过于抽象和烦琐，在具体案件中适用存在诸多问题。首先，公正原则本身就是一个抽象概念，缺乏界定

① David F. Cavers，The choice of Law Process，1965，p.194.

标准。公正原则已被探讨了两千多年，至今仍没有统一标准，而且在不同的时期或不同的环境中，它有不同的呈现。法院地法倡导者艾伦茨威格认为，正义观念完全是一个个人取向或瞬息万变的社会舆论问题。[①]至今为止，并没有形成一个不同文化共同认可的正义观念。正义是抽象的，并没有明确的标准，在不同的情况下，可能会有不同的正义标准。凯尔森认为正义的内容不为理性决定，也不能用理性的方法解决有关正义的观念冲突，而是用我们的感觉、我们的情感和我们的意志来解决正义有关的矛盾。[②]其次，结果选择是一个极为烦琐的工作。法院首先要查明案件涉及多少个独立法律体系，如果包含外国法要确定外国法存在及其内容[③]，然后把案件所涉及的法律统统适用并获得相应的结果，最后还要基于社会政策和立法目的等因素对这些结果进行评价从而选择案件应该适用的法律，这是一个极为烦琐而且令人沮丧的工作，会浪费大量的人力和物力。最后，卡弗斯提出的七项优先选择原则仅仅在合同和侵权两个有限的范围内适用，在侵权领域，根据不同州法律保护标准和赔偿标准差异，采用更有利于保护被侵权人的法律；在合同领域，采用合理联系标准。卡弗斯七项原则同样建立在法律适用结果比较之上，形式简单明确，操作起来依然极为烦琐。

第四节　最密切联系原则

1971年，美国哥伦比亚大学威利斯里斯（Willis L. M. Reese，以下简

---

① ［美］博登海默著，邓正来译：《法理学：法律哲学与法律方法》，中国政法大学出版社2004年版，第268页。

② 同上，第269页。

③ 到目前为止，外国法查明仍然是世界各国法官面对的非常难以解决的问题，外国法查明的主要障碍是不同国家法律传统、语言问题和世界各国法律体系动态发展。

称里斯）教授在总结美国司法实践的基础上，结合以往国际私法理论成果，撰写完成了《美国冲突法第二次重述》（以下简称《第二次重述》）。大多数国际私法学者认为，里斯教授在该著作中提出了法律选择重要理论——最密切联系原则，且该原则一直被认为是二十世纪最具有价值、最具创意和最具灵活性的法律选择理论。目前，最密切联系原则已经被很多国家国内立法确认为法律选择的一般原则。在我国，2010 年《涉外民事法律关系法律适用法》第六条把它确认为冲突法规范体系的一般性补充原则。

一、贝科克诉杰克逊（Babcock v. Jackson）案件案情及法官意见

1954 年，纽约州上诉法院富德（Fuld）法官审理“奥汀诉奥汀（Auten v. Auten）”案件，确立了最密切联系原则的雏形。在该案件中，富德法官采用了“重力中心地”（Center of Gravity）和“联系集中地”（Grouping of Contracts）法律选择思想，在司法实践中开辟了法律选择新领域，他因此“为自己赢得了普遍赞赏，并对法律选择理论第一次起了奇妙作用”。[①]1963 年，富德法官审理“贝科克诉杰克逊”案件，再次阐述他的法律选择理论，该案件被认为是导致最密切联系原则产生的最为重要的案例。

（一）贝科克诉杰克逊案件案情

1960 年 9 月 16 日（星期五），贝科克（Babcock）女士乘坐朋友威廉·杰克逊（William Jackson）夫妇的汽车前往加拿大度周末。他们都是纽约州罗切斯特居民，旅行从纽约州罗切斯特出发。杰克逊夫妇是汽车所有者和驾驶者，贝科克女士是搭乘者（occupant）。几小时之后，当杰克逊先生驾

① W. Reese，Chief Judge Fuld and Choice-of-law，71 Colum. L. Rev. 551（1971）.

驶汽车在加拿大的安大略省境内行驶时，汽车突然失控，冲下高速公路，撞到路边的石头护栏，致使贝科克女士身受重伤。回到纽约州后，贝科克女士对杰克逊提起诉讼，要求杰克逊先生赔偿因驾车过失给她造成的损失。[①]初审，哈尔彭（Halpern）法官驳回原告诉讼请求。贝科克女士不服，提出上诉。

（二）上诉法院意见

1963年，上诉法院富德法官审理了该案件，支持了贝科克女士请求。富德（Fuld）法官认为，《第一次冲突法重述》包含的传统冲突规则——侵权行为地法决定侵权案件实体权利和义务，来源于既得权理论。由于缺乏对政策和环境因素考量，既得权理论已趋向被抛弃或被修正。[②]在1954年审理的“奥汀诉奥汀（308 N.Y. 155）”案件中，法院已经放弃传统规则，而采用的“重力中心地”或“关系聚集地”冲突法理论。富德指出在这种理念下，奥汀案件放弃当事人意图、成立地和履行地，重点关注最密切联系地法。奥汀案件创立的“重力中心地”规则已经在其他州开始适用，并代替以前僵硬的合同冲突规范。[③]

富德认为，现代社会，旅行中人受他们旅行穿越州法律管辖是不公正的和反常的。一个乘飞机的旅行者，从纽约出发，经过几小时飞行，可以穿越联邦共和国。他的飞机可能由于坏天气或意外事件在他从未想经过但是却飞入的某一个州遇到灾难，或者飞机在一个州开始灾难性追降，却在另一个州着陆。损害发生地完全是偶然的。法院应尽可能地保护本州公民

① Lea Brilmayer，Jack Goldsmith，Conflict of Laws：Case and Materials，Fifth Edition，p.188；Babcock v. Jackson，12 N. Y. 2d 473，191 N. E. 2d 279，240 N. Y. S. 2d 743（1963）.

② Babcock v. Jackson，12 N. Y. 2d 473，Opinion of the Court，Fuld，J.

③ Id.

避免遭受类似灾难引发诉讼造成的不公正和时代错误的判决。①富德认为美国司法实践中有很多超越传统规则的案例，它们在两个方面极为相似。一是，基于一个或另一个基本原理，如果侵权行为地对所涉及争议没有合理或相关利益，它们放弃一成不变地适用侵权行为地法；二是，在上述案件中，法院在考量案件情况之后，适用侵权行为地法以外的法律，因为该法律对涉及法律争议具有排他性利益。②

法院在冲突法案例中采用的“重力中心地”或“联系聚集地”理论包含的“联系”给我们很深刻的印象，能够提供恰当方法协调涉及侵权案件各州相互竞争的利益。依据法律与事件或当事人的联系，通过适用与诉讼争议有最大联系的法律，能更好实现公正、公平和最好结果（Swift & Co. v. Bankers Trust Co.，280 N. Y. 135，141，supra）。这种规则的优点是赋予与问题有关的最大利益地法律对特定事实情况争议最重要的控制权，允许法院适用管辖权政策——适用与诉讼结果有最密切联系的法律。③在贝科克诉杰克逊案件中，比较纽约和安大略省相关利益和联系，纽约州无疑具有更大、更直接联系和利益，这一点非常清楚，而安大略省与案件的联系和利益非常小。该案件中，由于纽约州车主过失，纽约州乘客受到伤害，驾驶汽车在纽约州登记、存放和投保，周末履行出发点和终点也是纽约。鲜明对比，

---

① Babcock v. Jackson，12 N. Y. 2d 473，Opinion of the Court，Fuld，J.

“Modern conditions make it unjust and anomalous to subject the traveling citizen of this State to the varying laws of other States through and over which they move. An air traveler from New York may in a flight of a few hours' duration pass through commonwealths [limiting death damage awards] . His plane may meet with disaster in a State he never intended to cross but into which the plane has flown because of bad weather or other unexpected developments，or an airplane's catastrophic descent may begin in one State and end in another. The place of injury becomes entirely fortuitous. Our courts should if possible provide protection for our own State's people against unfair and anachronistic treatment of the lawsuits which result from these disasters.”

② Id.

③ Id.

安大略省与案件唯一联系就是纯偶然情况：事件发生地。[①]因此，该案件应适用与案件有最密切联系的法律——纽约州法律。

（三）贝科克诉杰克逊案件与最密切联系原则

在该案件中，富德法官审判意见不止一次提到“最密切联系”，但他整个法律意见并没有提到如何判定“最密切联系”，根据什么标准判定“重力中心地”或“联系聚集地”，他也没有提到考虑因素，仅仅是批判了传统冲突规则不合理性，提出了案件应适用与该案件有最密切联系的法律的指导思想，并未提出最密切联系原则的内涵、适用方法和考量对象或因素。可见，贝科克诉杰克逊案件的历史作用是打破了美国司法实践中涉外侵权之债适用侵权行为地法的古典传统，但并未提出切实可行的法律选择方法。这与欧洲大陆的特征履行原则极为相似，特征履行原则也提到在合同领域适用与案件有最密切联系的法律。但特征履行说在某种程度上优于最密切联系原则，因为它直接把最密切联系地法律具体化为特征履行方营业地或住所地法，使自身具有了操作性，而最密切联系原则在操作性层面到目前为止一直步履维艰。

二、《第二次冲突法重述》与最密切联系原则

（一）《第二次重述》相关条款

里斯在《第二次重述》总则中提到法律选择过程中需要考虑的重要因素——“重要联系”和法律选择原则，Lea Brilmayer 和 Jack Goldsmith 认为此“重要联系”和法律选择原则构成了最密切联系原则的核心内容[②]。《第二次重

① Babcock v. Jackson，12 N. Y. 2d 473，Opinion of the Court，Fuld，J.

② Lea Brilmayer，Jack Goldsmith，Conflict Of Laws：Case and Materials，Fifth Edition，p.181.

述》与最密切联系原则有关的总则和分则的几个条款如下。

第一条，冲突法存在的原因。世界由法律制度彼此独立且具有相互差异的国家组成。事件和交易的发生，争议的形成，可能与一个以上的国家具有重要联系，因此，有必要制定特别的规则和方法体系予以调整和裁决。[①] 第二条，冲突法的主旨。冲突法是各国法律的一部分，它确定与一个以上的国家具有重要联系的案件被赋予何种效力。[②] 第五条，国际私法性质及发展。国际私法规则，特别是法律选择规则，以判例法为主。从这种意义上讲，它像其他普通法规则一样，需要公开接受检验。检验这些规则的过程中，不仅需要考虑相关地方实体法规则中具体的立法目的或法律原则（policy[③]），还要考虑涉及跨法域事件的一般法律原则。[④] 第六条，法律选择原则。1．在宪法授权范围内，法院应遵循本州冲突法立法规定。2．如果没有相关立法规定，选择准据法时应考虑以下因素：（1）州际和国际体制的需要；（2）法院地有关立法的原则或目的；（3）其他对案件具有利害关系州的立法原则

① Restatement (second) of Conflict of Laws § 1 (1971), § 1 Reason for the Rules of Conflict of Laws.

② Restatement (second) of Conflict of Laws § 2 (1971), §2 Subject Matter of Conflict of Laws.

③ Policy，依据元照法律词典，其核心意思是：政策；法的目的，源自拉丁文 politia，其原意为国家、政府，指用以指导政府处理公共事务或者立法机关制定法律的一般原则。若其适用于某一制定法、法规、法律规则、诉因等，则是指与该国的社会或政治福利相联系而可能产生的结果、趋势或目标。因此，某些行为，除因违法（illegality）或不符合道德（immorality）外，还可以因为其具有危害性趋势并可导致国家、社会利益受损，故法律拒绝承认其效力或强制执行。这些行为就被认为“违反公共政策”（against public policy）。此外，在立法中，某一制定法的目的（policy of a statute）是指该法之所以通过或由议会制定的意图。在不同国家和不同时期，一个国家对待政策有很大的不同，用政策代替或者指导法律实施毕竟是少数国家暂时的政策。如果法律制定和法律研究过多受政策影响，那么仅仅有政策就可以了。

④ Restatement (second) of Conflict of Laws § 5 (1971), § 5 Nature and Development of Conflict of Laws.

或目的以及在处理某一特定问题时这些州的有关利益；（4）正当期望保护；（5）特定法律领域的基本原则或立法目的；（6）审判结果的确定性、可预见性和一致性，以及（7）准据法易于确定和适用。[①]

第一百四十六规定，对人身和有形财产的损害案件，应适用损害发生地州的法律，除非其他州与案件具有最密切的联系。[②]在涉外婚姻领域，第一百五十四条规定根据被诉行为发生地法确定婚姻关系当事人的责任，除非在特殊问题上，根据第六条规定的原则，另一州与争议的发生和当事人有重要的联系。[③]在涉外合同领域，第一百八十八条还提出了选择准据法时应该考虑的具体因素；在涉外侵权之债领域，第一百四十五条列举了法律选择需要考虑的具体因素。第一百八十九条规定：《第二次重述》确立的法律选择原则，这些原则规定特定州的法律应予以适用，除非在特定问题上，其他州与案件当事人或案件具有更大联系，在这样的情况下，适用另一州的法律。[④]在合同领域，如果当事人双方未选择法律，有关土地权益转让的合同，适用土地所在州的法律，除非其他州对该案件有最密切联系。[⑤]

---

① Restatement (second) of Conflict of Laws § 6 (1971).

Choice-of-Law Principles:

(1) A court, subject to constitutional restrictions, will follow a statutory directive of its own state on choice of law (2) When there is no such directive, the factors relevant to the choice of the applicable rule of law include (a) the needs of the interstate and international systems, (b) the relevant policies of the forum, (c) the relevant policies of other interested states and the relative interests of those states in the determination of the particular issue, (d) the protection of justified expectations, (e) the basic policies underlying the particular field of law, (f) certainty, predictability and uniformity of result, and (g) ease in the determination and application of the law to be applied.

② Restatement (second) of Conflict of Laws § 146–147 (1971).

③ Lea Brilmayer, Jack Goldsmith, Conflict of Laws: Case and Materials, the Fifth Edition, p.264.

④ Restatement (second) of Conflict of Laws § 189 (1971).

⑤ Restatement (second) of Conflict of Laws § 189 (1971).

（二）最密切联系原则理论残缺

从《第二次重述》内容看，里斯并没有给出最密切联系原则明确的定义，仅仅阐述了冲突法的宗旨和产生原因，以及在法律没有明确规定的情况下，考虑何种因素进行法律选择，如第二条提到的“重要联系”，第六条提到的法律适用原则和考虑因素。而且第六条明确表明了，本州有关冲突立法的优先适用。除此之外，里斯在合同和侵权领域提到适用与案件有最密切联系的法律，却没有对最密切联系原则进行进一步的理论建构。但是，这个原则被法院和学者频繁地表述为：法院审理特定争议时应该适用与争议有最重大联系（the greatest concern）州的法律。[①] 在里斯的观念中，与方法（Approach）相比较，规则（Rule）是最重要的，他甚至认为，坏的规则要远远好于没有规则，因为坏的规则被推翻以后会产生判决结果的可预见性和一致性。[②] 他在文章中提到《第二次重述》中的“最密切联系原则”是一个考虑一个或多个因素的法律选择“方法”[③]，而不是一个“规则”。[④] 里斯认为《第二次重述》第六条提供列举了一些被认为是最密切联系原则适用时考虑的因素，但是，

---

① Babcock v. Jackson，12 N.Y.2d 473，191 N.E.2d 279，240 N.Y.S.2d 743（1968）；A. Von Memen & D. Trautman，The Law of Multistate Problems 341−76（1965）.

② Willis L. M. Reese，Choice of Law : Rules or Approach，57 Cornell L. Rev. 315，1971—1972，p.320.

Bad rules may well be worse than no rules at all. In any event，bad rules are likely to be avoided or overturned by the courts and hence are unlikely to produce predictability and uniformity of result.

③ 里斯本人是反对采用方法解决法律冲突问题的。

④ Willis L. M. Reese，Choice of Law : Rules or Approach，57 Cornell L. Rev. 315，1971—1972，p.316.

By “approach” is meant a system which does no more than state what factor or factors should be considered in arriving at a conclusion. An example of an approach is section 6 of the Restatement（Second）of Conflict of Laws which lists “factors relevant to the choice of the applicable rule of law”，but neither states how a particular choice of law question should be decided in light of these factors nor what relative weight should be accorded them.

这并不是说根据这些因素来决定和衡量哪一个法律与案件具有最密切联系。[①]另一方面，该原则和考虑因素也同样无法详细说明为什么另外一个州在案件上具有最密切联系。[②]可见，里斯虽然在《第二次重述》中提出了“重要联系”“法律选择原则”“法学选择考虑的因素”和“最密切联系的法律”等观念，却没有对最密切联系原则理论进行进一步的建设。在他的观念中，方法是为了创立规则而存在的，是次要的，因此他没有对“最密切联系”方法投入精力建设。最终，所谓的最密切联系原则根本没有自己的理论体系。

如同美国法官和学者频繁演绎最密切联系原则一样，目前我国有关最密切联系原则的理论，也已经经过了多重演绎。有学者认为，最密切联系原则是指当事人没有选择法律或选择无效的情况下，法院在与案件有联系的国家中，选择一个与该法律关系有重大联系、利害关系的国家的法律予以适用。[③]有学者认为，最密切联系原则又称最强联系原则是指法院在审理某一涉外民事案件时，不能拘泥于某一个或几个客观因素来决定适用哪一个国家的法律，而应从质和量这两个角度对与案件有关的主、客观因素进行综合分析，寻找法律关系的“重力中心地”，该重力中心地所属国的法律即为审理该案所应适用的法律。[④]虽然，我国学者结合自身对该原则理解，对最密切联系原则进行了研究和演绎，但是，最密切联系原则理论体系仍然没有形成，我们看到的大多数只是一个不完整的概念和该原则所谓的形成历史。最密切原则的外延是什么，什么是该原则指称的“联系”[⑤]，最密切联

---

① Willis L. M. Reese, Choice of Law : Rules or Approach, 57 Cornell L. Rev. 315, 1971—1972, p.325.

② Id, p.325.

③ 赵相林主编:《国际私法》，中国政法大学出版社 2005 年版，第 246 页。

④ 丁伟著:《冲突法》，法律出版社 1996 年版，第 187 页。

⑤ Willis L. M. Reese, Choice of Law : Rules or Approach, 57 Cornell L. Rev. 315 1971—1972, p.317. Willis Reese 认为确定“联系”，首先确定构成潜在具有利益州的有关有约束力的或成文的地方法律的立法目的。

系中的“最密切”该如何界定，如何在具体案件中适用这一原则等等，这些问题里斯没有给出具体的方法，我们也无从完善这一原则。

三、最密切联系原则缺乏操作性

最密切联系原则理论不完善，直接导致了一个后果，那就是该原则不具有操作性，很难在具体案件中适用。最密切联系原则指称的“联系”是什么，最密切联系中的“最密切”该如何界定，以及如何在具体案件中适用这一原则等有关问题，都没有理论和技术标准。里斯认为在特定问题上适用最密切联系的法律需要进一步的讨论，确定最密切联系州的过程很可能被证明是困难和令人沮丧的。[①] 他指出最密切联系原则中的“联系”首要的是确定相关法律的基本原则或立法目的，这本身就是一个抽象的问题。在确认哪一个州具有重大联系时，法官通常要先确定构成潜在具有利益州的有关有约束力的或成文的地方法律的立法目的或法律原则，这通常是一项繁重、困难和令人沮丧的工作。[②] 他特别重视州法律的法律规则，认为法官在没有法律规则指导时适用有重大联系州法律审理特定争议是一项极其困难的任务。他还认为适用最密切联系原则选择法律时，所根据的是几个法律原则中的一个，而且它不一定是最重要的法律原则，这种做法是存在问题的。相应的，如果在寻找与案件有最密切联系的州时，法院发现会消耗超出比例的大量时间，或者没有合理基础或原因确定构成拟选用的准据法的法律目的，法院就会抛弃这一原则。[③] 里斯认为《第二次重述》第六条提供的法律适用原则和考虑因素，可以适用于一些特定案件，因而该原则为

---

① Willis L. M. Reese，Choice of Law : Rules or Approach，57 Cornell L. Rev. 315 1971—1972，p.322.

② Id，p.317.

③ Id，p.323.

法院选择法律提供了某些指导；另一方面，该原则和考虑因素也同样无法详细说明为什么另外一个州在案件上具有最密切联系。[①] 第六条列举了一些被认为是最密切联系原则适用时考虑的因素，但是，这并不是说根据这些因素来决定和衡量哪一个法律与案件具有最密切联系。[②] 里斯只提出了“最密切联系”的观念，没有建立相应的适用方式和适用步骤。美国司法实践“先例”也并未该原则提供具体考虑因素、适用程序和步骤。

最密切联系原则操作性缺失加剧了该原则适用结果的不确定性和不可预见性。事实上，适用最密切联系原则所带来的困境已经被纽约州上诉法院的惨痛经历所证实。纽约州法院在贝科克诉杰克逊案件中第一次明确地支持了这一原则，而且事后一直保持对该原则最热忱的支持。[③] 但是从贝科克时代开始，由于最密切联系原则导致的不确定性和不可预见性，纽约州上诉法院已经被上诉案的洪水所淹没，并被反对意见所摧毁。[④] 可见，即使最密切联系原则具有无可比拟的价值，灵活的法律选择方式足以保证形式公正和实体公正的统一，如果没有具体的适用方式，那么任何法律原则也只是一个没有生命力的抽象理论，无法服务于司法实践。

四、最密切联系原则适用之法律文化困境

最密切联系原则来源于美国司法实践，美国法官和学者对该原则不断地

---

① Willis L. M. Reese，Choice of Law : Rules or Approach，57 Cornell L. Rev. 315 1971—1972，p.325.

② Id，p.325.

③ Id，p.318.

④ E. g. Miller v. Miller，22 N.Y.2d 12，237 NXE.2d 877，290 N.Y.S.2d 734（1968）；Macey v. Rozbicki，18 N.Y.2d 289，221 N.E.2d 380，274 N.Y.S.2d 591（1966）. Since the time of Babcock，because of the uncertainty and unpredictability it engendered，the court has been deluged by appeals and wracked by dissent.

进行推演。但是到目前为止，最密切联系原则仍没有必要的操作方法，其适用基本上依靠法官的分析和判断。法官凭借自己对冲突法的理解，对法律选择原则和《第二次重述》在总则和分则的具体法律关系领域列举的因素进行分析判断，然后根据这一判断决定适用那一个法律确定当事人的权利和义务。最密切联系原则是最具灵活性的，赋予法官无限自由裁量权的法律选择方法，其适用是一个自由心证[①]过程。最密切联系原则是里斯在总结美国国际私法理论和实践的基础上提出的，该原则的产生和发展都植根于美国的法律文化之中，深深打上了美国法律历史和传统的烙印。

目前，我国已经引入最密切联系原则，并把它作为国际私法的一般原则确立起来。法律移植是法律前进和发展的一种方式，借鉴和引进外国优秀的法律制度和原则，是法律现代化的一种方式。在法律移植的过程中，一定要讲究法律移植技术和方法，并且要关注与优秀的法律制度或原则相辅相成的法律文化。法律移植技术和方法可以弥补，但法律文化难以逾越。美国法律文化的特征包括：遵循先例、法官造法、法官具有较大自由裁量权和高素质法官团体等，其中与最密切联系原则具有直接关系的就是法官享有的自由裁量权和高素质的法官团体。因为最密切联系原则理论体系不完整、操作性很差以及原则本身具有的灵活性，需要一个高素质的法官团体，充分发挥主观能动性，结合自己多年积累的审判经验予以配合实施。这些法官要经过长期的司法实践，要对法律，尤其是冲突法，有透彻的了解，并能能动地发挥自由裁量权，这样的团体才能够准确适用这样一个灵活地法律选择方法。而我国采用制定法，严格限制法官的自由裁量权，同时我国法官团体整体素质不高，近些年虽有好转，但大多数法官法学功底仍然

---

① 自由心证原则的主要内涵是，法律不预先设定机械的规则来指示或约束法官，而由法官针对具体案情。根据经验法则、逻辑规则和自己的理性良心来自由判断证据和认定事实。自由心证（在我国又被称为内心确信制度）是指法官依据法律规定，通过内心的良知、理性等对证据的取舍和证明力进行判断，并最终形成确信的制度。

较为薄弱，在涉外民事领域更甚之，因此最密切联系原则在我国适用存在配套法律文化缺失状况。在司法实践中，由于司法理念和法官文化的不同，我国法官适用最密切联系方法时存在误区。我国一些法官审理涉外民事案件时会把简单的“涉外联系”作为适用最密切联系原则标准和根据，有时是为了避开适用外国法或外国法查明——这一个泥潭，用简化的方法代替最密切联系方法，并把这种简单的方法指称为最密切联系原则。实际上，这是法官为简化司法任务而实施的一个权宜之计。①

无论是从《第二次重述》内容看，还是从里斯撰写的文章看，或是从美国司法实践“先例”看，最密切联系原则都没有形成合理理论体系。里斯认为既有的法律规则和先例应优先适用；在没有相应法律规则时或者出现法律的局限性时，才考虑根据“方法”解决法律冲突问题，这种思想在他1971年撰写的《冲突法：规则或方法》（*Choice of Law*：*Rules or Approach*）一文中体现得淋漓尽致。但是，在《第二次重述》中，里斯建立的冲突规则中包含最密切联系原则优先于冲突规范适用的规定，如第一百四十六条和第一百五十四条。正如Lea Brilmayer和Jack Goldsmith所言，最密切联系原则存在自相矛盾的精神分裂现象。事实上，最密切联系原则是一个理论体系不健全、自相矛盾的事物。但是，里斯继承和发扬了萨维尼分析法律关系的研究方法，在法律关系研究与法律选择层面，里斯走得更远，他不仅研究法律关系的本质和分类，而且对具体法律关系中的具有法律选择意义的因素进行了列举，并指出在法律选择过程中应予以着重考虑这些因素。里斯研究法律关系的思路和方法，非常值得我们学习和借鉴。

---

① 方杰：《最密切联系原则适用方式探析》，载《南阳师范学院学报》2011年第8期。

第八章

二十世纪欧洲冲突法改良

二十世纪以前，欧洲国际私法研究一直走在世界最前沿。二十世纪中期以后，世界范围内国际民商事关系蓬勃发展，欧共体和欧盟相继成立致使欧洲内部生产要素跨国界自由流动成为常态。同时，欧盟法发展十分可观，欧盟某些领域的法律政策和经济法律（经济公法和私法）已经实现统一，并且欧盟法最主要法律渊源——其所涵盖的一级法，无须转化就可以直接在欧盟成员国国内适用。传统的国家间法律冲突正在逐步弱化，在这样的背景下，一些学者坚守冲突法传统，反思以往的国际私法理论，以寻求更为高效的冲突规则和法律选择理论和方法；另一些学者力推实体法统一，法律冲突解决的实体法主义逐渐发展。

第一节　特征履行说

一、特征履行说起源

特征履行说（Characteristic Performance），又称瑞士方法，是瑞士有关合同的冲突法发展的结果。它起源于瑞士法律原则和法哲学，是瑞士文化的产物，并在瑞士联邦法院司法实践中得以发展[①]。最早特征履行观念出现

① Kurt Lipstein，Characteristic Performance — A New Concept in the Conflict of Laws in Matters of Contract for the EEC，3 Nw. J. Int'l L. & Bus. 405（1981）.

于二十世纪初期，1902 年，瑞士法学家哈伯格（Harburger）提及，每个合同都有一个不同于其他合同的特征，在买卖合同中，是卖方而不是买方，其住所地在确定法律适用中起着主导作用。[①] 后来，瑞士著名法学家施尼泽（Schnitzer）发展了特征履行观念，他提出，在这两个方面[②]，我们仅仅应该关注一个法律，即：履行合同特征义务地法律。[③] 并且，他以 1908 年《佛罗伦萨草案》、1926 年《波兰国际私法》和 1948 年《捷克斯洛伐克国际私法》为立法例，以形式逻辑为指导，通过梅利曼所说的“逻辑推理”，对特征性履行方法进行了进一步的概括和提炼，提出了“特征性履行方法”。[④] 他认为特征履行说是一种“现代理论”的研究性结论，从而使这个法律选择的个别方法上升到了具有普遍意义的一般方法。[⑤] 自此，特征履行说得以形成，并对欧洲国际私法合同之债法律适用产生了深远影响，以致欧洲大多数国家在国内冲突法立法中确认了这一原则。

二、特征履行说内容

（一）特征履行说定位

特征履行说是指，在涉外合同之债领域，如果当事人没有合意选择合

---

① Mingjie Zhang, Conflict of Laws and International Contract for Sale of Goods, edition Paradigme, 146 (1997).

② 与卖方和买方相关的支配他们各自履行的法律。

③ Kurt Lipstein, Characteristic Performance — A New Concept in the Conflict of Laws in Matters of Contract for the EEC, 3 Nw. J. Int'l L. & Bus. 405 (1981).

Even during this period, a well-known writer, Schnitzer, advocated that in both respects attention should be concentrated on one legal system only, namely the law of the country where the obligation characteristic of the contract as a whole was to be performed.

④ 徐冬根著:《国际私法》，北京大学出版社 2009 年版，第 144 页。

⑤ 同上; A. F. Schnitzer, La loi applicable aux contracts, Revue critique de driot international privé, 476 (1955 Ⅲ)。

同应适用的法律，法院或法官适用合同客观最密切联系地法[①]，并依据合同特征履行方住所或营业所确定客观最密切联系地。特征履行说是形式理性的表现，且形式理性是法律的重要属性。特征履行说采用纯形式的、客观的、不包含价值判断的理性方法，用形式上的合理逻辑为涉外合同之债法律适用寻求解决方法，增加了法律适用的确定性与合理性，但也兼具机械性。特征履行说定位类似于最密切联系原则，属于补充性法律选择原则。所谓补充性法律选择原则是指，基于法律关系本质，每一类法律关系都有传统的富有价值的法律选择原则，如合同之债首要的传统的富有价值的法律选择原则是意思自治原则，与法律关系本质有关的传统的法律选择模式是该类法律关系首要法律选择原则，而最密切联系原则和特征履行说是在首要法律选择原则不能发挥效能，或者不存在的情况下才会被启用。

（二）特征履行确定标准

瑞士联邦法院对“特征履行”进行了解释，意图确定为合同一方当事人承担的争议合同类型所特有的或标志合同本性的义务。[②]后来，瑞士在司法实践中逐渐形成了从不同类型合同总结出的明确“特征义务”体系，如下[③]：货物销售合同，卖方住所或营业所；土地买卖，物之所在地；货物运输，承运人所在地法；保险，保险人或其分支机构营业地；信托，信托人所在地

---

① Kurt Lipstein，Characteristic Performance — A New Concept in the Conflict of Laws in Matters of Contract for the EEC，3 Nw. J. Int'l L. & Bus. 405（1981）; Judgment of Dec. 3，1946，BGE 72 I 405，411. *See also* Judgment of Feb. 17，1953，BGE II 75，78 ; Judgment of Apr. 23，1951，BGE 77 11 86，92 ; Judgment of Oct. 21，1941，BGE 67 11 179，b181 ; Judgment of Feb. 12，1952，BGE 78 II 75，78.

② Id，p.407.

The Tribunal aimed to pinpoint that obligation incumbent upon one of the contracting parties which is peculiar to the type of contract in issue，or which marks the nature of the contract.

③ Id，pp.407－409.

等等。后来，瑞士国际私法学者又发展了该理论，认为确认特征履行需要考察合同功能，特别是合同有关社会功能，这种功能通过合同权利和义务呈现，一般情况下取决于非金钱履行方的履行。①1987 年《瑞士联邦国际私法》第一百一十七条，规定了特征履行说确定特征履行方法：第一，当事人没有选择法律，合同应适用与其有最密切联系的法律。第二，特征履行方惯常居所地国家，或者合同涉及专业或者商业行为，这一方当事人营业地国家，与合同有最密切联系。第三，特征履行需要特别考虑以下因素：转让合同中卖方的履行、转让物或权利使用权合同中转让方的履行；劳务合同或类似合同所提供的劳务；监护合同的监护义务；等等。②

（三）特征履行说连接点

特征履行说连接点是特征履行方与案件有最密切联系的营业地或住所地，在一般情况下就是指特征履行方营业地或住所地，其本质是一个客观标志。瑞士冲突法理论和实践，一方面，区分支配合同成立的法律和支配合同实体效力的法律，这被称之为“大断裂”；另一方面，有关合同实体效力，区分支配合同当事人各自履行的法律，这被称为“小断裂”。③1952 年，

---

① Oliveira，“Characteristic Obligation” in the Draft EEC Obligation Convention，25 AM. J. COMP.L. 303（1977）.

② Article 117 of Switzerland’s Federal Code on Private International Law（CPIL）of December 18，1987.

③ Kurt Lipstein，Characteristic Performance — A New Concept in the Conflict of Laws in Matters of Contract for the EEC，3 Nw. J. Int'l L. & Bus. 1981，p.405.

The Swiss solution was the outcome of a legal development in the conflict of laws in matters of contract peculiar to that country. Swiss theory and practice had distinguished，on the one hand，between the law governing the conclusion of the contract and the effects of the contract（known as the “great scission”），while on the other hand，with respect to the effects of the contract，it distinguished between the laws governing either party's respective performance（known as the “little scission”）.

瑞士联邦法院放弃了“大断裂”原则①，并重新评估自己先前的当事人没有明示和默示选择合同适用法律情况下合同实体效力的法律选择方法。②起初，联邦法院采用合同当事人各自履行地法；后来，为了避免“小断裂”原则带来的困境，联邦法院采用客观最密切联系地（closest connection）法或推定双方当事人意图选择的法律。③最密切联系标准缩小到表面上与特征履行方住所或营业所所在国家一致。④1980年《欧盟合同之债法律适用公约》第四条规定了“特征履行原则”：合同与特征履行方签订合同时惯常居所地或具有实体机构时营业机构管理中心所属国家有最密切联系。⑤接着，该公约把

---

① Id, p.406 ; Judgment of Feb. 12, 1952, ENTSCHEIDUNGEN DES SCHWEIZERISCHEN BUNDESGERICHTS [BGE] 78 II 75, 85 (Switz.); Knapp, 5 ANNUAIRE SUISSE DE DROIT INTERNATIONAL 83 (1948).

② Id, p.406 ; Judgment of Feb. 22, 1949, Holzer v. Handjian (unreported), ANNUAIRE DE DROIT SUISSE INTERNATIONAL 115 (1948). Judgment of Oct. 26, 1937, BGE 63 II 383, 385 ; Judgment of Sept. 26, 1933, BGE 59 II 355, 362 ; Judgment of Dec. 17, 1932 BGE 58 II 433, 435.

③ Id, p.406 ; Judgment of Dec. 3, 1946, BGE 72 I 405, 411. See also Judgment of Feb. 17, 1953, BGE II 75, 78 ; Judgment of Apr. 23, 1951, BGE 77 11 86, 92 ; Judgment of Oct. 21, 1941, BGE 67 11 179, b181 ; Judgment of Feb. 12, 1952, BGE 78 II 75, 78.

Previously, the Federal Tribunal had relied first on the laws of the respective places of performance and later (in order to avoid the difficulties arising out of the “little scission”) on that law indicated objectively by its closest connection or by the hypothetical intention of the parties.

④ Id, p.406 ; For references to unpublished decisions, ANNUAIRE SUISSE DE DROIT INTERNATIONAL, note 1 I supra.

The criterion of “closest connection” 'was now narrowed down to coincide prima facie with the country where that party owing the “characteristic performance” resides or operates.

⑤ Richardson, Nicky (1989), the Concept of Characteristic Performance and the Proper Law Doctrine, *Bond Law Review* : Vol. 1 : Iss. 2, Article 9.

Article 4 (2) of the EEC states that ... it shall be presumed that the contract is most closely connected with the country where the party who is to effect the performance which is characteristic of the contract has, at the time of conclusion of the contract, his habitual residence, or in the case of a body corporate.., its central administration。

“最密切联系”等同于“特征履行地”。因此“特征履行”表现为，或是住所地或管理中心所在地，或是特征履行债务人最主要营业地。[①]特征履行可以总结为一个公式：特征履行 = 最密切联系 = 特征履行方营业地或住所地。

（四）特征履行说立法状况

在国内法层面，最初，1908 年《佛罗伦萨草案》（*Florence Project*）就已经蕴含了特征履行思想；1926 年《波兰国际私法》、1948 年《捷克斯洛伐克国际私法》以及原民主德国《国际私法》，均采用了特征履行说作为合同法律适用的方法[②]；继后，欧洲大陆其他国家也相继在国际私法立法中采用这一原则。1980 年开始，澳大利亚采用特征履行说。在国际法层面，1955 年海牙《关于国际货物买卖法律适用公约》第三条规定，如果合同当事人未指定应适用的法律，依卖方收到订单时惯常居所地国家的国内法，这是典型特征履行说思想；1980 年《欧盟合同之债法律适用公约》第四条规定了“特征履行原则”。无论从国际法层面，还是从国内立法层面，特征履行说都已经在很大范围内获得认可，尤其是在欧洲。

我国《民法通则》第一百四十五条也规定，在当事人对合同准据法缺乏明示选择时，“适用与合同有最密切联系的国家的法律”。2008 年，我国最高法院颁布的《最高人民法院关于审理涉外民事或商事合同纠纷案件法律适用若干问题的规定》（法释〔2007〕14 号）第五条第一款做出同样规定。最高人民法院 1987 年《解答》，我国采用“特征性履行原则”作为对合同“最密

---

① Kurt Lipstein, Characteristic Performance — A New Concept in the Conflict of Laws in Matters of Contract for the EEC, 3 Nw. J. Int'l L. & Bus. 404 (1981).

Subsequently, the Convention identifies the “closest connection” with the place of the characteristic performance. The place of the characteristic performance is then revealed to be either (1) the place of habitual residence or central administration, or (2) the principal place of business of the debtor owing the particular characteristic performance.

② 徐冬根著:《国际私法》，北京大学出版社 2009 年版，第 145 页。

切联系地”进行界定的依据，同时规定人民法院按照最密切联系原则确定所适用的法律，在通常情况下包括：国际货物买卖合同，适用合同订立时卖方营业所所在地的法律；银行贷款或者担保合同，适用贷款银行或者担保银行所在地的法律；保险合同，适用保险人营业所所在地的法律；加工承揽合同，适用加工承揽人营业所所在地的法律；技术转让合同，适用受让人营业所所在地的法律；工程承包合同，适用工程所在地的法律；仓储保管合同，适用仓储保管人营业所所在地的法律；等等。从我们国家立法及司法解释看，我们国家是采用的大陆法系特征履行说，而非英美法系最密切联系原则。

三、特征履行说评价

（一）仅适用于合同领域

从瑞士司法实践和欧盟国际私法公约看，特征履行说是涉外合同之债法律选择原则，是在合同当事人未选择法律的情况下，法官或法院依据此原则寻找涉外合同应适用的法律。特征履行说起源于瑞士司法实践，正是由于瑞士冲突法理论与实践在合同领域存在“大断裂”和“小断裂”原则，特别是“小断裂”原则自身包含的困境和矛盾，造就了该学说。特征履行说是合同之债补充性法律选择原则，它自身理论体系和法律选择方式决定它只能在合同之债领域适用，在其他法律关系领域无法适用。如果把特征履行说适用于婚姻家庭领域，会出现违反正义原则和婚姻家庭有关法律立法目的的情形。涉外收养或涉外监护，特征履行方似乎是收养人或监护人一方，如果适用特征履行方法律，一般会适用收养人或者监护人惯常居所地法，会致使被收养人和被监护人权益得不到好的保护，甚至得不到保护，这就违反了国际私法所追求的特殊政策——弱者保护原则，在收养和监护领域应该更为关注和保护被收养人和被监护人利益。在侵权和物权领域（物权转让合同除外），特征履行说根本无从涉足。

（二）依据客观标志确定准据法

从特征履行说内容和适用方式来看，它并非灵活的法律选择方法，而是一个依据客观标志确定准据法的法律选择方法。首先，要确定特征履行方，往往是合同非金钱履行方；然后，根据非金钱履行方的惯常居所或者营业地选择法律，这些客观标志位于哪个法域，哪个法域所运行的法律就是应该适用的法律。简言之，涉外合同之债适用非金钱履行方住所地法或营业地法，这是典型依据客观标志确定涉外合同法律适用的传统方法，只不过在客观标志说中加入了一定理念，诸如合同特性、选择更好的法律等，特征履行说对客观标志说有所超越，但总体上超越有限。从另一角度看，特征履行说更具操作性，它避免了英美法系最密切联系原则产生的困境，也不必系统研究合同法律关系的类型及其本质，仅仅依据特定标志完成法律选择，具有很强的实用性。1980 年开始，澳大利亚抛弃了英美法系合同自体法原则（the proper law doctrine）采用特征履行说。剑桥大学法学家尼克（Richardson，Nicky）指出，在英国和澳大利亚，合同自体法令人很不满意，英格兰将不可避免地接受特征履行观念。①

（三）特征履行说困境

特征履行说并不比履行地标准、推定的当事人意图、合同自体法、法律关系本座和最密切联系地更为明确具体，需要建立特征履行分类标准体系辅助配合法律选择，诸如建立特定合同类型法律适用的双边或多边冲突规范。而且，对合同进行分类并不能确定特征履行，瑞士司法实践建立的“特征义

① Richardson，Nicky（1989），the Concept of Characteristic Performance and the Proper Law Doctrine，Bond Law Review：Vol. 1：Iss. 2，Article 9.

务”体系以及其他国家（包括我国）纷纷效仿构建的确定特征履行标准体系，其合理性存在很大疑问，因为确定特征履行标准的连接因素选择过程较为随意和武断，并经常被歪曲解释。①特征履行说依据客观标志构建双边冲突规范以选择案件应适用的法律，难逃传统双边冲突规范机械、僵化的困局。而且，特征履行说推定所有的合同当事人都是由金钱履行方和非金钱履行方组成，但事实经常并非如此，如果涉外合同突破了这种当事人组合模式，如货币期货合约②，特征履行说势必陷入困境。

四、特征履行说与最密切联系原则

特征履行说和最密切联系原则是不同法系法学家依据自己的法律传统构建的不同的法律选择方法，由于二者都考虑最密切联系这一客观连接点，所以一些学者误认为二者是处于不同空间的同一事物。事实上，二者本质根本不同，是完全不同的法律选择方法。

（一）二者起源不同

特征履行说起源于二十世纪初，形成于二十世纪上半期，它是瑞士成文法系及其法律传统的产物，是从瑞士合同理论中衍生出的法律选择方法，是大陆法系传统产物。瑞士著名法学家施尼泽（Schnitzer）受二十世纪初瑞士法学家哈伯格思想影响，在总结和反思本国冲突法理论的基础上，发展和完善了特征履行观念，使它成了一个普遍性方法。尽管该原则机械性较强，但便于操作，以致它对欧洲大陆国家、具有大陆法系传统的国家、甚

---

① Von Hoffmann, General Report, European Private International Law of Obligations 8–10 (Lando, von Hoffmann & Siehr eds. 1975).

② 甲、乙两个金融机构签订契约约定：十二个月之后，甲金融机构用一千万美元，兑换乙金融机构六千万人民币。这种合同在金融领域很常见，是金融机构规避风险的办法。

至英美法系国家的国际私法都产生了重要影响。

最密切联系原则起源于二十世纪上半期，发展于二十世纪七十年代，是美国法官和法学家批判传统机械僵硬的冲突规则，而提出的一个灵活地法律选择方法，它根源于美国（特别是纽约州）司法实践和美国冲突法革命成果，是英美法系法律传统的产物。美国哥伦比亚大学法学院教授威里斯里斯深受纽约州富德法官冲突法思想影响，在总结美国司法实践中几个重要的案例——“约翰诉都市人寿保险公司”（Jones v. Metropolitan Life Insurance Company）案件、1954 年“奥汀诉奥汀”案件和 1963 年“贝科克诉杰克逊”案件的基础上，结合以往学者的理论成果，提出了最密切联系原则。里斯本人提出该原则之后，并未构建该原则理论体系和适用方法，至今该原则依然不完整。①

（二）二者本质不同

最密切联系原则采取灵活的法律选择方式，在处理某一涉外民商事法律关系或案件时，要对案件有关各种事实和因素进行综合考察和分析，并且在考量国际和洲际制度、正当期望、法律的易于确定、法律的立法目的和原则等因素的基础上，寻找与案件有最本质联系的法律予以适用，增强了法律选择适用的灵活性、客观性和公正性。更为重要的是，最密切联系原则本身是灵活开放的，这就使其能够随着社会的发展不断自我完善，为实现实质正义提供最有力的保障，解决了传统的冲突规范在现代社会某些情况下很难实现正义价值的困境。依据最密切联系原则，在同一法律关系类型案件中，法官需要考虑因素因案件不同而有所不同，同一法律关系类型案件准据法选择模式也会有所不同。

而特征履行说是一个机械僵硬的法律选择方法，为避免瑞士法律传统

① 方杰:《“最密切联系原则”考证》，载《比较法研究》2013 年第 2 期。

存在的问题，确定案件适用与案件有最密切联系国家的法律，其中最密切联系就是指特征履行方营业地或住所地，其法律选择方式机械呆板，考虑因素较为简单，操作性很强。从某种意义上可以说，特征履行说基本上是传统客观标志说的延续，只不过是在客观标志说基础上，加入了价值选择。依据特征履行说，在涉外合同法律关系类型案件中，相同类型的合同，法官需要考虑因素是相同的，同一类型合同案件准据法选择模式基本一致。

（三）二者适用法律关系领域不同

特征履行说仅仅适用于合同领域，其他领域不能适用，不具有普遍性。最密切联系原则在任何法律关系领域都可以适用，具有普遍性。最密切联系原则适用领域不受限制，任何一个法律关系都应该有与其本质上有重大联系的法律规则存在，这个法律规则就是最密切联系原则所追求的应该适用的法律规则。因此，无论是婚姻家庭、继承领域，还是侵权领域（贝科克诉杰克逊案件是最密切联系原则发展过程中在侵权领域的重要案例）、合同和自然人权利能力、行为能力领域，我们都可以看到最密切联系原则的身影。最密切联系原则是一个普遍性法律选择方法，而特征履行说仅仅是涉外合同之债的法律选择方法。

第二节　实体法主义

实体法主义是二十世纪中叶出现的国际私法理论。虽然美国法学家戴维·卡弗斯很注重采用统一国内不同州实体法和制定国际实体法条约的方法解决法律冲突问题，但他并未进一步构建实体法主义理论。在欧洲，随着欧盟建立和欧盟法律统一化进程发展，统一实体私法解决国家间法律冲突成为可能。二十世纪欧洲实体法主义代表人物是国际商法倡导者德国法学家施米托夫（Clive M. Schmitthoff）和恩斯特·施泰因多夫（Ernst Steindorff）。

一、施米托夫冲突法思想

作为国际商法（统一实体法）倡导者，施米托夫认为解决法律冲突存在两种方式：第一种是避免法律冲突的预防方法；第二种是解决法律冲突的治疗方法。[①] 法律选择条款属于预防方法，一些国际公约和法律兼有预防和解决法律冲突的目的。二战以后，由于政治和经济状况，避免法律冲突变得越来越重要，并从国际、国家和私人层面展开。[②] 在国际层面，避免法律冲突旨在通过国家间公约统一法律，或采用非政府组织制定的统一惯例；[③] 在国家层面，应避免区际法律冲突，同时维持对国际协议的统一解释；在私主体方面，避免法律冲突应采用当事人意思自治原则，特别是在合同领域，在生前信托、遗嘱、选择法院和国际商务领域同样采用意思自治原则。[④]

---

① C. M. Schnitthoff, Conflict Avoidance in Practice and Theory, 21 Law & Contemp. Probs. 1956, p.429.

In the conflict of laws, two approaches are possible to the disposal of a conflict problem : the preventive method of conflict avoidance and the clinical method of conflict solution.

② Id, p.461.

③ Id, p.461.

On the international level, conflict avoidance aims at the unification of law by international agreement of governments or the adoption of common practices sponsored by nongovernmental international bodies.

④ Id, p.461.

On the national level, conflict avoidance aims mainly at the avoidance of an internal conflict between several legal systems under the jurisdiction of the same sovereign and the maintenance of uniform interpretation of international agreements. Conflict avoidance on the private level can be practiced in fields in which the autonomy of the parties applies, notably in the law of contract, but also in other areas, such as inter vivos trusts of movables, succession planning, the choice of the forum, and the international organization of corporate business.

施米托夫把涉外民商事生活分为两个相辅相成的领域：一是存在普遍承认的法律体系（国际商人法）和国际经济公法（WTO 规则）的领域，如：国际贸易领域；二是不存在这样的法律体系的领域：如婚姻家庭、侵权、物权领域。[①] 在这两个不同的领域，施米托夫解决法律冲突的理念和方法有所不同。

（一）国际贸易领域

施米托夫是国际商法独立论的最主要倡导者，他以自己独有的敏感性觉察到商人法发展的内在规律：国际法——国内法——国际法这个发展圈子已经自行完成，各地商法发展的总趋势是摆脱国内法的限制，朝着国际贸易法这个普遍性和国际性概念发展。[②] 他指出，国际贸易法在所有国家都表现出越来越多的相似之处，而且这些相似之处已经远远超出了这一法律部门性质的要求。这种相似之处也超出了世界上计划经济国家与市场经济国家的划分，以及起源于罗马帝国的大陆法律制度和源于英国的普通法制度的划分。[③] 国际贸易自治法作为新的商人习惯法，无疑已经出现在我们的时代，该法对于具有不同的经济和社会制度以及不同法律传统的国家，具有普遍性。[④] 他提倡采用国家间协议的方式统一实体法，来解决国际贸易领域的法律冲突问题。施米托夫认为："国际贸易法正在形成一种新的特质，借助主权国家的许可和权威，它正在摆脱国家的限制，正逐步自我转变成为

① International Trade，263.

② ［英］施米托夫著，赵秀文选译：《国际贸易法文选》，中国大百科全书出版社 1993 年版，第 230 页。这一观点在克格尔教授笔下被描绘为"最现代化的学说"，并得到法国、德国、英国、墨西哥、日本、匈牙利和波兰学者的普遍赞同。

③ 同上，第 127 页。

④ 同上，第 133 页。

一种在世界各地特质都基本相同的自治法律体系。”[①]在国际贸易领域，施米托夫坚信，通过国家间的努力，法律冲突已经消亡。[②]

（二）非国际贸易领域

在第二种情况下，必须依据国际私法规则处理法律冲突问题。但作为统一实体法倡导者，他一直坚持：仅仅考虑法律冲突论以来的法律冲突理论，会得出片面的、不完整的结论。[③]他着重论述了几个领域的法律冲突问题及解决方式。在国际代理领域，施米托夫指出，大陆法和普通法在代理概念的理论方法上，表面上存在着不可调和的矛盾，而且在内部关系和外部关系划分问题上存在很大的不确定性，并且由于各国代理制度立法差异，有关难以解决的问题不减反增。[④]他指出内部代理关系往往建立在委任合同基础上，一般适用合同关系国际私法基本原则——意思自治；如果双方当事人未能明确支配其内部关系的法律，就必须确定与合同有最密切联系的法律。[⑤]在合同领域，施米托夫对合同自体法（proper law）注入了新的内涵，他指出社会发展使合同自体法从合同领域扩展到离婚和侵权领域，如："Indyka v. Indyka"案件和"Boys v. Chaplin"案件。[⑥]在合同领域，寻找与案件有最重大和最实质联系的法律予以适用，必须考虑有那件有关的法律体系，平等对待法院地法和其他法律体系，并决定哪一个法律与案件有最

① [德]格哈德·克格尔著，萧凯、邹国勇译:《冲突法的危机》，武汉大学出版社2008年版，第183页；International Trade，257－258.

② International Trade，263.

③ International Trade，263.

④ [英]施米托夫著，赵秀文选译:《国际贸易法文选》，中国大百科全书出版社1993年版，第437页。

⑤ 同上，第428页。

⑥ C. M. Schnitthoff，New Light on the Proper Law，3 Man. L.J. 1（1968—1969），pp.3－6.

重大和最实质联系。[①] 当事人选择法律，必须基于诚实信用原则，不得有规避法律意图。[②]

（三）施米托夫冲突法思想评论

施米托夫是二十世纪国际商法主要倡导者和推动者，他把后半生的精力都放在消除国际贸易领域法律障碍、推动国家间商事法律统一的事情之上。他倡导并推动国家间建立统一实体法公约和非政府国际组织制定和完善有关国际贸易的惯例，在国际贸易和支付领域切实性部分消除了国家间法律差异，避免了法律冲突，促进了全球范围内国际贸易发展。施米托夫坚持通过国家间努力，统一实体法，消除和避免国际贸易领域法律冲突。同时，他也非常关注其他民事领域法律冲突问题，他指出，在这些领域依然需要依靠国际私法规则来解决法律冲突问题。施米托夫并未对国际私法进行深入研究，他探讨的法律关系领域也较单一，都是与国际贸易极为相关的领域：民事代理和合同，可见在施米托夫的观念中国际贸易占有多重要的低位。除了以上之外，我们还可以深刻地感觉到，施米托夫在合同领域非常重视最密切联系原则，他不止一次提到为合同寻找与案件有最重大和最实质联系的法律。总体上讲，施米托夫主要提倡国家间实体法统一，对冲突规则的研究居于次要地位，因此，一些学者称施米托夫理论为主体性实体法。

二、恩斯特·施泰因多夫

1958 年，恩斯特·施泰因多夫在《国际私法的实体规范》[③] 一书中阐述

① C. M. Schnitthoff, New Light on the Proper Law, 3 Man. L.J. 1（1968—1969）, p.14－15.

② Id, p.16.

③ Steindorff, Sachennormen im internationalen Privatecht（1958）.

了自己的国际私法理论。他认为在坚持冲突法的基础上维系传统，通过研究不同国家的实体法规范来解决法律冲突。他想参照各国彼此竞争[①]的法律体系中的实体法来发展一种解决法律冲突问题的实体法方法。[②]实体法补充主义旨在建立解决国际案件情势的特殊性法律规则，在处理某些紧急案件时，冲突法需要具备自身的实体法解决方法。[③]这一论著（实体法补充主义）的目的仅仅是纠正并解决某些法律上未解决的问题的观点。[④]

他认为，萨维尼时代以前的法学家通常是从案例入手研究法律关系。在一些复杂的案件中，他们喜欢考证各种法则空间上的适用范围，不仅区分这些法律彼此的空间界限，而且区分它们与普遍适用的共同法之间的界限。[⑤]正是因为这种共同法存在，这种解决办法的基础也是实体法的。[⑥]他的基本理念是：同一案件情势的不同部分不应适用不同的法律，而应该根据案件情势与不同国家的关系将不同的实体法糅合在一起。[⑦]内国的案件情势是纯粹的内国案件；相对的国际案件情势是指除了法院地是内国之外，仅仅只有一个外国与案件事实相关联的情况，决定的国际情势案件是指除了法院地是内国之外，还有几个其他国家与案件事实相关的情况。[⑧]他主要研究了几个复杂的领域：识别（法院地法与准据法之间的关系）、国际侵权（侵权行为地法的分化）和国际合同（意思自治与强制性规则）。国际案件形势的广义

① 译文“彼此竞争的法律体系”可能是从德文译成中文的过程中出现了错误，其本意应是由于具体案件的出现导致的相互冲突的法律体系。

② ［德］格哈德·克格尔著，萧凯、邹国勇译：《冲突法的危机》，武汉大学出版社2008年版，第161页。

③ 同上，第161—162页。

④ 同上，第161—162页。

⑤ 同上，第166页。

⑥ 同上，第167页。

⑦ 同上，第168页。

⑧ 同上，第162页。

概念包括了会产生是否对识别、合同、侵权这些已经被透彻研究的案件适用新形成的实体法这一问题的领域，在这些案件中，除了准据法外，还有其他法律与案情有关系。[①]因此，在识别案件中，会适用法院地法，但是准据法必须予以考虑；在合同案件中，适用当事人选择的法律，但是其他包含强制性规则的法律也必须予以考虑；在侵权案件中，适用最有利于原告的法律，但是侵权行为发生地法律必须予以考虑。[②]他指出，只有在冲突法方法失灵，即“真实”判决中的秩序利益弱于冲突规则所基于的利益，而后者又要求适用相互冲突的实体法时，才考虑采用实体法方法。[③]

恩斯特·施泰因多夫冲突法思想更为激进，不仅比较侧重研究相互竞争的实体法体系，而且要在比较法的基础上建立一个为冲突规范体系服务的实体法体系，他的理论理想性大于可行性。事实上，他仍然恪守传统，并没有用新理论替代传统的冲突规则，也没有否定通过对法律关系进行研究从而选择法律的方法，只是为传统国际私法体系注入实体规范体系，致使本来就十分复杂的国际私法变得更为凌乱不堪。客观地讲，施泰因多夫注意到传统国际私法规范可以处理法律冲突的一般情况，但涉及特殊情况，仅仅适用传统冲突规范就会出现不合理状况，因此他提出建立辅助性实体规范，配合传统冲突规范实施，以避免产生不合理状况，这无疑使国际私法规则变得更为复杂。同时，该理论提出的基础概念——国际案件情势，并没有一个确定的内涵，其本人也认为对国际案件情势的界定尚未达到实际法律适用所需要的准确度。[④]施泰因多夫倡导的一些国际私法观点非常合理，让人深思，但他提倡补充性实体法主义问题重重，难以实施。

---

① ［德］格哈德·克格尔著，萧凯、邹国勇译：《冲突法的危机》，武汉大学出版社2008年版，第163页。

② 同上，第163—164页。

③ 同上，第170页。

④ 同上，第173页。

三、实体法主义——法律冲突的终极解决方法

法律冲突产生的根本原因是国家间民商事立法存在差异，如果国家间民商事法律立法原则和基本法律规范是一样的，法律冲突根本不会存在。国家间实体法统一，法律冲突产生基础丧失，法律冲突无从产生，因此实体法统一是解决法律冲突的终极手段。实事求是地讲，统一实体法是一个困难重重的历程，但契机已经出现。近些年欧洲私法和冲突法统一化成果显著，欧洲经济共同体、欧盟的建立为欧洲私法、公法和冲突法统一化提供了机构保障，欧洲实体法主义又为欧洲私法、公法和冲突法统一化提供了新动力。欧盟已经为全球法律统一提供了一个标准范本。国家间实体法统一这一进程一直在潜移默化地进行，文明国家的私法正在由区域趋同向全球趋同蔓延。如果我们从时间维度上看，世界各个国家建立现代成文法律体系不过是最近一二百年内的事情，文明国家民商事实体法统一是一个时间问题，随着时间推移终将成为现实。

第三节　利益法学

二十世纪初，德国法学界掀起对实证主义法学和概念主义法学的批判浪潮，并产生了以社会法学为基础的利益法学理论，该理论深刻影响了冲突法领域。德国著名国际私法学家格尔哈特·克格尔（Gerhard Kegel），坚决捍卫德国国际私法传统，批判了柯里“政府利益分析说”和艾伦茨威格（Ehrenzweig）鼓吹的“法院地法”，极力反对美国“冲突法革命”用“方法”替代“规则”的“权宜之计”，继而提出了依据“利益法学”解决法律冲突的国际私法理论。克格尔国际私法理论对二十世纪后期德国国际私法立法改革产生了重大影响。

一、克格尔冲突法思想

（一）“实体私法上的公正”和“国际私法上的公正”

对于“公正”或“公平”问题，克格尔认为，存在着两种“公正”，即“实体私法上的公正”和“国际私法上的公正”（冲突法正义）。他认为，“实体私法上的公正”就是“适用事实上被认为是更好的法律”，即本国法。因为，任何一个国家都认为本国法律是最公正的，否则它们就不会被制定出来。[①]而“国际私法上的公正”则要求适用“地域上更好的法律”。因此，在需要适用外国法的场合，国际私法上的利益优先于实体私法上的利益。他认为，通过衡量实体私法上更好的结果来确定准据法的选择是不对的，这样一来，人们通常会将实体私法上对公正的判断建立在法院地法的基础之上，或者对于国际性案件依照本国的实体私法上的公正标准进行判决。[②]克格尔得出结论，实体私法上“更好”或“更坏”的结果与国际私法上的判决原则上无关，国际私法并不关注实体私法上的公正，对它而言，各国实体法都是等价的。[③]

（二）概念法学

克格尔对国际私法理论发展史进行了分析探讨，他指出十四世纪意大利国际私法理论是一种概念法学。巴托鲁斯依据法则性质探讨法律域外效力，是概念法学的表现。德国学者齐特曼从属人主权和属物主权出发来探讨法律适用，弗兰肯斯坦将人的国籍和物之所在地作为先验的公理来探讨

---

① 杜涛：《利益法学与国际私法的危机和革命——德国国际私法一代宗师格尔哈特·克格尔教授的生平与学说》，载《环球法律评论》2007年第6期。

② 同上。

③ 同上。

国际私法问题，都是概念主义法学的表现形式。① 概念主义法学在萨维尼那里得到进一步发展，他从法律关系出发用“法律关系本座说”来取代巴托鲁斯外国法适用原因和基础，并沿承了巴托鲁斯的基本冲突规范，他探求法律关系本性所服从的或归属的地域来决定法律适用。② 吉尔克（Otto von Gierke）将本座理解为法律关系的“重心地”，冯巴尔则认为本座是“事物的本性”，所有这些概念都是殊途同归，他们都是从概念法学出发，建立一些体系化的法律规范和法律制度，并以此将它们连接起来。③

概念法学注重法律体系本身的逻辑，对法律的解释遵循形式逻辑的要求，对法学的研究局限在理论研究之内。④ 概念法学存在一个错误前提，即实在法律制度是“无缺陷的”，只要通过恰当的逻辑分析，便能从现在的实体法制度中得出正确的判决。⑤ 概念法学只注重原则、形式，漠视个案实际结果的“形式理性”，存在历史性缺陷和欺骗性，会造成法律适用的不公正，无法满足现实的需要。克格尔崇尚利益分析，但单靠利益分析并不能解决法律冲突，他非常重视概念法学的“结构研究”。克格尔反对概念滥用，即反对通过人为的设计和构造来弥补法律漏洞，反对概念的生成能力，但克格尔同时认为概念法学是一种“结构研究”，利益法学并不排斥法学中的概念和体系，通过合理的概念法学，即通过“结构研究”，可以解决国际私法中的许多难题。⑥ 克格尔认为，采用概念法学结构研究，结合利益法学，便可以解决法律冲突问题。

---

① 杜涛：《利益法学与国际私法的危机和革命——德国国际私法一代宗师格尔哈特·克格尔教授的生平与学说》，载《环球法律评论》2007 年第 6 期。

② 同上。

③ 邹国勇：《克格尔和他的国际私法利益论》，载《比较法研究》2004 年第 5 期。

④ 鲁兰著：《牧野英一刑事法思想研究》，中国方正出版社 1999 年版，第 21 页。

⑤ ［美］博登海默著，邓正来译：《法理学：法律哲学与法律方法》，中国政法大学出版社 2004 年修订版，第 151 页。

⑥ 杜涛：《利益法学与国际私法的危机和革命——德国国际私法一代宗师格尔哈特·克格尔教授的生平与学说》，载《环球法律评论》2007 年第 6 期。

（三）利益法学

德国民法学家菲利普·赫克非常关注过“利益法学”与国际私法关系，他曾指出，即使在国际私法领域也只有利益考察方法才能达到预期目的。他还指出，任何既存法律制度必然都是不完整和有缺陷的，而根据逻辑推理过程，也不能从现存法律规范中得出令人满意的判决，在立法和司法领域，利益分析必不可少，利益分析可以弥补和纠正概念法学存在的不足。克格尔理论核心思想是通过利益分析解决法律适用问题，他认为从概念法学体系可以发展出利益法学，并从中建立多种多样的连接点，法学家不是没有灵魂的机器，他们在作出判决时从来不会忽略其中所存在的利益。[①] 他进一步指出，只有当对利益的确定、评价和衡量被有意识地置于法律工作的核心时，才能算得上是“利益法学”。[②]

他指出国际私法上的利益包括：当事人利益、交往利益和制度利益：[③] 第一，当事人利益。他认为，如果一个人的个人关系，如：权利能力和行为能力、姓名、婚姻、继承等，受到一个与他有关的法律支配时，他就拥有利益。这种利益由属人法保护。“场所支配行为”原则也受当事人利益影响。[④] 第二，交往利益，即方便交往的利益。对于法律行为的形式，交往利益就体现在行为发生地国。“有利生效原则”也是交往的利益需要。[⑤] 第三，制度利益，包括判决的内在一致性和判决的外在一致性。判决的内在一致性是指法律上或内部的制度价值；判决的外在一致性指的是事实上或外部的制度

---

① ［德］格哈德·克格尔著，萧凯、邹国勇译：《冲突法危机》，武汉大学出版社 2008 年版，第 206 页。

② 同上，第 206 页。

③ 同上，第 209 页。

④ 同上，第 209 页。

⑤ 同上，第 209 页。

价值。[①]制度利益，还包括“法律的确定性与可预见性”的利益以及“其他制度利益”。法律的确定性尤其是法院判决的可预见性的利益在国际私法中具有非常重要的意义，可预见性是一个公正制度的基础，它有利于实现“同样案件同样对待”。[②]后来，Kegel 又发展了利益法学理论，提出了“国家利益”，该种利益存在于国际私法和公法冲突之中。

二、利益法学评价

克格尔亲身经历了二十世纪德国国际私法的兴盛、危机与重建，他以独特的视角，在概念法学结构体系的基础上构建利益法学理论，注重冲突法公正，倡导各国法律平等，这让克格尔得到赞赏。法国法学家巴蒂福尔高度赞扬了克格尔国际私法“利益论”，他指出克格尔突出国际私法中的利益，将利益法学这种已很流行却未被准确运用的方法用于国际私法这个特定的法律领域，对国际私法发展做出了贡献。同时克格尔将这种方法作为自己的出发点并论证其合理性，对国际私法上的公正进行定义，并要求在个案判决时考虑各种具体的利益，这种方法提供了一条解决法律冲突问题的准线。[③]

同时，克格尔利益论，过大放大利益分析在法律选择中的作用和地位，而且缺乏明确的利益分析和确定标准，这又让他遭到诸多批评。第一个批判克格尔利益论的是德国法学家诺伊豪斯，他指出，克格尔将国际私法中的利益划分为当事人利益、交往利益和秩序利益的三分法在逻辑上不具有说服

---

① ［德］格哈德·克格尔著，萧凯、邹国勇译:《冲突法危机》，武汉大学出版社 2008 年版，第 209 页。

② 杜涛:《利益法学与国际私法的危机和革命——德国国际私法一代宗师格尔哈特·克格尔教授的生平与学说》，载《环球法律评论》2007 年第 6 期。

③ 转引自邹国勇:《克格尔和他的国际私法利益论》，载《比较法研究》2004 年第 5 期；参见巴蒂福尔:《国际私法利益》，载《庆祝克格尔文集》1977 年，第 11-21 页。

力，对“利益”的评价具有主观性和可变性，也无法避免实践上的重复和矛盾，也很容易过高估计那些明显的个别利益，而忽视那些普通地、长期地体现于法律实施的均匀性和稳定性的利益以及法律秩序中的利益。①1990年，德国法兰克福大学弗莱斯纳教授对克格尔国际私法“利益论”批判最为彻底，在法律选择社会效果方面对其完全否定。他指出克格尔的国际私法“利益论”，尽管其学术地位让人尊重，但它在最近三十五年（1961—1986）中“作为理论和方法的作用并不明显”。②法学家海尔曼·伊萨（HemrnnaIasy），他认为，“利益”这一概念本身是空有形式而无内容的东西，即使将其定义为人们为生活的需要而产生的对物质的需求也并不能使它的含义更加明确，因而（利益法学）远远够不上是一种法律发现的“方法”。③我国学者杜涛认为克格尔提出的国际私法的公正分为当事人利益、交往利益和制度利益，缺乏明确可靠的标准，也不符合逻辑推理规则④，在实践中他的利益论存在难以克服的矛盾和重叠，无法解决具体法律冲突问题。

克格尔批判性很强，同时一直在努力构建自己的理论，但其理论自始至终不成体系，而且还遭到了众多批评。他改良和发展国际私法的努力和批判政府利益、推崇私主体利益的做法，使他获得了崇高的声誉。他提倡把概念法学和利益法学结合起来，为完美解决法律选择和法律冲突问题提供了非常重要的指引。法学研究和法律选择方法构建必须以概念法学的概念体系和逻辑推理为基础，但纯粹的概念推理论证超脱于现实社会生活和

① 同上；参见训尹豪斯:《克格尔1960年版〈国际私法〉的书评》，载《拉贝尔杂志》第25卷，1961年，第377页。

② 同上；参见弗莱斯纳:《国际私法中的利益法学》，图宾根J. C. B. 摩尔出版社1990年版，第15-49页。

③ Hemrann Isay，the Method of the Jurisprudence : A Critical study in the Jurisprudence of interests，trans. and ed. by M.Magdalena Schoch，Havrard University（1948），pp.315-317.

④ 杜涛著:《德国国际私法：理论、方法和立法的变迁》，法律出版社2006年版，第397页。

社会关系之上；利益分析可以评价法律与民事法律关系之间的联系程度，但纯粹的利益分析会丧失法律理性的指导，汲取概念法学和利益法学二者优秀因素既可构建兼具理性和操作性的法律选择方法。克格尔将概念法学和利益法学结合在一起解决法律冲突的思想和方法，破除了概念法学的魔咒，为当今法律选择方法的构建开辟了道路。

第九章

法律关系分析说

美国著名学者社会理论学家 I. 沃勒斯坦曾经说过："对于学者和科学家来讲，反思（rethinking）争议问题是相当正常的。"[①] 从国际私法理论发展历程看，法律关系研究始终是法律选择理论不可抛弃的内容。虽然二十世纪中后期，在新的时代和新的法律思潮不断涌现的背景下，欧洲冲突法"改良"和美国冲突法"革命"偏离了法律关系研究方法，但是这些理论由于过多讲究"方法"和缺失"规则"，注定不能有效解决法律冲突，最终解决法律冲突问题还要回归法律关系研究层面。在国际私法圣域之中，法律关系有着超乎我们想象的伟大品格，因此，我们有必要在反思法律关系理论和以往冲突法理论蕴含的法律关系研究方法的基础上，构建以法律关系研究为核心的法律选择方法。

第一节　法律关系

法律关系是一个极为重要的法律概念，几乎所有法律概念和元素都与它有密切关系。从一般意义上讲，法学研究和司法实践的过程，都是在分析、研究和判定法律关系。任何法律现象的存在都是为了处理某种法律关系；每

① 邓正来:《研究与反思：中国社会科学自主性的思考》，辽宁大学出版社 1998 年版，序言部分。

一个法律规则（规范）的目的是为法律关系的存在创造形式条件；没有对法律关系进行操作就不可能对法律问题做任何技术分析；没有法律事实与法律关系的相互作用就不可能科学的理解任何法律决定。①

一、法律关系本质

德国法学家萨维尼首次对法律关系进行系统理论阐述。他认为：对于我们而言，所有的具体的法律关系就是通过法则界定的人与人之间的联系，但这种通过法律规则而进行界定在于向个人意志指定了一个区域，在此领域之中，个人意志独立于所有其他人意志而居于支配地位。②在每个法律关系中，可以区分出来两个部分：第一个部分是素材（Stoff），即关系本身；第二个部分是法对此要素的界定。我们可以将第一个部分称为法律关系的“实体要素”，或者称为法律关系中“单纯事实”；而将第二个部分称为法律关系的形式要素，即依据此将事实联系提升为法形式的要素。③二十世纪德国法学家恩斯特·施泰因多夫和卡尔·拉伦茨也分别探讨了法律关系的本质和外延。恩斯特·施泰因多夫认为“法律关系和法律制度的各个组成部分在概念上可以理解为独立的要素，这些要素之间的联系构成了法律关系，它们之间的组合便成为法律制度；他进一步论证，在冲突法领域，这种抽象性达到了极致，抽象的法律关系成为冲突法调整的对象，人们努力在法律关系的本座，或者重力中心中寻找着连接因素。④卡尔·拉伦茨认为，法律关系是基于一个统

① 刘金国、舒国滢主编：《法理学教科书》，中国政法大学出版社1999年版，第110页。

② ［德］萨维尼：《当代罗马法体系Ⅰ》，朱虎译，中国法制出版社2010年版，第258页。

③ 同上，第259页。

④ Steindorff, Sachennormen im internationalen Privatecht（1958）, p.47.

一的目的结合在一起的各种权利、义务和其他约束的总和，这些权利、义务和拘束具有各不相同的规范属性和规范结构，它们一方面表现为各种法律上的权利（Berechtigung），另一方面表现为各种法律上的负担（Belastung）。[①] 诺贝特·阿赫特贝格（Norbert Achterberg）认为法律关系是由法规范形成的两个或多个主体之间的关系。[②] 德国法学家迪特尔·梅迪库斯也认为法律关系有两部分组成，一是法律的调整，二是现实生活的一部分。法律关系的第二个要素的实质在于其对一部分现实生活的撷取。[③] 生活关系是一个连续的整体，我们从这个连续统一体中取出一部分，对其进行法律考察。[④]

任何一个语词的含义都是复杂的，它具“核心领域”，同时也具有“边缘领域”，由于语言本身具有一种“开放性结构”，因此任何定义都是不完整、不确定的。[⑤] 不同学者对法律关系含义认识存在差异是自然的事情。通过比较分析国内外不同学者有关法律关系的观点，本文认为：法律关系是社会关系的一种表现形式，是具有法律意义和法的形式的社会关系。从本质上讲，法律关系就是法律与社会关系或事实相互作用过程中产生的人与人之间的关系，是社会关系的一种主观的表现形式，是法律化的社会关系，或者说具有法律形式的社会关系。法律关系可以分为两个部分，法律关系就是这两个部分的辩证统一。第一个部分是法律关系的实体要素，表现为法律关系中的事实（社会关系），我们称之为法律关系的事实构成；第二个

---

① 申卫星：《对民事法律关系内容构成的反思》，载《比较法研究》2004 年第 1 期；See Larenz，Wolf，Allgemeiner Teil des B rgerlichen Rechts)，Aufl . 8，Verlag C. H. Beck，1997，S. 259。

② Vgl，Norbert Achterberg，a.a.O.（Anm.2.），S.32.

③ ［德］迪特尔·梅迪库斯：《德国民法总论》，邵建东译，法律出版社 2001 年版，第 51 页。

④ 同上，第 51 页。

⑤ ［英］哈特：《法律的概念》，许家幹、李冠宜译，法律出版社 2006 年版，第 121 页。

部分为法律关系的形式要素，即法的形式的要素。主观抽象的法律关系仅仅以观念的形式存在，是一种主观存在[①]；客观存在的是事实关系，或者说社会关系。正如德国法学家迪特尔·梅迪库斯所言，法律关系由法律的调整和现实生活的一部分组成，法律关系的实质在于其对一部分现实生活的撷取。[②]法律评价社会关系（案件事实）形成法律关系，法律对社会关系介入形成法律关系。可以简单地说，法律关系是具体事实和法律对该事实评价的统一。法律关系本质就是社会关系，在具体案件中就表现为案件事实。社会关系是法律和法律关系的载体，冲突法问题解决与法律关系中的实体要素密切相关。

二、法律关系分类

法律规则决定法律关系，法律规则体系会产生相应的法律关系体系。因为规范社会关系的法律规则可以分为不同部门（类别），因此，法律关系也具有了类别属性。同时，每一类型的法律规范还可以进行不同层次的分类，与此相应，法律关系也可以进行不同层次的分类。

（一）法律关系多层次分割

法律关系具有系统性和整体性，这一特征来源于法律规则的系统性和整体性。一个国家现行的法律规则根据不同的标准和原则划分成不同的法律部门，这些法律部门具有内在联系，形成一个有机的统一整体。法律体

---

① ［法］雅克·盖斯坦、吉勒·古博：《法国民法总论》，陈鹏、张丽娟等译，法律出版社2004年版，第141－143页。法国一些学者认为，民事权利是一种主观权利，是社会关系的反映，其构成的基本因素是：合法的不平等。

② ［德］迪特尔·梅迪库斯：《德国民法总论》，邵建东译，法律出版社2001年版，第51页。

系各部门是相互协调、相互联系的有机整体，它们既相互独立又具有紧密的内在联系。法律体系的系统性，本质上是法律体系的统一性，是法律发展的必然要求，是由立法目的和任务的统一性所决定的。

法律规则决定法律关系，没有法律规则就没有对应的法律关系。法律规则的系统性和整体性决定了法律关系的系统性和整体性。法律关系具有不同的种类和层次，这些不同种类和层次的法律关系构成了一个有机联系和相互统一的法律关系体系。这些法律关系类型和层次与法律体系的各个法律部门和子法律部门一一对应。第一层面的法律关系，包括：宪法法律关系、刑事法律关系、民事法律关系和行政法律关系等。第二层次的法律关系是由第一个层次的法律关系派生出来，位阶低于第一层次的法律关系。民事法律关系可以分为：人身关系、合同关系、侵权关系、婚姻关系、继承关系、知识产权法律关系和物权关系等。民事领域所包含的第二层次的民事法律关系还可以再具体划分，物权关系可以分为不动产物权关系和动产物权关系；合同关系可以分为合同形式法律关系和合同实体效力法律关系。体系性特点再一次表明了法则与法律关系的内在联系，这种内在联系也是确定法律关系应适用何种法律的根据。在涉外民事领域，与民事法律关系事实构成一样，民事法律关系的类型与法律选择有极为密切的关系。

（二）民事法律关系分类

萨维尼认为民事法律关系主要分为家庭法律关系、物法律关系和债法律关系，以及它们相互交融之中产生的更为具体的法律关系。萨维尼揭示了民事法律关系最一般的分类和民事法律关系分类的动态性和复杂性。本文认为民事法律关系的分类是具体的，不同层次民事法律关系或同一层次的不同民事法律关系类型具有不同的特征或特性，即每一类型民事法律关系都具有自己本身的特性，指称范围最小的法律关系类型特性最为明晰。指称范围最小的民事法律关系的特征和特性与法律冲突的解决和法律选择有密切的联系，寻找到指称范围最小的民事法律关系是法律选择的关键，否则可能我们都不能清楚地认识案情。民事法律关系包含债权关系，债权关系包含合同法律关系、侵权法律关系、不当得利和无因管理；侵权法律关系包含一般侵权法律关系和特殊侵权法律关系；特殊侵权关系又可以分为很多样态，诸如海上侵权关系、公路交通事故侵权关系、产品责任侵权法律关系等等。在民事领域，民事法律关系内涵和外延最大，产品责任侵权法律关系较为具体，指称范围较小，特性更为明晰，法律追求的目的更为具体。本文研究法律关系就是研究具体案件中指称范围最小的法律关系的本质特性，探讨法律选择问题。

第二节　法律关系分析说

法学研究和司法实践的过程就是分析和研究法律关系的过程，反之分析和研究法律关系也是法学研究和司法实践的重要方法。正如梁慧星教授所言："法书万卷，头绪纷繁，莫可究诘，然一言以蔽之，其所研究或所规定者，不外法律关系而已。"① 法律关系分析说以法律关系为基础和切入点，继承传统和现代法律选择方法的合理因素，旨在构建一个得当的法律选择工具。恰如迈克尔·J. 温考普（Michael J.Whincop）和玛丽·凯斯（Mary Keyes）所言，如果分析工具得当，冲突法就不必如此令人困惑费解，而又可以依然具有迷人的魅力。②

① 梁慧星：《民法总论》，法律出版社 1996 年版，第 47 页。

② Michael Whincop and Mary Keyes，Policy and Pragmatism in the Conflict of Law，1998，p.395.

一、法律关系分析说内涵及特征

法律关系分析说内涵界定为：尊重既有冲突法规范体系的前提下，首先对涉外民事法律关系的性质进行确认或对涉外案件中存在的多种法律关系进行选择，继而在法律关系特性对法律选择的限制范围内，依据利益分析和损害分析方法对法律关系具有法律选择意义的构成因素定性和分析，综合考量法律关系本质特性和法律关系构成因素，确定有关法律在涉外民事案件中具有的利益，然后在权衡案件有关法律的立法目的和法律选择以及适用的经济效益的基础上，最终确定涉外民事案件应适用的实体法律。法律关系分析说取向操作性和普遍性，以法律关系特性和法律关系构成因素为分析研究对象，在法律关系性质限定的范围内，依据法律关系构成因素的排列组合所表现出的利益关系，来决定涉外民事案件最终适用的法律。它不是仅仅根据法律关系的性质或一个或几个硬性的连接点确定涉外民事法律关系应适用的法律，而是对法律关系的构成因素进行利益和损害分析，综合考量法律关系特性和构成因素，并结合立法目的和效率标准，最终决定涉外民事关系适用哪一个国家的实体法。法律关系分析说是兼具理性内涵和具体适用方法的法律选择方法。

第一，补足冲突法成文立法不足。构建法律关系分析说的一个重要原因就是它作为法律选择方法可以弥补成文法的局限性，这也决定了法律关系分析说补足既有冲突法成文法体系的地位和作用。优先适用法律选择理论或方法，会导致既有成文立法体系废弃，这是没有必要的，也是绝对不可取的。各个国家的成文立法都是自己国家冲突法理论和司法实践的总结，并吸收和纳入了冲突法国际公约的理性内容，因此具有极高的价值和地位，是国际私法最重要和主要的法律渊源。法院在审理涉外民事案件时，首先适用本国的冲突法规则，在冲突法规则没有规定或者根据现行的冲突法规则无法寻求准据法或者准据法无能的情况下，才会考虑适用理论学说。《第二次重述》法律适用原则的第一款也是采用同样的思想，其规定：在宪法授权范围内，法院应遵循本州冲突法立法规定。成文立法具有明确性和稳定性，消耗了大量的立法资源，具有优于法律选择方法适用的地位。法律选择方法仅仅是解决问题的权宜之计，而冲突法成文立法是可以在同样特性的法律关系中重复适用的法律规则。法律关系分析说作为一种法律选择方法，应作为既有冲突法规则的补充而存在。

如果法律选择方法价值被立法机构确认，升华为法律原则，甚至是冲突法的基本原则，法律选择原则和一般冲突法规则在适用的优先性方面是否会发生变化呢？笔者认为，仍然优先适用冲突法规则。法律原则和法律规则的关系，在法哲学中已经很明确。在价值位阶上，法律原则高于法律规则，直接体现部门法的精神和基本价值，但是较抽象；法律规则价值位阶低，但是明确具体。在司法的过程中，如果法律规则不与法律原则发生矛盾或冲突，一般首先适用具体的法律规则。

第二，以法律关系特性或本质及法律关系构成因素为考察对象。法律关系分析说以法律关系特性或本质及法律关系构成因素为考察对象。法律关系本质对法律选择有着内在的约束和限制，这种约束和限制在特定的时期内是不可逾越的，明确不同民事法律关系的本质特征对法律选择和法律选择方法构建有着极为重要的意义。

纯粹研究法律关系本质特性仅仅能为法律选择指明一个方向，却不能够为千差万别的具体案件提供具有针对性的法律选择方法，必须结合对法律关系构成因素分析和研究。较法律关系本质特征而言，法律关系构成因素更直观地体现了案件的个性，考量法律关系构成因素使法律选择更有针对性。对法律关系构成因素的选择和考量是法律关系分析说的重要内容。

第三，以利益分析和损害分析为分析方法。法律关系本质和特性在某个时代或某个时期是既定的，而法律关系构成因素是具体的，因案件的不同而有所不同。法律关系构成因素具有的法律选择价值无可厚非，这种价值只有结合恰当的分析方法才能够显现出来，申言之，法律关系构成因素考量方式决定了法律关系构成因素法律选择作用的发挥。法律关系分析说以利益分析和损害分析作为法律关系构成因素的分析方法，综合考量法律在案件中存在的利益或受到的损害，以具有较多利益和受到较大损害为标准，确定案件与法律之间的关系，为最终确定准据法服务。如何进行利益或损害分析是法律关系分析说必备的重要内容，在这方面法律关系分析说借鉴和发展了柯里利益分析方法。

第四，兼具普遍性和操作性。法律关系分析说不但有理性内涵，而且有具体明确的操作程序和步骤。法律关系分析说延续了法律关系具有的普遍性，超越了地域和法律体系界限，是一个在不同国家和地域都可以适用的法律选择方法。它建立在纯粹理性的基础上，超越了地方差异，甚至可以与产生它的文化相背离。法律关系分析说兼具操作性，具有明确的适用程序和步骤：第一阶段——法律关系选择或法律关系性质确定；第二阶段——法律关系首要构成因素确定；第三阶段——法律关系构成因素考量；第四阶段——综合考虑法律关系性质和构成因素，考察有关法律立法目的，进行法律选择效益分析，最终确定准据法。

二、不同类型民事法律关系本质分析

民事法律关系性质与法律适用有着直接密切的关系。在国际私法发展历程中，不同的民事法律关系类型已经积累和沉淀出相对固定的法律适用原则，这些原则甚至是不可以轻易改变的。法律关系的特性恰恰是这些原则形成的基础，不能深刻了解这些法律关系的特性，就不能构建行之有效的法律选择方法。

（一）人身权关系本质

《德国民法典》认为民事法律建立在伦理学基本概念之上：每一个人都生而为“人”，人依其本质属性，有能力在给定的各种可能性的范围之内，自主的负责的决定自身的存在和关系，为自己设定目标并对自己的行为加以限制。[①] 伦理意义上的人本身具有一种价值，人具有尊严，因此可以推导出：每一个人都有权要求其他任何人尊重他的人格，不侵害他的生存（生命、身体和健康）和他的私人领域；相应地每一个人对他人也都必须承担这种尊重他人人格及不侵害他人权利地义务。[②] 人与人之间相互尊重原则产生的相互尊重关系是“法律上的基础关系”。[③] 作为与民事主体的人身不可分离且不具有财产性质的人身权，是整个民事权利核心和基础。人身权是“以人本身的保障和充分发展为目的的权利”，近似于自由，构成了一个排他的并被加强了的保护区域。[④] 人身权是一个最基础性的权利，具有绝对性和支配性。因此，人身权及因相关规则产生的人身法律关系，应当受到最优保护和最大限度上的确认。在冲突法领域，人身法律关系适用最有利于获得保护且获得最大保护的法律。但是在具体的案件中，人身法律关系可能和其他的法律关系同时出现，那就需要综合不同法则的立法目的和具体权利价值位阶进而评价其在具体案件中的价值。

---

① ［德］卡尔·拉伦茨：《德国民法通论》（上册），王晓晔、徐国建等译，法律出版社2003年版，第46页。

② 同上，第47页。

③ 同上，第47页。

④ ［法］雅克·盖斯坦、吉勒·古博：《法国民法总论》，陈鹏、张丽娟等译，法律出版社2004年版，第172页。

（二）物权关系本质

从形式上看，物权直接反映的是人与物间的关系；从本质上看，物权实际上是人与人间的社会关系。物权关系中，物是法律关系的出发点。物权是典型的法定权利，所有类型物权及其权利义务内容均由法律明确规定，法律对占有和所有的事实还有形式上的特别要求——公示。物权是静态财产支配关系的法律表现，物权关系是法律对人对物的支配和利益关系的评价。物权的另一个很重要的内容是支配权，对物的排他性管理和控制。只有物权享有者直接支配、控制和管理某物，物权才具有真正的意义。物权的客体——物，是客观存在，它存在于一定的空间和场所，可以被人所感知。一个人为了取得、拥有或行使对物的权利，他需要到物所在的场所，他自动地使自己服从于该地域的本地法。[①] 而且，只有符合物之所在地法的管理和利用，才会产生预期的法律效果。物权旨在维护静态的财产权，确定物的归属状态，其物权法定特征和支配本性，致使只有根据物之所在地法，才能合理有效地控制在该空间客观存在的物，相反，其他的法律制度和法律规则想控制不位于其效力空间的物，也仅仅是一种奢望。在冲突法领域，不动产适用物权法则是一个恒定的原则。

（三）债权关系本质

民法法律最基本的原则是私权神圣，平等和意思自治是为了保障私权神圣提供基础和方法，是维护权利的手段。在民事法律关系中，权利是最核心的要素。债权的本质是维护债权人利益，债权关系中以债权人权利为核心要素，在这样的前提下，研究和重视债务人的行为才具有重要的意义，

---

① ［德］萨维尼：《法律冲突与法律规则的地域和时间范围》（《现代罗马法体系》第八卷），李双元等译，法律出版社 1999 年版，第 93 页。

因为它为债权人利益服务，可以保障债权人的利益得以实现。债务人行为不过是实现债权人权利的手段而已。债的本质是维护财产的正常流转和平衡救济。债权分为四个主要类型，各具特点，必须逐一研究。

合同之债，属于意定之债，是相互平等的当事人根据自己的意思表示，以私权自治为基础，在相互之间形成的债权债务关系。合同之债崇尚和追求的最高原则是法律框架内的自由，当事人有设立、变更、解除和废止合同的自由，这是私权神圣和私权自治的体现。合同之债的本质就是自由，因而在冲突法领域合同之债适用意思自治原则已经成为各个国家普遍秉承的法律选择原则。侵权之债是指民事主体违法侵犯他人人身或财产应承担的一种法定责任。侵权之债属于法定之债，是根据法律的规定而产生的一种债权债务，与合同之债有着不同的本质特征，不以当事人的意志为转移，是根据法律规定直接产生的。侵权之债的本质是对违法行为侵害的利益进行救济，从而恢复正常的生活秩序和经济秩序。无因管理旨在鼓励社会相互救助；不当得利旨在避免不正常的财产和权利移转。无因管理之债应倾向于保护管理人利益；不当得利之债应倾向于保护保护财产减损人利益。

（四）继承关系本质

每一个时代，继承都是根据经济基础的要求，为其发展服务。马克思和恩格斯在《德意志意识形态》一书中提到，“继承法最清楚地说明了法对于生产关系的依存性”[①]。从目前民事生活的实际情况看，继承是根据法律规定和被继承人的意志而形成的，基于血缘、姻亲或扶养关系而获得财产而非身份的取得权。继承制度可以避免无人管理和利用由于权利主体生命终结而遗留的财产造成的混乱状态，维护正常的经济秩序；同时把权利传递给

① 《马克思恩格斯全集》第三卷，第420页。

法律规定或权利人生前指定的人。继承分为法定继承和遗嘱继承。法定继承本质是维护社会生活秩序和延续家庭社会功能；遗嘱继承是权利人单方的处分行为，其本质是维护私主体对自己权利的处分，同时具有延续家庭的社会功能，被继承人可以根据自己的意志指定继承适用的法律。遗嘱继承需要法律赋予的形式才具有法律效力，本质上遗嘱继承也是法定的，在这一方面很容易出现法律冲突。

（五）诉讼法律关系本质

诉讼法律关系是依诉讼法律规范而形成的司法机关和诉讼参与人以及司法机关之间的权利义务关系。[①]它是依据程序规则产生的法律关系。诉讼法律关系是一种三方法律关系，即诉讼当事人之间以及当事人与法院之间的法律关系。[②]尽管各国普遍确认了当事人民事法律地位和民事诉讼法律地位平等原则，但由于司法是国家实施公权的行为，诉讼当事人、证人以及鉴定人同法院之间也不是平等关系，而是隶属关系，因此诉讼法律关系是纯粹的公法关系的范畴。[③]就诉讼法律关系本质而言，诉讼法律关系是依据诉讼规则产生的法律关系，其根本目的是保障当事人实体权利义务的实现，而不是创设新的权利，除非有特别的必要，但创设的新权利仅仅以维护当事人实体权益的实现为必要。尽管不同国家的国际民事诉讼法和据此形成的诉讼法律关系有很大的不同，但是并没有本质的区别和价值追求的分歧，因此，探讨诉讼法律关系法律适用没有任何必要。

---

① 在此问题上，我国学者已做过很多研究，基本上已达成共识。

② ［德］卡尔·拉伦茨：《德国民法通论》（上册），王晓晔、徐国建等译，法律出版社2003年版，第8页。

③ 同上。

三、法律关系构成因素

（一）法律关系构成因素内涵

萨维尼认为法律关系具有一种有机性，这种有机性部分体现在法律关系的互相包含并且互为条件的组成部分的相互关联上。[①]法律关系具有一种生机勃勃的结构，在所有既定的情形中，这种结构是法律实践的精神要素。[②]在萨维尼思想中，法律关系是以权利这一要素为核心与其他因素一起构成的统一整体，除了权利之外，还包含其他因素。遗憾的是，他本人未探讨其他因素是什么，范围如何。德国学者拉伦茨认为："私法上的法律关系经常（至少）包含着一个'权利'，这个权利是私法上法律关系的要素之一，法律关系可以包含一个单一的权利以及与之相应的义务，也可以包含有许多以某种特定的方式相互组合在一起的权利、义务和其他法律上的联系。"[③]他进一步指出："尽管我们通常说权利是一项法律关系的特定标志，但是对权利的拥有在一般情况下并不能穷尽法律关系的全部内容，它还包括由权利而生的其他很多法律联系。"[④]我国台湾学者曾世雄认为，法律关系包容较为广阔，权利义务关系只是法律关系最主要之内容。[⑤]另一学者韩忠漠也认为权利与义务是法律关系的核心，是法律所赋予法律关系的法律效果的主要部分。[⑥]以上学者对法律关系构成的研究包含了一个隐含性观点，法律关系包含权

---

① ［德］萨维尼：《萨维尼论法律关系》，田士永译，载郑永流主编：《法哲学与法社会学论丛》（第七辑），中国政法大学出版社2005年版，第2页。

② 同上。

③ ［德］卡尔·拉伦茨：《德国民法通论》（上册），王晓晔、徐国建等译，法律出版社2003年版，第261页。

④ 申卫星：《由"屈从"概念的提出引发的——对民事法律关系内容构成的反思》，载《期待权基本理论研究》第5期。

⑤ 曾世雄：《民法总则之现在与未来》，中国政法大学出版社2001年版，第69页。

⑥ 韩忠漠：《法学绪论》，中国政法大学出版社2002年版，第164页。

利因素、义务因素和其他构成因素。无论法律关系核心因素（权利和义务）之外的法律关系其他构成因素被表述为法律联系，还是其他因素，笔者确认它们是客观存在的。法律关系是以权利为核心的诸多因素的有机统一体，每一个具体的法律关系都是由一定因素构成。法律关系构成因素具有广泛性，其来源于社会生活、社会关系内容的广泛性。

法律关系构成因素研究和案件事实构成因素研究是两个不同层面和两个不同阶段的行为。事实上，法律关系构成因素在某种程度上就是涉外民事案件的事实构成因素，我们之所以在法律关系层面研究涉外民事案件的事实构成，根本原因就是研究案件事实构成仅仅让我们对案件内容更为清晰，却不能够引导我们寻求案件与有关法律之间的联系，而法律关系是法律的另一种表现形式，在法律关系层面研究法律关系构成因素，与进行法律选择的目的更为一致和接近。法律关系构成因素研究的目的是寻求准据法，而案件事实构成因素研究目的是多元化的，在确定准据法之前，是为了寻求准据法；在确定准据法之后，是为了依据准据法更好确定当事人实体权利和义务。

（二）法律关系构成因素——连接法律与案件的桥梁

法律关系构成因素表现出法律和法律关系之间的联系，不同的法律是通过法律关系构成因素和涉外民事案件发生联系的，没有具体法律关系构成因素存在，法律就不能与具体案件产生利益关系或利害关系。法律关系构成因素是法律在涉外民事案件中具有的利益的载体。例如，涉外婚姻关系中，当事人住所和婚姻举行地位于某一个国家境内，那么该国法律就会对这个涉外婚姻关系产生联系，如果任何法律关系构成因素都不能涉及某一个国家，那么这个国家的法律就不能介入该法律关系之中。本文研究和探讨的法律关系构成因素并不是法律关系的全部构成因素，也不仅仅是法律关系的主体、内容（当事人的权利和义务关系）和客体等传统要素，而是与法律选择和解决法律冲突有关的具有国际私法意义的因素，这些构成因素可以表现为案件事实因素，也可以表现为涉及法律关系的主体、权利义务和客体等方面因素。又如：在涉外交通事故侵权案件中，涉及交通事故车辆所有人的住所和国籍，对法律选择具有影响，它们是我们要考虑和研究的法律关系构成因素；涉及交通事故车辆的生产商及其住所和国籍，如果不存在车辆产品质量问题，它们就不是本文要考虑和研究的法律关系构成因素。如果是涉外产品责任案件，产品为汽车，此时，车辆的生产商及其住所和国籍就是我们要考虑和研究的法律关系构成因素。国际私法理论中所指称的法律与案件之间的联系、实质联系、利益、损害、逻辑关系和本质联系等等都是以法律关系构成因素为载体。法律关系和法律或法则至少也必须有一个以上的因素相连接。

在国内民事案件中，由于既定的法律规则的存在，涉外民事案件当事人的权利和义务也是可以预见的，当事人和法官可以根据成文立法预见自己的行为后果，法院和法官解决争议就是根据既定的法律规则确认和重申当事人的权利和义务。但在涉外民事案件中，确定当事人权利义务是法院和法官追求的最终目标，他们首先要根据国际私法规则选择准据法，然后才能确定案件当事人权利义务，从而解决案件争议。在寻找到涉外案件应适用的法律之前，当事人的权利和义务是未确定的，因此，在选择法律过程中，法律关系的核心因素——权利和义务是待定的。所以，涉外民事关系的内容——当事人权利义务，不是法律选择过程需要考虑的因素，而是国际私法追求的重要的目标。

（三）根据考量多重法律关系构成因素选择准据法

法律关系由诸多因素构成，能够对法律选择产生影响的具有国际私法意义的因素是我们关注和研究的对象。法律关系构成因素作为沟通法律或法则和法律关系的桥梁，是法律具有利益的载体，法律或法则经由法律关系构成因素才能与涉外法律关系发生联系。法律关系与法律或法则的联系可以由一个法律关系构成因素相连接，这种情况是少数；也可以由一个以上的法律关系构成因素相连接，这是绝大多数情况。首要法律关系构成因素因为自身在某类法律关系中地位是十分重要，能够对法律选择产生很重大影响，但单独的法律关系构成因素，不足以代表选择法律的全部价值和标准。所以，目前采用多重因素决定法律选择已经成为一个普遍做法。早在二十世纪，德国国际私法学者恩斯特·施泰因多夫就已经在合同和侵权领域提出了“多重连接因素”的概念。他认为多重连接因素决定法律选择是国际私法发展的趋势。从世界范围内冲突法立法看，考虑多重因素选择法律已经成为一种潮流。二十世纪末以来，各个国家冲突法立法中，选择性冲突规范的数量逐渐增多，也表明了法律选择过程中采用考虑多重因素的做法。二十世纪后半期以来很多重要的国际私法公约，如：1972 年《产品责任法律适用公约》和 1988 年《死者遗产继承法律适用公约》，也是根据多重因素解决法律选择问题。

第三节　法律关系分析说适用四段论

一、第一阶段——法律关系选择或法律关系性质确定

法律关系性质对法律选择有着重大影响。法律关系性质决定了自己法律适用的倾向性，并体现了法律关系背后隐藏的法律规则所追求的价值目标和其特别保护的利益，所以不同性质法律关系的法律选择原则有着质的不同，这种不同甚至在某个时期不可逾越。法律规则追求的价值目标是既定的，法律选择不能违背和超越决定法律关系的法则所追求的基本价值。物权关系永远不能够适用涉外婚姻的法律适用原则，如不动产物权关系适用

婚姻举行地法；涉外结婚关系也不能适用意思自治原则，如：在我国结婚当事人选择适用伊斯兰国家的婚姻制度和法律体系；涉外离婚关系也不能采取意思自治原则[①]。法律关系分析说的第一步就是分析和研究法律关系性质或本质特征，为法律选择指明一个方向，或者说做出一个范围限制。

（一）单一法律关系

如果在一个涉外民事案件中，仅仅存在一个民事法律关系类型，我们需要做的是确定它属于何种类型的法律关系，或者说确定它属于何种性质的法律关系，而且要具体到外延最小的法律关系类型，即该法律关系不能再进行下一个层次的分割。譬如，民事法律关系外延大于侵权法律关系，侵权法律关系外延大于特殊侵权民事法律关系，特殊侵权民事法律关系外延大于国际航空运输侵权行为，国际航空运输侵权又可以分为航空器内部侵权、航空器对航空器外第三人侵权和航空器之间碰撞侵权。在国际航空运输中，分别在不同国家登记注册的两个航空器在不属于任何国家领空的公共空间碰撞并坠毁，这属于特殊侵权民事法律关系中的航空器相互碰撞侵权。法律关系类型或性质的确定一定到最具体的层面，这样更有助于针对性选择法律关系应适用的法律。

（二）多重法律关系并存

如果在一个涉外民事案件中，存在几个性质不同的民事法律关系，那么就要对这些法律关系进行选择，从中选择一个法律关系类型，然后根据所选择的法律关系的性质，确定选择法律的方向。一个社会关系（案件事

---

① 意思自治原则最本质的含义是无限制的意思自治。我国《涉外民事关系法律适用法》，第二十六条规定，协议离婚，当事人可以协议选择适用一方当事人经常居所地法律或者国籍国法律。可见，在涉外离婚案件中，可以适用有限的意思自治原则。

实）被不同法律规则评价从而产生多个法律关系，但法律规则和法律关系是一一对应的，每一个法律关系类型都有对应的法律规则。在一个涉外民事案件存在多个法律关系类型时，法官必须做出选择，法官不可能对每个类型的法律关系都予以裁决，一个案件也不可能适用性质不同的多个法律规则。这种选择对涉外民事案件的法律选择和准据法确定有重大影响。我们回顾一下1889年法国最高法院的判例——安东诉巴斯特罗案件（Anten v. Bastolo），案情如下：①

安东夫妇是马耳他共和国国民（拥有马耳他国籍），在马耳他根据马耳他法律缔结婚姻。后来，安东夫妇移居阿尔及利亚（当时阿尔及利亚属于法国管辖范围之下），并在阿尔及利亚购置了土地。1889年，安东辞世。安东夫人向阿尔及利亚法院对遗产管理人巴斯特罗提起诉讼，要求获得亡夫遗留土地的四分之一用益权和二分之一夫妻共有财产。当时法国民法规定，被继承人的配偶可以继承并取得被继承人的遗产，但不包括被继承人不动产的收益；而当时马耳他继承法规定，被继承人的配偶可以继承并取得被继承人的遗产，并可以取得被继承人不动产四分之一的用益权。但是法国有关涉外婚姻和涉外继承的冲突法规则如下：夫妻财产关系适用夫妻结婚时住所地法；不动产继承适用物之所在地法。如果法院将案件确认为夫妻财产关系，则案件应适用安东夫妇结婚时住所地法律——马耳他法；如果法院将其确认为继承关系，则案件应适用不动产所在地法，该土地位于阿尔及利亚，案件应适用法国法。最后，阿尔及利亚法院和法国最高法院都确认该案件为夫妻财产关系，并根据法国冲突法规则，适用安东夫妇结婚时的住所地法（马耳他法），支持了安东夫人请求。②

---

① 张仲伯：《国际私法学》，中国政法大学出版社2012年版，第82页。

② 法国也非常重视典型案例的作用，该案件被很多教师援用以讲解识别问题，但是本人经过仔细查找，也没有找到法国最高法院针对此案件的判决。因此，无法探知法国最高法院的真实意图，目前所有对该案件的评价，都是猜测。

在该案件中，法院地是阿尔及利亚和法国，在该地运行的法律体系是法国成文法律体系。安东夫人住所地是阿尔及利亚，但她根据自己属人法（马耳他的法律）提起诉讼，要求获得亡夫有关的权益。阿尔及利亚法院和法国最高法院受理该案件后，需要对案件的具体事实进行分析，以确定该案件属于哪一具体类型的民事法律关系。在该案件中，夫妻财产关系和继承关系同时存在①，法国最高法院需要在这二个类型的法律关系进行了选择。1804年《法国民法典》规定法定共同财产制为婚姻财产制度原则，并允许约定财产制存在。②法国最高法院选择夫妻财产关系可以最大限度地保护安东夫人的权益。最终，法国最高法院根据最大限度保护当事人合法利益的原则，选择了夫妻财产关系。安东诉巴斯特罗案件，与其说是一个识别过程，不如说是一个选择过程。

（三）判定法律关系性质的依据

识别是在国际私法特有的法律制度。识别是涉外民事案件审判的必经过程，直接影响当事人的权利和义务的确定，地位十分重要。但是，目前学者对识别制度认识有很大的差别，特别是识别对象，如果仅仅运用逻辑推理和概念法学的方法来思考识别制度，而忽视识别过程中具体法律关系背后隐藏的价值追求，我们可能无法正确地运用和理解这一制度。本文认为识别的过程，就是探讨法律关系性质的过程③，并不是盲目地行为，而是具有理性地思考。法官一般只会依据自己的法律理论和法律观念识别法律关系

---

① 对这个观点，笔者也存在一定的怀疑，侵权和违约的竞合经常发生，也很容易理解。例如，国际海上运输，承运人因自己过错，造成承运货物的毁损或灭失，他既侵犯了货物所有人的财产，同时也违反了国际海上运输合同的安全运送货物和谨慎管理货物的约定，构成侵权和违约的竞合。夫妻财产关系与继承关系能否竞合是一个要深入研究的问题。

② 《法国民法典》中，婚姻财产制度被规定在第三编“各种财产的取得方法”中，第五章“夫妻财产契约及夫妻间的相互权利”中，确立共同财产制度，从第1387条至第1581条。

③ 识别就是为法律关系定性。

性质，依据非法院地国法律体系和法律观念识别法律关系性质，是一个非常烦琐而且结果令人沮丧的工作。法律具有整体性和统一性，仅仅根据一个外国法律原则或法律概念对个案件构成事实因素进行分析和探讨，有“管中窥豹”之嫌疑，这也是目前大多数国家依据法院地法识别的最主要原因。如果真的需要根据外国法律和理论进行识别，首先要寻找到对应法律原则、法律规范或具有权威的先例，然后考察这个原则、规则或先例的产生背景和追求的价值目标，根据其具体内容和追求的价值目标，对正在处理的案件进行分析和定性，才能够得出正确的结果。

二、第二阶段——法律关系首要构成因素确定

涉外民事案件法律关系性质确定或选定后，第二步是对法律关系具有国际私法意义的最重要的构成因素进行分析和确定，为最终确定案件应适用的法律做更为进一步的准备。法律关系存在一个或多个特别因素与法律选择有重要联系，本文称之为法律关系首要构成因素。在国际私法理论和实践发展历程中，法律关系首要因素逐渐形成了一些固定的法律适用原则，表明了某类法律关系法律选择的一种倾向性。法律关系首要构成因素是选择法律过程中需要优先考虑的因素，具有重大价值，但首要构成因素不能单独决定法律适用问题，仅仅是较其他因素具有相对重要的价值。法律关系首要构成因素因法律关系类型和层次不同而不同。

（一）涉外合同关系

在涉外合同领域，如果当事人对合同法律适用做出了约定，当事人有关法律选择的主观表示就是涉外合同关系首要构成因素，如果当事人的意思自治没有违反法律规定，这个构成因素具有决定性作用。意思自治原则已经成为世界各国立法普遍承认和支持的涉外合同之债的首要法律选择原

则。在这里还存在一种可能，如果当事人没有选择法律，法官在审理涉外合同之债案件时，可以在启动国际私法规则或方法之前，促成双方当事人合意选择法律，从而构建了法律关系首要构成因素。①

有关涉外合同违约和损害赔偿的争议，如果当事人没有选择法律，合同履行地是一个非常重要的构成因素。英国法学家 P. S. 阿蒂亚认为："合同法是义务法的一部分"，属于"自我设定义务的"法律的一部分。②在认定合同效力时，要考察和关注合同之债最为根本的一面，合同之债的核心是一种负担，其本质上是一种义务关系，这种义务关系的建立就应该体现当事人的意志尤其是债务人的意志，所以德国民法确立了合同自由原则。③在英国，合同的定义是："在法律上可强制履行或在法律上被认为设定了义务的协议"；美国《合同法重述》第一条规定："合同是一个允诺或者一组允诺，法律因它们被违反而提供救济，法律以某种方式将它们的履行确认为一种义务。"④因此，美国规范法学派创始人凯尔森说，"一个契约当事人，只有在另一方当事人对他有以一定方式行为的法律义务时，才有对另一当事人的权利……一个契约当事人之所以有对另一方的法律权利，是因为法律秩序使制裁的执行不仅要依靠一个契约已缔结以及一方没有履行契约的事实，而且还要依靠另一方表示了应对不法行为人执行制裁

① 这种情况在我国的司法实践中大量存在，在 2010 年最高法院有关涉外审判的课题中，我参加了最高法院、北京高院和上海高院的几次重要的调研，在涉外合同案件的审判过程中，法官为了尽快审结案件，同时避免查明外国法的困境，经常协调双方当事人选择法律，而且是选择中国法。

② [英] P. S. 阿蒂亚：《合同法导论》，赵旭东、何帅领、邓晓霞译，法律出版社 2002 年版，第 1 页。

③ 同上。

④ [美] A. L. 科宾：《论合同》（上），王卫国、徐国栋、夏登峻译，中国大百科全书出版社 1997 年版，第 8、9 页。

的意志”[①]。在他的观念中，债权关系是以义务为本位的民事法律关系。正是因为合同之债义务人行为对债的实现有重要意义，因此，合同履行地在合同关系所有构成因素中对法律选择有很重要的作用和意义，尤其是违约救济请求包含实际履行方法时，我们应给予其更多的关注。有关合同效力的争端，首要因素应考虑合同成立地或签订地。这似乎是一种“既得权思想”，但无论如何，合同的成立和生效都是合同订立地法律所赋予的，因此，有关合同的形式和实质要件的有效性问题，我们首先要考察合同成立地法律。

（二）物权关系

根据物权本质和特性，物权关系的首要因素是物之所在地，是物理上和空间上位于的场所。十九世纪形成的物权法则：无论是动产还是不动产，都根据物存在的空间和场所确定物权关系应适用的法律，已经成为物权关系法律选择的普遍性原则。目前，我国立法在这方面出现了突破，在动产领域允许当事人通过意思自治选择动产物权关系应适用的法律。但是物权本质和特性始终是法定对世的管理支配并享受利益的权利，以维护静态财产归属为价值追求。因此，不动产物权关系的首要构成因素是不动产所在地，动产物权关系首要构成因素也是动产所在地。如果不动产涉及多重法律关系，也要以不动产所在地因素为核心考虑法律适用问题。如购买不动产的合同关系，不动产物权关系和合同关系同时存在，但要依物权关系法律适用原则选择法律。在继承关系之中，我国法律对涉外继承遗产区分动产和不动产，采用不同的法律适用原则。动产物权关系，法律选择考虑的首要因素也不能让位于其他因素，仍然必须是物之所在地。因为，目前的

---

① ［美］凯尔森：《法与国家的一般理论》，沈宗灵译，中国大百科全书出版社 1996 年版，第 92 页。

动产物权关系价值越来越大，甚至会影响一个国家的经济秩序，对公共利益产生重大影响，例如，国际热钱游资[①]，也是动产，能够对一个国家或地区的经济秩序和秩序造成难以想象的巨大冲击。1998年亚洲金融危机和2007年韩国金融危机，就是因为热钱游走所导致。因此，从国家管理角度和社会公益角度出发，动产物权关系法律适用仍应把物之所在地作为首要因素。

（三）侵权关系

侵权之债法律关系的首要因素是侵权行为发生地或场所。侵权之债是根据法律规定产生的债权债务关系。在该法律关系中，侵权行为发生场所所运行的法律，对侵权之债的产生具有决定性意义。在外国做出的某项行为，根据法院地法构成侵权，而根据行为地法律不构成侵权，如果法院根据本国法律确定该行为构成侵权行为，有违正义原则。从另一个角度讲，违反法院地法却符合行为地法的行为在行为地会大量存在，因为当地法律没有禁止做出同样的行为，也就是赋予了任何人在此地做出此种行为的自由和权利。相反，如果根据法院地法，发生在外法域的某项行为不构成侵权，而根据行为地法其构成侵权，法院根据本国法律裁定该行为不构成侵权，驳回当事人诉讼请求，这种处理结果根本不是问题的终结。在这种状况下，当事人势必会到侵权行为发生地寻求救济，而且会得到肯定的判决。因此，侵权法律关系的首要因素是侵权行为发生地。

---

① “国际热钱”（Hot Money）又称“逃避资本”（Refugee Capital），是充斥在世界上，无特定用途的流动资金。它是为追求最高报酬及最低风险，在国际金融市场上迅速流动的短期投机性资金。它的最大特点就是短期、套利和投机。《牛津高阶英汉双解词典》的定义是：“投机者为追求高利率及最大获利机会而由一金融中心转移到另一金融中心的频繁流动的资金。”

三、第三阶段——法律关系构成因素考量（利益分析方法）

民事法律关系本质上是一般的，不存在国家和地域观念，诸如：合同关系、侵权关系和婚姻关系，所以民事法律关系涉外是一种自然现象。任何法律体系都旨在保护一定的利益，涉外民事法律关系涉及不同国家法律保护的利益，所以不同国家法律介入同一涉外民事关系也是自然而然的。英美法系国家学者认为不同国家法律对同一涉外民事案件存在利害关系[①]，这种利害关系本质上是存在于涉外民事案件之中的法律所保护的利益、权利（权利本身属于利益的一种）或秩序，表现为本国人的人身或财产权利以及国家间交往秩序。因为不同国家法律所保护的利益同时出现在某个涉外民事法律关系之中，此时此刻不同国家法律产生适用的竞争关系。不同法律体系与某个涉外案件之间利益或利害关系必然会有程度上的差异，因此存在选择法律的理性基础和可能，对这种利益关系的综合评价影响和决定涉外民事案件最终适用的实体法。对法律关系构成因素的考量，就是考量不同法律在涉外民事案件中存在的利益、权利或秩序，并决定哪一个法律与涉外民事案件存在更多利益关系，从而决定适用哪一个实体法解决案件争议。既然法律与涉外民事关系之间的利害关系本质上是一种利益关系，因此我们可以通过利益分析和损害分析方法对法律关系构成因素进行考察，以明确不同法律旨在保护的利益差别及程度差别，从而确定法律与具体法律关系之间的关系，综合考虑适用何种法律能够更好地实现冲突法追求的个案公正目标。

（一）利益之本质

利益是一个非常广泛的概念，内涵具有不确定性，它与正义一样，有

① 英美法系国家学者认为法律与涉外民事案件之间存在“concern”，是指有关系和影响。

着一张普洛透斯似的脸（A Protean Face），变幻无常，随时可呈现出不同形状并具有极不相同的面貌[①]。德国法学家耶林认为，权利的基础是利益，权利来源于利益要求，权利乃法律所承认和保障的利益。[②]不管权利的具体客体是什么，上升到抽象概念，对权利主体来说，它总是一种利益或者必须包含某种利益，而义务则是不利、负担或实现权利主体利益的工具，撇开利益去谈权利，权利必定是空洞的。[③]法国学者弗朗索瓦·惹尼认为，法律的正式渊源并不能覆盖司法活动的全部领域，总是有某些领域要依靠法官的自由裁量权来决定，这种自由裁量权应当根据客观的原则来行使，实现这个任务应当是"认识所涉及的利益、评价这些利益各自的分量、在正义的天平上对它们进行衡量，以便根据某种社会标准确保其间最为重要的利益的优先地位，最终达到最为可欲的平衡"。[④]利益法学提出了司法审判方法的一个前提，即法律规范构成为立法者为解决利益冲突而制定的原则和原理。[⑤]我们必须把法律规范看成是价值判断，即，相互冲突的社会群体中一方利益应优于另一方的利益，或者冲突双方的利益都应当服从第三方的利益或整个社会的利益。[⑥]利益与法律密切相关，法律所保护的权利属于利益范畴，权利是利益的一种表现形式。法律规范是价值判断，冲突规范同样也是价值判断，法律选择的过程就是利益选择的过程。沈宗灵先生也指出权利是法律关系主体依法享有的某种权能或者利益，在司法过程也渗透着利益选择问题。柯里和克格尔是利益研究的代表，但他们也没有给出"利

① ［美］博登海默:《法理学：法律哲学与法律方法》，邓正来译，中国政法大学出版社2004年版，第261页。

② 张文显:《法哲学范畴研究》，中国政法大学出版社2001年版，第305页。

③ 同上，第305页。

④ ［美］博登海默:《法理学：法律哲学与法律方法》，邓正来译，中国政法大学出版社2004年版，第152页。

⑤ 同上，第151页。

⑥ 同上，第151页。

益”一个明确的定义。

（二）利益分析方法确定

由于涉外民事案件涉及某个法律所保护的利益，所以该法律介入涉外民事案件之中，它对涉外民事案件具有的利益或利害关系通过法律关系构成因素体现出来。1976年，在审理“伯恩哈德诉哈拉夜总会”（Bernhard v. Harrah’s Club）上诉案中，美国加州大法官沙利文（Sullivan）认为该案件与加利福尼亚州和内华达州都有利害关系，因为加州是原告以及致害人迈尔夫妇的居住地和住所地，是侵权行为事故发生地，也是受理案件的法院地；内州是被告的住所地和违法行为的做出地。在沙利文观念中，法律关系构成因素就是法律对案件具有利益的直接体现；法律关系构成因素界定案件与法律之间利益的标准和依据，本文认可这种观点。但是，本文考量的法律关系构成因素是更广泛意义上的因素，比柯里考虑因素范围更广，不仅仅考量传统连接点，而且要考量具有国际私法意义的其他法律关系构成因素。

法律关系分析说抛弃分析“政府利益”，以“私人利益”为核心，对法律关系性质和法律关系构成因素进行综合分析。法律关系构成因素代表某种联系，这种联系即为利益。如果法律关系构成因素与一个法律体系有关，这个法律体系就对案件有利益。法律关系构成因素利益分析方法就是在考虑法律关系首要构成因素法律选择价值的基础上对法律关系构成因素进行排列组合，法律在案件中是否具有利益以及利益多少根据法律关系构成因素的排列组合决定。[①] 法律关系构成因素利益分析过程，就是确定与案件有关的法律与案件之间是否存在利益以及利益多少的过程。利益分析方法最

① 柯里利益分析方法是对案件传统连接点进行排列组合，按照排列组合显示的联系确定法律与案件的利益关系，此处的观点是借鉴的柯里的利益分析方法。到目前为止，还很难寻求超越法律关系构成因素的排列组合之上的利益分析方法。

终是依据法律关系构成因素排列组合体现的利益综合的与某个法律体系存在实际和较多的联系，从而确定哪一个法律与案件具有较大利益。所谓较大利益是依据法律关系构成因素排列组合形成的与案件的更多或更大联系。

（三）损害分析

从 1976 年，美国加利福尼亚州最高法院法官沙利文在审理“伯恩哈德诉哈拉夜总会”（Bernhard v. Harrah's Club）上诉案实际情况看，内州法律和加州法律对酒店店主向醉酒人出售酒精饮料都是给予负面评价，只不过规定在不同法律之中。在这个层面上讲，如果不课以哈拉夜总会责任，两个州的法律都会出现不利益的情况。如果不适用加州法律，适用内州法律，加州法律所保护的本州居民人身权益和财产权益都得不到救济，在这种情况下，加州法律利益将受到重大损害。同时，内州对酒店店主向醉酒人出售酒精饮料的否定评价也不能得到体现。如果不适用内州法律，适用加州法律，那么加州原告受到的损害将得到补偿，内州正常交易秩序和利益也不会受到损害。同时，被告所在州（内州）法律对被告行为的否定评价也将得以实现。综合评价，加州法律保护的利益在此案件中受到的损失最大，因此，应该适用加州法律。抛开法律适用的考量，考察案件分别对这两个州造成直接和间接损失，加州也较内州大很多。“比较损害”实际上也是对利益的衡量，仍然是一个利益计算的过程。“损害分析”与“利益分析”是从不同的角度对法律在具体案件上的利益或联系进行评价，实为一体两面，其结果是从相对的方面对“利益分析”进行了完善，二者结合将大大增进法律选择的合理性。

四、第四阶段——准据法确定

在分析和研究法律关系的过程中，除了对法律关系性质和构成因素进行价值衡量，在最后确定准据法时，还要考量涉及案件的不同国家或地区法律的立法目的和法律选择经济效益。

（一）立法目的考量

法律部门和法律规则的建立不是任意和盲目的，每一个法律部门或每一条法律规则都有特定的价值追求，这种追求可能是多元的也可能是单一的，但绝对是不可或缺的。立法目的作为一个法律部门或法律规则的基本追求，是一个法律部门或规则建立的基础。财产法主要功效是有效配置资源，减少私人谈判障碍促进自愿合作，减少资源浪费；合同法的目的在于为当事人追求其正当目标提供帮助，鼓励互利性风险分配[①]；侵权行为法的目标是预防侵权行为产生和降低救济费用到最低程度；家庭法的目标是维护社会机构——家庭——正常消费、产出和社会职能实现；诉讼法的目标是优化诉讼资源配置和降低诉讼成本。[②]1963 年“贝科克诉杰克逊”案件涉及的安大略省《汽车乘客法》（*Automobile Guest Statute*）的立法目的是：“防止乘客与驾驶者共谋，对保险公司提出欺诈性诉求”[③]，旨在保护安大略省保险人的利益。德国 1896 年颁布的《德国民法施行法》第三十条规定：“外国法的适用如果违背善良风俗或德国法之目的，则不予适用。”1971 年美国《冲突法第二次重述》总则第六条把本州法和外州法的立法目的列为法律选择考虑因素。我国《法律适用法》第一条规定了其立法目的：为了明确涉外民事关系的法律适用，合理解决涉外民事争议，维护当事人的合法权益，制定本法。解决涉外民事争议的过程中审慎考虑案件涉及的法律和法律规则的立法目

---

① ［美］罗伯特·考特、托马斯·尤伦：《法和经济学》，张军等译，上海人民出版社 1994 年版，第 443 页。

② 同上，第 443 页。

③ 12 N. Y. 2d at 482-483，191 N. E. 2d 284，240 N. Y. S. 2d 750（1963）.

的，有助于法律冲突的解决和合理法律选择。[①] 立法目的构成选择适用某个法律和拒绝适用某个法律的基础，必须予以考虑。

（二）法律选择的经济分析

法律与经济始终保持着密切联系[②]，法学研究和经济学研究之间也有着必然的联系。[③] 在民事领域，按照马克思的观点，民事法律不过是商品经济的表现形式，因此在民事法律领域，经济理性的烙印更为深刻，国际私法也概莫能外。近代以来，平等已经成为法律正义的核心内容。但与此同时，随着社会的发展，市场优势地位和垄断现象日益严重，自由竞争和自由选择受到严重影响，民事生活的真正的意思自治原则已不复存在。垄断和市场优势地位致使形式平等与实质平等分离，法律平等价值发生分裂，法律价值体系紊乱，[④] 因此需要一种新的价值辅助平等价值，那就是效率。法律选择必须考虑成本和效率问题，及时解决案件与实现公正有着直接的联系。不能在合理期间内获得公正，不是真正的公正。依据分析法律关系性质和构成因素而选择法律，也要保证及时高效，促成正义目标实现。法律选择应该考虑选择成本，降低司法成本，提高法律选择效率。法的经济学分析的目的在于主要从成本的角度来衡量法律规则的效率。[⑤] 法律选择的经济学

---

① “Babcock v. Jackson”案件，纽约州法院抛弃安大略特别法——《汽车乘客法》的适用，与该法的立法目的有直接的关系。

② [法] 雅克·盖斯坦、吉勒·古博：《法国民法总论》，陈鹏、张丽娟等译，法律出版社2004年版，第80页。

③ J. M. Poughon：《政治经济的法律基础》，载《经济学家与人文研究报》，双语跨学科研究报纸，1990年，第399页。

④ 夏勇主编：《法理讲义——关于法律的道德与学问》，北京大学出版社2010年版，第131页。

⑤ [法] 雅克·盖斯坦、吉勒·古博：《法国民法总论》，陈鹏、张丽娟等译，法律出版社2004年版，第80页。

分析目的主要在于主要从成本的角度来衡量法律选择的效率和效益，具有简化司法任务的客观作用。

利益分析和损害分析本质上都是经济分析，但是和法律经济学分析目标有一定的差距。比较损害分析和比较利益分析是从双边角度进行的利益分析方法，根据法律关系构成因素确定不同法域法律在法律适用上的利益。法律选择的经济分析本质上追求法律选择的低成本和法律的易于确定，即法律选择效率。如果法律选择成本过高，或者确定准据法需要较长时间，即使选择法律最具理性和公正，也要被抛弃，迟来的正义就不再是正义了。法律经济学分析也存在不足之处，不能反映伦理和政治哲学中的传统价值。对于传统、文化、信仰、伦理、道德和秩序问题，经济分析方法仍不完备，不能足够地考虑非经济动机。[①] 法律选择的经济分析并非必需的，根据不同情况有所不同。

（三）准据法确定

涉外民事案件的事实构成是既定事实。经过对案件事实分析，确定法律关系性质或选择法律关系类型，然后对法律关系首要构成因素和其他因素进行利益分析和损害分析，综合考量法律关系性质和法律关系构成因素，并审慎考虑案件涉及的法律和法律规则的立法目的，必要时对法律选择过程进行经济分析，通过这样一系列分析研究，必然会形成选择法律的倾向性，这种倾向所指向的法律就是我们寻求的准据法。

法律关系是社会关系的一种表现形式，是具有法律意义和法的形式的社会关系。从本质上讲，法律关系就是法律与社会关系或案件事实相互作

① ［冰］思拉恩·埃格特森：《新制度经济学》，吴经邦等译，商务印书馆1996年版，第70页。

用过程中产生的人与人之间的关系。法律关系可以分为两个部分：第一部分是法律关系的实体要素，表现为法律关系中的社会关系或案件事实，我们称之为法律关系的事实构成；第二部分为法律关系的形式要素，即法的形式的要素，法律关系就是这两个部分的辩证统一。法律关系构成因素是法律关系包含的权利和以权利为中心的诸多联系。法律关系构成因素体现了法律与涉外民事案件之间的某种联系，是连接法律与涉外民事案件的桥梁，是法律具有的利益的载体。事实上，法律关系构成因素在某种程度上就是涉外民事案件的事实构成因素。如果我们只研究案件事实构成仅仅会使案件内容更为清晰，却不能够引导我们寻求案件与有关法律之间的联系，而法律关系是法律的另一种表现形式，在法律关系层面研究法律关系构成因素，与解决法律冲突和选择法律的目的更为协调和接近。"法律关系分析说"考察法律关系性质和构成因素，采用利益分析和损害分析方法，按照建立的程序和步骤，具体问题具体分析，结合法律立法目的考量和法律选择经济分析，最终确定涉外民事案件准据法。它具有普遍性，超越国家和地域界限，可以在任何地域和任何法域适用；它兼具操作性，有确定的考量对象——法律关系特性和构成因素，有具体的利益分析方法，有明确的适用程序和步骤。"法律关系分析说"分析研究民事法律关系本质和法律关系构成因素及其承载利益关系，把法律选择建立在实体因素分析的基础之上，法律选择不再是纯粹的理论分析推理。"法律关系分析说"是一个实体分析的、更具理性的、灵活的、普遍的和可操作的法律选择方法。当然，它的恰当适用还需要一个外部因素：法官对冲突法的深刻理解以及法官主观能动性和累积多年审判经验的发挥。

后　记

自从萌生国际私法学说史写作的意图至今，已有五年时间，这五年写作过程可以说是苦乐参半。一方面，写作遇到了诸多困难。首要的最大的困难是难以逾越的语言障碍和异域文化：有关拉丁文和德文资料只能完全依靠他人译著，对错都无从知晓；具有特殊历史文化背景的英文资料也非常难以理解和翻译。其次，每一位伟大法学家的思想都异常深邃，即使理解和再现他的部分思想，也是绝非易事，因为我们读到的仅仅是这些伟大的法学家思想和智慧的一小部分，远非全部，无法做出全面准确评价，而且每次重读他们的理论，都会有不同感受和收获，并非一次性评论所能阐明。再次，法律选择理论学说涉及内容广袤无限，涉及法哲学、民商法、国际法、行政法、刑法，甚至教会法，很难准确把握和评价。最终，本书仅仅对国际私法历史发展有重大影响的法律选择理论和方法进行了考察和比较分析，并未系统整体再现国际私法理论发展史，国际私法学说研究任务依然任重道远。另一方面，在不断陷入困顿，难以自拔，到不断思考和沉淀之后，一些理念不断地被强化。

从根源上讲，跨国民商事交往是国际私法产生和发展的物质基础。世界上每个国家对外经济发展黄金时期，恰恰是这个国家积极努力探索国际私法的时期。公元前四世纪，希腊城邦国同西地中海沿岸的国家间的商业交往非常活跃，此阶段国际私法萌芽。公元前三世纪，罗马成为重要的经济政治国家，罗马商人到国外经商，外国人也在罗马经商。公元三世纪，随着商业的发展和罗马征服地区的扩大，罗马公民与异邦人以及被征服地区的居民之间的民事交往愈加频繁。随着罗马的扩张和其他民族交往的增加，罗马帝国面对法律冲突问题日趋严重，积累了诸多国际私法规则和有关理论。公元六世纪，皇帝查士丁尼颁布的《国法大全》包含冲突法理论和规则，国际私法正式出现。十四世纪意大利、十六世纪法国、十七世纪荷兰、十九世纪英国和二十世纪美国，都分别处于自己的对外经济交往的黄金时代，它们分别创立自己的国际私法理论和规则，以迎合国家间经济交往需要。正如恩格斯所言，法律规则是以法律形式表现了社会的经济生活条件，[①]国际私法不过是国家外向型经济发展的法律表现形式而已，国家外向型经济蓬勃发展为国际私法的产生和发展提供了物质准备。

国际私法存在的根本原因是正义原则。正义原则是国际私法发展的内在动力，是国际私法最基本的价值追求。在国际私法理论发展的长河中，有人反对传统规则，有人复辟过已经废弃的封建属地主义，但是没人任何一个人怀疑过冲突法追求的正义原则目标。巴托鲁斯极端重视正义原则，戴西把正义原则定位于国际私法存在的基础和原因，卡弗斯直接把正义原则定位于法律选择的基础和终极目标。两千年国际私法发展史已经阐明，国家、法院和法官为了寻求正义，才会考虑外国法的存在，才会承认外国法的域外效力，才会允许外国法在本法域内得以适用。客观地讲，如果不是为了正义原则，各个国家可以完全忽视外国法的存在，完全可以直接适用法院

① 恩格斯:《费尔巴哈和德国古典哲学的终结》，载《马克思恩格斯选集》(中文版)第1卷，第37页。

地法解决所有案件。基于不可否认却又难以阐明的原因，在任何法官思想深处只有法院地法才是最好、最公正的法律，通过适用法院地法解决民事案件理所当然。但是为了避免不公正现象出现，法官在涉外民事案件中才会放弃自己根深蒂固的法律观念和传统，考察外国法，并在某种情况下在内国法院适用外国法。除了正义原则，没有任何诱惑和借口可以迫使法院地法让位于外国法。正义原则是法律演进的原动力，是法律基本价值标准，也是国际私法存在和发展的根本原因。

国际私法完美结构体系必须同时包括冲突规范体系和法律选择方法。孱弱的冲突规范体系难以处理如此庞大跨国民商事关系，不得不求助于律选择方法补足冲突规范体系不足。事实上，十四世纪以来国际私法理论学说全部都包括法律选择方法和冲突规范体系两个部分，一方面提出了相应的法律选择方法，诸如：法则性质分析、法律关系性质分析、利益分析或损害分析和联系分析与界定；另一方面，他们几乎都构建了或简单或复杂的基本冲突规范体系，最密切联系原则与美国《冲突法第二次重述》构建的冲突规范体系密不可分。只不过，一些理论学说法律选择理论较为复杂，而冲突规范体系比较简单，如胡伯理论，另一些冲突规范体系较为系统复杂，而法律选择理论较为孱弱，如戴西理论。目前，世界主要国家国际私法典或单行法，都是冲突规范体系和法律选择方法的复合体，基本上都在总则中用法律条文的形式纳入或引入法律选择方法，以填补冲突规范体系立法空缺或空白。

仍须明确的是，在法律冲突解决过程中，法律选择方法功能定位于补足冲突规范体系不足。在任何时候，冲突规范体系必须优先考虑，在没有可以适用的冲突规范时，才能启用法律选择方法，否则通过立法程序成为有效法律体系组成部分的冲突规范立法体系会被法律选择方法瞬间摧毁。同样必须明确的是，法律选择方法不可或缺，构建合理的法律选择方法对国际私法理论发展和当前涉外审判实践都极为重要。构建切实可行法律选择方法，必须打破传统研究方法，结合概念法学和利益法学二者的优势。国际私法发展历史表明，纯粹概念法学或纯粹利益法学都无法完成构建合理有效法律选择方法的使命，把概念法学和利益法学结合起来，在概念法学体系中注入利益法学方法，结合二者优势才能完成历史使命。利益分析和研究始终是法律领域永恒的主题，任何法律制度和法律规则都是在界定利益的范围、确定利益的归属，在利益基础上构建了公正原则和秩序原则。在解决具体问题时，如果法律制度、法律原则和法律规则发生冲突，依然需要考量隐藏在它们身后的利益，从而决定哪一个优先适用。在概念法学理论体系中寻找法律选择方法迷失时，必然要求助于利益分析和考量，借助利益分析选择法律，把概念法学的结构模式和逻辑推理方法与利益法学的利益分析方法结合起来，势必可以成为切实可行的法律选择方法。值得庆幸的是，在行文最后章节，在分析考证法律关系理论的基础上提出法律关系分析说，虽然作为法律选择方法，它远非完美，但也是一种尝试。

构建普遍性兼具操作性的法律选择方法绝非易事，需要我们在借鉴前有成果的基础上不断地尝试和探索，诚如美国联邦大法官霍姆斯所言：法律——我们的情人，只能用持久和孤寂的激情来追求她，只有当人们像对待神祇那样倾尽全部所能，才得以赢得她，才能见证她圣洁美好的容颜。

参考文献

一、中文文献

1.［德］萨维尼著，朱虎译：《当代罗马法体系Ⅰ》，中国法制出版社2010年版。

2.［法］雅克·盖斯坦、吉勒·古博著，陈鹏、张丽娟等译：《法国民法总论》，法律出版社2004年版。

3.［美］博登海默著，邓正来译：《法理学：法哲学及其方法》，中国政法大学出版社2004年版。

4.［意］彼得·阿克罗伊德著，冷杉译：《古代希腊》，三联书店2007年版。

5.［美］约翰·梅西·赞恩著，孙远申译：《西方法律的历史》，陕西师范大学出版社2009年版。

6.［法］亨利·巴蒂福尔、保罗·拉加德著，陈洪武等译：《国际私法总论》，中国对外翻译出版公司1989年版。

7.［英］巴里·尼古拉斯著，黄风译，《罗马法概论》（第二版），法律出版社 2004 年版。

8.［意］朱塞佩·格罗索著，黄风译：《罗马法史》，中国政法大学出版社 1994 年版。

9.［美］凯尔森著，沈宗灵译：《法与国家的一般理讼》，中国大百科全书出版社 1996 年版。

10. 徐冬根著：《国际私法》，北京大学出版社 2009 年版。

11.［德］马丁·沃尔夫著，李浩培、汤宗舜译：《国际私法》，北京大学出版社 2009 年版。

12.［古罗马］西塞罗：《演讲集》，第 1 卷。

13.［英］梅兰特等著，屈文生等译，《欧洲法律史概览》，上海人民出版社 2008 年版。

14.［加］帕特里克·格伦著，李立红等译：《世界法律传统》（第三版），北京大学出版社 2009 年版。

15.［美］美耶斯：《国际私法基本原则史》，载《国际法学院讲演集》1934 年第 3 卷。

16. 杜涛著：《德国国际私法》，法律出版社 2006 年版。

17. 章尚锦、徐青森主编：《国际私法》（第三版），中国人民大学出版社 2007 年版。

18.［苏］隆茨著，顾世荣译：《苏联国际私法教程》，台湾大东书局 1951 年版。

19.［法］P. 布瓦松纳著：《中世纪欧洲生活和劳动（五至十五世纪）》，商务印书馆 1985 年版。

20.［法］费尔南·布罗代尔著：《菲利普二世时代的地中海和地中海世界》（上），商务印书馆 1996 年版。

21.［比］亨利·皮朗著，乐文译：《中世纪经济社会史》，上海人民出版社 2014 年版。

22.［美］詹姆斯·W. 汤普逊著：《中世纪经济社会史》（上），商务印书馆 1984 年版。

23.［比］亨利·皮朗著：《中世纪的城市》，商务印书馆 1985 年版。

24. 何勤华、李秀清主编：《意大利法律发达史》，法律出版社 2006 年版。

25.［美］伯尔曼著，贺卫方等译：《法律与革命——西方法律传统的形成》，中国大百科全书出版社 1993 年版。

26.［美］瓦莱里奥·林特纳著，郭尚兴、刘亚杰、齐林涛译：《意大利史》，上海交通大学出版社 2009 年版。

27. 何勤华著：《西方法学史》，中国政法大学出版社 1996 年版。

28.［德］诺伊麦耶：《巴托鲁斯以来国际私法和国际刑法在普通法上的发展》第 2 卷，1916 年版。

29.［法］莱内：《国际私法导论——对法则区别说的历史的和批判的研究》第 1 卷，1888 年版。

30. 刘金国、舒国滢主编：《法理学教科书》，中国政法大学出版社 1999 年版。

31. 吕一民著：《大国通史·法国通史》，上海社会科学出版社 2007 年版。

32.［英］Nike Yapp 著，刘霞、金淼译：《法兰西千年史》，百家出版社 2004 年版。

33.［美］A.E. 门罗著：《早期经济思想》，商务印书馆 1985 年版。

34. 张俊浩主编：《民法学原理》（第三版），中国政法大学出版社 2000 年版。

35. 赵相林主编：《国际私法》，中国政法大学出版社 2007 年版。

36. 杜涛著：《德国国际私法：理论、方法和立法变迁》，法律出版社 2006 年版。

37. 庞龙著，朱子仪译：《荷兰共和国的衰亡》，北京出版社 2002 年版。

38. 马克 · T. 胡克著，黄毅翔译：《荷兰史》，东方出版中心 2009 年版。

39. 姚介厚、李鹏程、杨深著：《西欧文明》（下册），中国社会科学出版社 2002 年版。

40. ［德］ R. C. 范 · 卡内冈著、史大晓译：《欧洲法：过去与未来》，清华大学出版社 2005 年版。

41. 丁建宏著：《大国通史——德国通史》，上海社会科学院出版社 2007 年版。

42. 王艳、崔毅编著：《一本书读懂德国史》，金城出版社 2011 年版。

43. ［德］ 萨维尼著，李双元等译：《法律冲突与法律规则的地域和时间范围》（《现代罗马法体系》第八卷），法律出版社 1999 年版。

44. 张宏生主编：《西方法律思想史》，北京大学出版社 1983 年版。

45. 山田升著：《德国的历史法学》，载高朝雄等编：《法哲学讲座》第 4 卷。

46. ［英］ George Macaulay Trevelyan 著，钱端生译：《英国史》，中国社会科学出版社 2008 年版。

47. 郭义贵著：《西欧中世纪法律概略》，中国社会科学出版社 2008 年版。

48. ［德］ 马丁 · 沃尔夫著，李浩培、汤宗舜译：《国际私法》，北京大学出版社 2009 年版。

49. ［德］ K. 茨威格特、H. 克茨著，潘汉典、米健、高鸿钧、贺卫方译：《比较法总论》，法律出版社 2003 年版。

50. 钱乘旦、许洁明著：《大国通史——英国史》，上海社会科学院出版社 2007 年版。

51. ［英］ J. H. C. 莫里斯主编、李双元等译：《戴西和莫里斯论冲突法》（上册），中国大百科全书出版社 1998 年版。

52. ［德］ 格哈德 · 克格尔著，萧凯、邹国勇译：《冲突法危机》，武汉大学出版社 2008 年版。

53. 丁伟著：《冲突法》，法律出版社 1996 年版。

54.［法］亨利・巴迪福、保罗・拉加德著，陈洪武等译：《国际私法总论》，中国对外翻译出版公司 1989 年版。

55. 邓正来：《研究与反思：中国社会科学自主性的思考》，辽宁大学出版社 1998 年版。

56. 刘金国、舒国滢主编：《法理学教科书》，中国政法大学出版社 1999 年版。

57.［德］迪特尔・梅迪库斯：《德国民法总论》，邵建东译，法律出版社 2001 年版。

58.［英］哈特：《法律的概念》，许家馨、李冠宜译，法律出版社 2006 年版。

59.［法］雅克・盖斯坦、吉勒・古博：《法国民法总论》，陈鹏、张丽娟等译，法律出版社 2004 年版。

60. 梁慧星：《民法总论》，法律出版社 1996 年版。

61.［德］卡尔・拉伦茨：《德国民法通论》（上册），王晓晔、徐国建等译，法律出版社 2003 年版。

62. 曾世雄：《民法总则之现在与未来》，中国政法大学出版社 2001 年版。

63. 韩忠漠：《法学绪论》，中国政法大学出版社 2002 年版。

64. 张仲伯：《国际私法学》，中国政法大学出版社 2012 年版。

65.［英］P. S. 阿蒂亚：《合同法导论》，赵旭东、何帅领、邓晓霞译，法律出版社 2002 年版。

66.［美］A. L. 科宾：《论合同》（上），王卫国、徐国栋、夏登峻译，中国大百科全书出版社 1997 年版。

67.［美］凯尔森著：《法与国家的一般理论》，沈宗灵译，中国大百科全书出版社 1996 年版。

68.［美］罗伯特・考特、托马斯・尤伦：《法和经济学》，张军等译，上海人民出版社 1994 年版。

69. 夏勇主编：《法理讲义——关于法律的道德与学问》，北京大学出版社 2010 年版。

70.［冰］思拉恩·埃格特森：《新制度经济学》，吴经邦等译，商务印书馆 1996 年版。

二、外文文献

（一）英文论文

1. Walter Wheeler Cook，Logical and legal Base of the conflict of laws，Yale Law Journal March，1924.

2. Von Hoffmann，General Report，European Private International Law of Obligations 8-10（Lando，von Hoffmann & Siehr eds. 1975）.

3. Friedrich K Juenger，A Page of History，35 Mercer L. Rev. 1984.

4. Nikitas E. Hatzimihail，Bartolus and the Conflict of Laws，Revue Hellenique de Droit International，Vol. 60，p.21，2007.

5. Joel R. Paul，Comity in international law，32 Harv. Int’l L.J. 1，13-14（1991）.

6. Story's Commentaries on the Conflict of Laws—One Hundred Years After，48 Harv. L. Rev. 15 Harvard Law Review November，1934.

7. Friedrich K.Juenger，The E.E.C. Convention on the Law Applicable to Contractual Obligations：An American Assessment，in Contract Conflicts 295，304（P.North ed. 1982）.

8. Emest G. Lorenze，Validity and Effects of Contracts in the Conflict of Laws，30. Yale L.J.

9. Mo Zhang，Party Autonomy and Beyond：An International Perspective

of Contractual Choice of law，20 Emory Int'l L. Rev. 2006.

10. Ernest G. Lorenzen，Validity and Effects of Contracts in the Conflict of Laws，30 Yale L. J. 565，Yale Law Journal April，1921.

11. D. J. Llewelyn Davies，M.A，the Influence of Huber's De Conflictu Legum on English Private International Law，English yearbook of international law，18vol，1947.

12. E. Lorenzen，Developments in the Conflict of Laws，in Illinois Law Review，1919.

13. Richardson，Nicky（1989），The Concept of Characteristic Performance and the Proper Law Doctrine，Bond Law Review：Vol. 1：Iss. 2.

14. Effrey M. Shaman，"The Vicissitudes of Choice of Law：The Restatement（First，Second）and Interest Analysis"，45 Buff. L. Rev. 1997.

15. William F. Baxter，"Choice of Law and the Federal System"，16 Stan. L. Rev. 1963.

16. Willis L. M. Reese，Choice of Law：Rules or Approach，57 Cornell L. Rev. 315，1971—1972.

17. Oliveira，"Characteristic Obligation" in the Draft EEC Obligation Convention，25 AM. J. COMP.L. 303（1977）.

（二）英文著作

1. Dicey，A Digest of the Laws of England with Reference to the Conflict of Laws，Nabu Press，1896.

2. Friedrich K. Juenger，Choice of Law and Multistate Justice，Transnational Publishers，Copyright 2005.

3. Henry Maine，Ancient Law，1ed. Frderick Pollock London，1930.

4. Joseph Henry Beale，Bartolus and the Conflict of Laws，Royal Professor

of Law in Harvard University，Harvard University Press，1914.

5. Pavel Kalensky，Trends of Private International Law，Prague Academia，1971.

6. Rodolfo de Nova，Historical and Comparative Introduction on Conflict of Laws，Recueildes cours，1966.

7. Symeon C. Symeonides，Wndy Collins Perdue，Arther T. von. Mehren，Conflict of Laws: American，Comparative，International，West. Group，1998.

8. F. Harrieon，on Jurisprudence and Conflict of Laws，Gale，Making of Modern Law，1919.

9. David MaClean，Morris，the Conflict of Laws，5th ed，Sweet & Maxwell，2000.

10. Lea Brilmayer，Jack Goldsmith，Conflict of Laws: Cases and Materials，Aspen Law & Business，Fifth Edition，2003.

11. F. W. Maitland，The Constitutional History of England—A Course of Lectures Delivered，Cambridge University Press，1908.

12. Brainerd Currie，Selected Essays on the Conflict of Laws，Duke University Press，Durham，N.C.，1963.

13. Walter W. Cook，Logical and Legal Base of the Conflict of Laws，Harvard Univ. Press，1942.

14. John Dewey，Human Native and Conduct，Carbondale and Edwardsville，Southern Illinois University Press. reprinted 1983.

15. David F. Cavers，The Choice of Law Process，University of Michigan Press，1965.

16. Kurt Lipstein，Characteristic Performance—A New Concept in the Conflict of Laws in Matters of Contract for the EEC，3 Nw. J. Int'l L. & Bus. 405，1981.

17.MingJie Zhang，Conflict of Laws and International Contract for Sale of

Goods，edition Paradigme，1997.

18. Michael Whincop and Mary Keyes，Policy and Pragmatism in the Conflict of Laws，Sydney: Publishing Company，2001.

图书在版编目 (CIP) 数据

国际私法学说史 / 方杰著 . —北京：中国法制出版社，2017.4
ISBN 978-7-5093-8499-2

Ⅰ . ①国…　Ⅱ . ①方…　Ⅲ . ①国际私法–法制史
Ⅳ . ① D997

中国版本图书馆 CIP 数据核字（2017）第 082116 号

策划编辑：戴蕊（dora6322@sina.com）
责任编辑：程思　　封面设计：杨泽江

国际私法学说史
GUOJI SIFA XUESHUO SHI
著者 / 方杰
经销 / 新华书店
印刷 / 北京京华虎彩印刷有限公司
开本 / 787 毫米 ×960 毫米　16 开　　印张 / 17.75　字数 / 236 千
版次 / 2017 年 8 月第 1 版　　2017 年 8 月第 1 次印刷

中国法制出版社出版
书号 ISBN 978-7-5093-8499-2　　定价：48.00 元

值班电话：010-66026508
北京西单横二条 2 号　邮政编码 100031　　传真：010-66031119
网址：http://www.zgfzs.com　　**编辑部电话：010-66066620**
市场营销部电话：010-66033393　　**邮购部电话：010-66033288**
（如有印装质量问题，请与本社编务印务管理部联系调换。电话：010-66032926）